S

Jami Attenberg

Bis hierher war's ein weiter Weg

Mein ach so grandioses Leben als Autorin

Aus dem Englischen von Barbara Christ

Schöffling & Co.

Manche Namen und Details wurden verändert, manche Gespräche zusammengefasst, und manche Erinnerungen sind blass aufgrund von Alter, Drogen, Alkohol und Spaß im Allgemeinen.

Deutsche Erstausgabe

Erste Auflage 2023

Originaltitel: *I Came All This Way to Meet You. Writing Myself Home*
Originalverlag: ecco/HarperCollins Publishers, New York

Coverillustration: © Gutentag-Hamburg
Satz: Fotosatz Amann, Memmingen
Druck & Bindung: Pustet, Regensburg
ISBN 978-3-89561-359-3

www.schoeffling.de
www.jamiattenberg.com

Sehr lange habe ich Geld mit Jobs verdient, die ganz anders waren als mein jetziger.

Zwanzig Jahre lang habe ich alles Mögliche gemacht. Ich habe in einer Apotheke kassiert. Ich habe Tabletten abgezählt. Lotterielose verkauft. Bei der Monatsinventur auf dem Boden gehockt und kistenweise Klistiere gezählt. Ich habe in einer Collegebibliothek Bücher einsortiert. Ich habe gekellnert. Ich habe Theken gewischt. Ich habe nach der Schicht den Müll rausgebracht und mich auch den Ketchupflaschen gewidmet, die angetrocknete rote Kruste vom oberen Rand gekratzt, was einen lebenslangen Abscheu vor Ketchup nach sich zog, vor dem Geruch, dem Geschmack, der Konsistenz. Ich habe für Trinkgeld geflirtet. Mit fremden Leuten Shots getrunken. Spätabends mein Geld gezählt. Ich habe in einem Billardsalon gejobbt. In einer Strandbar. Als Türsteherin bei Warehouse-Partys. Ich habe Listen abgehakt. Auf dem Klo Drogen genommen. Leute weggeschickt.

Ich habe Zeitarbeit erledigt. Akten abgelegt. Anrufe entgegengenommen. Briefe abgetippt und dann durch die Gegend gefaxt. Ich habe Leuten gezeigt, wo sie hinmüssen. Den Gang entlang. Eine Etage höher. Sie haben ihn gerade verpasst. Ich habe in fünfzig verschiedenen Büros gejobbt. So viele Leben. Ich habe mir Essen aus dem Konferenzraum genommen, ohne zu fragen. Ich habe Frauen in Elternzeit vertreten. (Männer nie.) Ich habe ausgeholfen, wenn das Personal knapp war. Es gab eine große Versandaktion. Ich, allein, in einem leeren Raum, eintüten. Nach jedem Tag brennende Finger, kleine Schnitte vom Papier. Ein Job mit Option auf Festanstellung, man erwartete Dankbarkeit. Wenn du deine Trümpfe richtig ausspielst, Kleine. Ich schaffte es nie in die Festanstellung.

Ich jobbte in einer Einrichtung für betreutes Wohnen, wo täglich ein Bewohner namens George in mein Büro kam und sich immer wieder vorstellte, als würden wir uns zum ersten Mal begegnen. Er trug eine Hacke mit sich herum, von seinem Großvater, der sie Jahrzehnte zuvor aus Norwegen mitgebracht hatte, und George benutzte sie, wenn er die Rosen im Garten vor der Einrichtung pflegte. Manchmal erzählte er mir die Geschichte der Hacke auch noch einmal neu. George war lieb und er war ein Gentleman.

Ich habe viel über Menschen gelernt und darüber, wie es läuft auf der Welt.

Ich habe für ein Start-up gejobbt, bei dem es meine Hauptaufgabe war, den ganzen Tag sehr schnell zu tippen; monatelang sprach ich mit niemandem, ich tippte nur. Im nächsten Job teilte ich Leuten Konferenzräume zu und assistierte ihnen bei ihren Meetings und hörte zu, wie sie über ihre wichtigen Jobs sprachen, während sie meine Anwesenheit ignorierten. Ich lächelte, auch wenn mir nicht danach war. Ich versuchte es mit noch einem Job und noch einem und noch einem und war dabei immer auf der Suche nach so etwas wie einem Zuhause. Ich war kreativ und ich war neugierig und es gab Antrieb in meinem Leben – in erster Linie wollte ich voran –, nur eben ohne bestimmte Richtung. Das war mein Problem. Die Richtung zu finden.

Ich habe Korrektur gelesen. Ich habe E-Mails verschickt. Gerechnet. Redigiert. Als auffiel, dass ich schreiben konnte, sollte ich etwas schreiben, nur ein, zwei Absätze, aber ich fühlte mich dadurch wichtig und besonders und gewollt, als würde ich mein Leben nicht komplett verschwenden, auch wenn das, was ich schrieb, überhaupt nicht interessant war, eine flüchtige Aneinanderreihung von Worten, Staffage, ein Hauch von amerikanischer Businesswelt.

Ich lernte, im Internet zu arbeiten, damals, als es noch Neuland war. Ich schrieb, ich produzierte, auch eine Menge Müll. Ich lernte, was Code war. Ich lernte, was Schlagwörter waren. Ich lernte, wie man eine Website strukturiert. Informationsarchitektur. Diese Vorstellung gefiel mir: das Organisieren von Information. Ich lernte, kurz und knackig zu schreiben. Ich arbeitete für Werbeagenturen, und zwar für viele – gefühlt für jede Agentur in der Stadt. Ich sah zu, wie das, was ich schrieb, auf einmal in der Welt war – nur würde niemand je erfahren, dass es von mir kam, so viel war klar. Ich war losgelöst von dem, was ich machte. Nichts davon gehörte wirklich mir.

Nebenbei fing ich an, im Internet Persönliches zu schreiben. Blogbeiträge, kleine Essays hier und da. Ich begann, den Klang meiner Stimme zu justieren.

Ich debattierte mit Kolleginnen und Kollegen über Dinge, die damals wichtig schienen. Ich bat um mehr Geld und bekam es. Ich kündigte. Ich wurde gefeuert. Einige Male entging mir ein Job, weil jemand etwas von mir im Internet gelesen hatte. Ich machte Jobs, bei denen man mich weniger ernst nahm oder meine Meinung gar nicht erst hören wollte, weil ich eine Frau war. Ich hörte, ich sei schwierig. Ich bin schwierig insofern, als ich nicht einfach bin, aber scheiß drauf, was ist schon einfach?

Ich wurde auf der Arbeit belästigt, aber mal ernsthaft: wer nicht?

Ich arbeitete für einen Kabelsender an Websites zu Fernsehsendungen, die von der Kritik gefeiert wurden und allesamt von Männern gemacht worden waren. Das war der beste Job, den ich je hatte, abgesehen von meinem jetzigen.

Ich konnte dabei zusehen, wie alle durch die Gegend rannten und diese Sendungen verwirklichten – was für eine Unmenge Arbeit in ihrer Produktion steckte, was für begabte Menschen dafür arbeiteten! –, doch alle Anerkennung bekamen die Schöpfer der Sendung für ihre Kreativität, ihr Genie. Sie hatten die Ideen gehabt. All das war ihr Besitz. Wir anderen waren dazu da, ihrer Vision Leben einzuhauchen. Wir dienten ihren Ideen.

Irgendwann dachte ich: Was ist mit meinen Ideen? Wann besitze ich die?

Und als ich das begriffen hatte, konnte ich nicht aufhören, daran zu denken. Ich konnte nicht länger bleiben, wo ich war.

Die Lösung war, mich aus dem Problem herauszuschreiben. Das hieß, frühmorgens schreiben, spätabends und am Wochenende. Es hieß, Zeit freischaufeln, mir die Zeit einfach nehmen. Ich dachte: Ich werde dieses erste Buch schreiben, und danach vielleicht noch eins. Genau das will ich machen.

Dieser Wunsch hat Lebensentscheidungen geprägt, die ich getroffen habe, hat geprägt, welche Wege ich einschlug und welche ich verwarf. Irgendwie war alles leichter, nachdem ich begriffen hatte, dass ich genau das wollte – selbst als alles viel, viel schwerer wurde. Ich hatte beschlossen, im Dienste meiner eigenen Ideen zu handeln.

Es gibt eine Menge Gründe, aus denen ich schreibe. Das hier ist nur einer davon. Mein Empfinden, dass ich etwas besitzen will, meine Arbeit, meine Kreativität, meinen Namen besitzen. Vielleicht ist das nicht der lauterste Grund, keiner aus tiefstem Herzen, denn er hat auch mit meinem Ego zu tun. Aber er ist echt.

Ich besitze diese Worte. Ich besitze diese Ideen. Und hier ist mein Buch.

ERSTER TEIL
DIE LANGE, KURVENREICHE STARTBAHN

I
Bestandteile

1.

Ich bin die Tochter einer mutterlosen Mutter. Das klingt dramatischer, als es eigentlich ist, auch wenn es für mich als Kind wohl etwas von Schauerromantik hatte. Es war traurig, dass die Mutter meiner Mutter so jung gestorben war, aber es war auch mysteriös, und was mysteriös war, war interessant. Ich wusste sehr wenig über die Frau, die mir eine Großmutter gewesen wäre – sie starb, als meine Mutter elf war, und hatte vor ihrem Tod fünf Jahre an einer Krankheit gelitten, also hatte meine Mutter sie nur auf eine bestimmte Weise erlebt und nur bis zu einem bestimmten Zeitpunkt. Es gab eine spürbare Leerstelle in unserem Leben: dass wir von diesem Menschen nichts wussten, dass es so wenig Geschichten gab, die wir uns liebevoll erzählen konnten. Sie wurde erwähnt, hin und wieder sprach man natürlich von ihr, aber in erster Linie gab es im Hintergrund diese blasse Vorstellung von ihr.

Auch eine Traurigkeit, die man nicht benennt, kann natürlich tief empfunden sein. »Ein Schleier der Traurigkeit« war das in meiner Vorstellung gewesen, und so hatte ich es anderen beschrieben, als ich älter wurde. Meine Mutter war nach außen hin kein unglücklicher Mensch – bis heute ist sie fröhlich, energisch und umgänglich. Sie hat einen trockenen Humor. Große braune Augen, ein ironisches Lächeln. Sie mag Mannschaftssport, sogar jetzt im Ruhestand. Vom Pickleball-Platz muss man sie wegzerren. Die Leute mögen sie. Und ich werde ständig gefragt, wie ich über dermaßen kaputte Familien schreiben kann, wo meine Mutter doch offensichtlich ein so netter Mensch ist.

Trotzdem hatte ich in meiner Jugend stets ein Bewusstsein von Tragödie und Verlust – auch wenn ich selbst gar nichts verloren hatte. Eine Affinität zu dem, was da fehlte. Eine Skizze, ein Umriss, nie ganz ausgeformt und als Vorstellung doch existent. Gedachte Lücken, ausgefüllt mit Informationen, die ich nicht hatte, aber, wie ich merkte, mühelos erfinden konnte. Etwas, das wir tun als Autorinnen und Autoren. Wenn wir es uns nur zugestehen. Aber es hatte auch etwas, diese Leere einfach nur zu empfinden. Es ging nicht einfach um eine Oma weniger, die mir hätte sagen können, dass sie mich lieb hatte, obwohl – wäre es nicht auch schön gewesen, das zu hören? Tragödie und Verlust hatten mit mir nichts zu tun – dass sie fehlte, betraf ausdrücklich das Leben meiner Mutter. Eine Frau, die abwesend war. Und damit all das, was sie von ihrer Mutter niemals lernen durfte.

Vieles davon drehte sich um das Dasein als Mädchen. Ich spreche von der traditionellen, altmodischen Vorstellung von Mädchenzeit und Weiblichkeit, einer, die in den Fünfziger- und Sechzigerjahren vorherrschte und sogar noch während der Achtziger, als ich am nordwestlichen Stadtrand von Chicago aufwuchs. Ein Mädchen zu sein, hat heute eine andere Bedeutung, flexibler, voll neuer Möglichkeiten, und für wen all das zugänglich ist, hat sich auch verändert. Doch im Moment denke ich an eine Zeit, in der Mädchen Make-up und Kleider tragen, irgendwann heiraten und Kinder kriegen sollten. Kochen und putzen und so weiter. Das scheint ewig her zu sein. Klar, all diese Erwartungen gibt es noch immer in unserer Kultur, aber inzwischen ist Raum für mehr – für viel mehr als diese Endlosliste weiblicher Eigenschaften, die man erwartet.

Meine Mutter lernte all das jedoch nie, nicht so, wie eine Mutter es an die Tochter weitergibt, und entsprechend lernte ich als Kind auch nichts darüber. (Und wieso sollte es auch allein ihre Sache gewesen sein, mir das beizubringen?) Ich war ziemlich burschikos, und irgendwann hörte das auf. Doch überbrücken ließ es sich nicht.

Immerhin gab es den Kapitalismus. Als ich zwölf Jahre alt war, fuhr meine Mutter mit mir zur Mall, Schminke ausprobieren. Madonnas erstes Album war gerade erschienen, und alle wollten so aussehen wie sie, insbesondere und offensichtlich die junge Frau am Make-up-Tresen. Ihr Haar fiel in schicken, sicherlich morgens vor dem Spiegel geduldig ondulierten Wellen. Mit meinem Gesicht ging sie auch geduldig um, diszipliniert, fixiert auf eine Vision: die kunstvolle, geometrische Betonung meiner Augen durch pinke und lila Dreiecke, dick aufgetragene Mascara und Eyeliner. Bei jeder neuen Schicht überkam mich Panik. Dieser Look war etwas für deutlich ältere Mädchen, und außerdem hätte ich ihn niemals selbst nachschminken können. Ich war noch nie gut im Ausmalen gewesen, und bei Augenlidern schon gar nicht. Das kann ich nicht, dachte ich. So kann ich nicht sein.

Auf der Heimfahrt von der Mall betrachtete ich mich im Spiegel der Sonnenblende, und dann heulte ich los. »Ich sehe aus wie eine Prostituierte«, sagte ich, ohne je Sexarbeiterinnen gesehen oder kennengelernt zu haben oder irgendetwas von ihrem Erleben zu wissen. »Du musst das ja nicht wieder tragen«, sagte meine Mutter in einem Ton, der ahnen ließ, dass Make-up ohnehin überflüssig war.

Was war das überhaupt, Make-up? Ein Weg, die Wahrnehmung zu verändern, wo mein Gesicht doch eigentlich ganz von selbst jung und rein und gesund aussah. Lippenstift bewirkte dies, Mascara jenes. So braute man etwas zusammen, wie nach einem Rezept. Damals kam mir das falsch vor. Behälter für Make-up hatte ich schon gesehen, im Bad, das ich mit meinem Bruder und meinen Eltern teilte, wo sie oft in einer Schublade verstaubten. Werbegeschenke vom Clinique-Tresen, wenn meine Mutter dort Hand- oder Feuchtigkeitscreme kaufte. Lidschatten-Pröbchen, bald vergessen.

Make-up schien verbindlich zu sein, es aufzutragen eine Pflicht. Das musste ich tun, wenn ich als normal gelten wollte, was immer »normal« bedeutet, was immer »Mädchen sein« bedeutet, was immer das alles bedeutet. Diese Regeln hatte man lange vor meiner Geburt gemacht, und ich wusste noch nicht, dass ich sie brechen oder neu definieren oder komplett ignorieren durfte. Jedenfalls – ich fuhr zur Mall, um zu lernen, wie man als Mädchen ist. In einem Alter, in dem ich mir nicht einmal sicher war, was ich an mir mochte, was ich zur Geltung bringen oder betonen wollte – wenn überhaupt. Konnten wir uns nicht einfach lieber unterhalten? Nachdenken fand ich super. Konnte ich nicht einfach den ganzen Tag träumen? Aber nein – es war an der Zeit, anders auszusehen, anders zu fühlen, in die nächste Spielart meiner selbst hineinzuwachsen.

Durch das Make-up begriff ich, dass eine Uhr tickte, die ich bis dahin gar nicht bemerkt hatte.

Als ich meine Mutter heute per E-Mail nach diesem katastrophalen Vorstoß ins Frausein frage, damals in der Mall, schreibt sie nur: »Meiner Erinnerung nach war das keine gute Erfahrung! Es ist schwierig, Mutter zu sein.« Ich erzähle ihr, dass ich über Make-up schreibe. »Ist nicht so dein Ding, hm«, sage ich. »Ich glaube, ich sehe auch ohne ganz schön aus«, sagt sie. Und sie hat recht.

Eine ungelernte Lektion also, doch dafür lernte ich eine andere, wenn auch durch Zufall. Wen interessiert schon die

Oberfläche? Zudem gab mir meine Mutter stattdessen die Freuden des Lesens und der Kreativität mit, Respekt vor meiner Bildung und den Glauben, dass ich alles erreichen konnte, was ich wollte, unabhängig von meinem Geschlecht – all das nahm ich sehr gern an, statt die Herausforderung, Flüssig-Eyeliner zu bezwingen. (Die ich, ehrlich gesagt, auch im Alter von neunundvierzig noch nicht bezwungen habe.)

Die einzige Form von Make-up, die ich schon immer liebend gern nutze, ist Lippenstift. Ich liebe die vielen leuchtenden Farben, wildes, hysterisches Pink, das ein langweiliges Outfit aufpeppt, Löcher in graue Tage bohrt, oder leuchtendes, sexy, sinnliches Rot, das Stunden auf meinen Lippen haftet und sie auf bestimmte Weise markiert. Ich mag es, wie Lippenstift manchmal mit meinen Augen zusammenwirkt, bei denen ich meist finde, sie sind glücklicher für sich, unbekleidet. Ich denke gern an meinen Mund, nach vielen Jahren, in denen er gar kein Thema war. Etwas, das ich mag an meinem Gesicht – das kann ich so sagen. Meinen Mund. Ihn werde ich schmücken. Ich habe viele Jahre gebraucht, um dort anzukommen. Etwas zu finden, das ich betonen will.

2.

Eine weitere, nicht von meiner Mutter gelernte Lebenslektion: Kochen. Klar, sie hatte Cousinen und Tanten gehabt, die hier und da etwas Wissen weitergaben, und im Rahmen der Schulbildung kam auch das Kochen vor. Wasser konnte sie erhitzen. Anweisungen konnte sie befolgen. Eine Schachtel mit handgeschriebenen Rezepten auf Karteikarten, verstaut in einem Küchenschrank. Honigkuchen für die hohen Feiertage. Doch bei einem alleinstehenden Vater, der zwei kleine Mädchen aufzog, entgingen meiner Mutter ein paar Fertigkeiten. Entsprechend lernte auch ich nie viel mehr als die Grundlagen.

Dafür ist aus mir ein begnadeter Dinnergast geworden. Es ist wunderbar, mich beim Kochen dabeizuhaben, vor allem, wenn ich ein Glas Wein bekomme, und auch, mich mit am Tisch sitzen zu haben, denn ich werde das Essen auf tiefe, emotionale Weise zu schätzen wissen und das auch sehr deutlich verbalisieren, nicht zuletzt, weil ich diese Form des Kochens aus meiner Jugend nicht kenne. Ich lege immer höchste Wertschätzung an den Tag, wenn ich eine köstliche, frisch zubereitete Mahlzeit bekomme, bestaune ehrlich und mit Hundeblick das Essen, das man mir vorsetzt. Ladet mich ein und gebt mir zu essen. Ich werde eure beste Gefährtin sein.

Trotzdem – meine Mutter versorgt mich auf ihre Weise mit Essen. Einmal ist sie von Chicago nach New York geflogen, weil sie sich um mich kümmern wollte, als ich mich von einer kleinen Operation erholte. Der Eingriff verlief glatt, die Schmerzmittel waren herrlich. Später, in meinem Apartment, reichte ich ihr eine Einkaufsliste mit Trostfutter. Auf dieser Liste stand auch Campbell's Hühnersuppe mit Nudeln.

»Ich sollte dir besser Hühnersuppe mit Nudeln machen«, sagte sie.

»Mom, du hast mir noch nie im Leben Hühnersuppe mit Nudeln gemacht – höchstens aus der Dose«, sagte ich.

»Das stimmt nicht«, sagte sie.

»Klar stimmt das«, sagte ich.

Wir diskutierten kurz weiter. Bald wurde das Handy aus der Handtasche gefischt, und aus der Ferne drang die Stimme meines Vaters.

»Habe ich etwa keine Hühnersuppe mit Nudeln gemacht, als sie klein waren?«, fragte meine Mutter.

»Lass mich mit ihm reden«, sagte ich.

»Deine Mutter hat viel Wunderbares für dich getan«,

sagte mein Vater. »Sie hat deine Liebe zu Büchern gefördert, sie hat dir beigebracht, dass du im Leben alles werden kannst, was du willst.«

»Ja, das weiß ich!«, sagte ich. »Ich behaupte ja gar nicht, dass sie keine tolle Mutter war. Aber Hühnersuppe mit Nudeln gab es nicht, stimmt's?«

»An Hühnersuppe mit Nudeln kann ich mich nicht erinnern«, sagte mein Vater.

Ich sah meine Mutter an und schüttelte den Kopf. »Dad sagt Nein.«

»Also, jetzt mache ich definitiv Suppe für dich«, sagte meine Mutter, denn sie nimmt jeden Fehdehandschuh mit Freuden auf.

»Sag ihr, sie soll sich im Supermarkt unbedingt erkundigen«, sagte mein Vater.

Ich mailte einer Freundin, die eine wunderbare Köchin ist. Ich schrieb, meine Mutter wolle jetzt Hühnersuppe mit Nudeln kochen und das sei womöglich gefährliches Terrain. »Schick uns ein Rezept«, sagte ich. »Aber ein wasserdichtes.«

Sie schickte ein Rezept, und schon marschierte meine Mutter davon zum Supermarkt, um anständige Hähnchenschenkel zu ergattern. Inzwischen ließen die Schmerzmittel nach. Hoffentlich wird die Suppe gut, dachte ich.

Nach drei Stunden und einem Dutzend E-Mails mit der Freundin hatte meine Mutter erfolgreich die Hühnerbrühe gemacht.

Zwischenzeitlich gab es Meinungsverschiedenheiten. Zum Beispiel hatte sie natriumarme Brühe gekauft, und ich drängte darauf, sie zu salzen. »Ich erhole mich von einer Operation«, sagte ich. »Ich brauche mein Salz!« Aber die Brühe sah gut aus und roch gut. Das war definitiv Hühnersuppe, und sie war mit Liebe gemacht.

Jetzt fehlten nur noch die Nudeln.

Ich sah zu, wie meine Mutter eine ganze Pfundpackung Nudeln in die Suppe kippte. Etwas machte Klick in meinem Kopf. In genau diesem Moment schickte meine Freundin eine Mail. Betreffzeile: Nudeln. »Ich habe vergessen zu sagen, wie viele«, schrieb sie. »Hat sie die ganze Packung reingetan? Eigentlich sollte es etwa … eine Tasse sein.«

»Sie hat alle reingetan«, schrieb ich zurück.

»Aber die Nudeln sind doch das Beste«, sagte meine Mutter.

»Die Brühe ist nur ein Vorwand für die Nudeln«, bestätigte meine Freundin. »Aber trotzdem …«

Entsetzt sahen wir zu, wie die Nudeln die ganze Suppe aufsaugten. Wir wollten mehr Wasser dazugeben, aber es war zu spät. Meine Mutter und ich standen in der Küche und löffelten hektisch die verbleibende Brühe in unsere Schalen.

»Das ist meine Schuld!«, schrieb meine Freundin.

»Das ist meine Schuld!«, sagte meine Mutter.

Aha, die letzte Zutat: Schuld.

Aber eins kann ich sagen: Diese Schale Nudelsuppe war köstlich. Wir dachten beim Essen nicht an den Bottich suppengetränkter Nudeln, der in der Küche stand, und wir dachten auch nicht an die Unvollkommenheiten des Lebens. Ich war der beste Dinnergast meiner Mutter, und sie war meine Lieblingsköchin. Es war egal, was sie mir beigebracht hatte und was nicht – wichtig war, dass sie seinerzeit da war, für mich, in Brooklyn, in einem Loft aus Beton, und für mein Überleben sorgte.

3.

Aber noch einmal zurück zu dieser Frau, der abwesenden Mutter meiner Mutter. Ich wusste nicht viel über sie, konnte aber nicht sagen, ob ich einfach nie etwas erfahren oder in den Neunzigern nur zu viele Drogen genommen hatte, also rief ich meine Mutter an, um Auskunft einzuholen.

»Oje, wird das jetzt eine Therapiesitzung?« Meine Mutter seufzte. Gespräche darüber, was sie im Hinblick auf Vergangenes empfand, waren nicht gerade ihr liebstes Hobby. Sie überlegte eine Weile. »Ich habe viel verdrängt«, sagte sie. »Ich weiß noch, dass ich in der Schule nicht über sie reden wollte. Niemand sollte wissen, dass sie krank war. Auf jeden Fall klaffte ein Loch in meinem Leben, während dieser prägenden Jahre. Kannst du dich an unbeschwerte Geburtstage erinnern?«, sagte sie.

»Tja, ich weiß nicht, wie unbeschwert sie waren.« Ich lachte. »Aber das ist wahrscheinlich mein Problem.«

»Und ich kann mich an gar keinen Geburtstag erinnern«, sagte sie.

Trauer kann ewig anhalten. In diesem Land lernen wir, einen Schlussstrich anzustreben, man ermutigt uns, rasch zur Tagesordnung überzugehen. Womöglich verurteilt man uns, wenn wir nicht schnell genug über etwas hinwegkommen. Doch Trauer kann ein ganzes Leben lang anhalten.

Hinter einer Schale mit Mardi-Gras-Perlen und derzeit eingeklemmt zwischen einer Lampe mit ananasförmigem Fuß aus Messingimitat und Laura van den Bergs Buch *I Hold a Wolf by the Ears* steht auf einem schönen Einbauregal aus Zypressenholz in meinem Wohnzimmer das Bild der Mutter meiner Mutter.

Sie ist wunderschön, meine Großmutter, und so feminin – gut zurechtgemacht, heiter, fraulich. Sie wirkt klein auf diesem Bild, schmale Schultern, zierliche, vor der Brust verschränkte Arme. Ihr Lächeln sieht echt aus, unbefangen, und sie wirkt froh und entspannt, doch das Porträt ist eindeutig gestellt, sie steht leicht schräg, blickt frontal in die Kamera, vor einem weißen Hintergrund. Jemand hat ihr gesagt, stell dich so hin, schau hierher, lächle. Ich glaube nicht, dass sie eitel war. Ganz bestimmt war sie liebenswert. Ihre Augenbrauen sind gepflegt, nicht unbedingt schmal, aber gar nicht buschig, und die Augen sind dunkel und schauen direkt in die Kamera. Offenbar trägt sie kaum Augen-Make-up. Ihr Haar ist dicht und braun und lockig. Es sieht aus wie an den Seiten zurückgebunden, als hätte sie alles Haar zurückgestrichen und mit einer Spange festgesteckt. Die Frisur wirkt durchaus gepflegt, hat aber auch etwas Wildes. Hier herrscht am wenigsten Ordnung auf diesem Foto, bei der Frisur. Wenn ich genau hinschaue, sehe ich hier und da etwas Krause. Kenne ich, denke ich. Ja, kenne ich.

Aber ansonsten hat sie sich dem Anlass entsprechend zurechtgemacht. Die Ärmel ihrer Bluse – oder vielleicht auch ihres Kleides – sind bauschig, mit kleinen Schulterpolstern, und anscheinend irgendwie bestickt. Der Stil des Oberteils zusammen mit der Frisur legt nahe, dass das Foto aus den Vierzigerjahren stammt, und das heißt, dass sie Ende zwanzig oder Anfang dreißig war. Ihre Nägel sind mahagonibraun lackiert, mit einem Stich ins Rot. Sie trägt eine schmale, elegante Uhr und einen Ehering, breit und entweder aus Diamanten oder aus Gold, schwer zu sagen. Einen großen Diamanten erkenne ich in der Mitte.

Der Star dieser Show ist aber nicht der Diamant, sondern ihr Mund. Ein strahlendes Lächeln – man sieht die gesamte Zahnreihe oben und die meisten unteren Zähne auch. Sie sind gerade und weiß. Ein gesund wirkendes Lächeln. Ihre Lippen sind rot, leuchtend rot, fröhlich. Der obere Lippenbogen ist ein bisschen schief, eine Seite tiefer als die andere, und ich kann nicht erkennen, ob sie den Lippenstift nachlässig aufgetragen hat oder ob das die natürliche Form ihrer Lippen ist. Es kommt mir bekannt vor, dieses Schiefe.

Meine Mutter sieht nicht genauso aus wie sie, aber dies ist eindeutig die Mutter meiner Mutter.

Ist es seltsam, dass das Foto einer Frau, die ich gar nicht gekannt habe und über die ich nur wenig weiß, bei mir zu Hause so prominent aufgestellt ist? Das Foto steht auf Augenhöhe – wenn ich also auf der Couch sitze, wacht sie aus nächster Nähe über mich. Eine historische Persönlichkeit ist sie nicht, wohl aber eine Persönlichkeit in meinem Leben. Natürlich werde ich eines Tages sterben, und dann landet dieses Foto vielleicht im Müll. Das ist mir klar. Gut möglich, dass niemand da sein wird, der meine Sachen durchsieht. Ich bin das jüngere von zwei Kindern und bewusst kinderlos. Das Foto wird niemandem außer mir etwas bedeuten. Das Ende der Großmutter. Also sitze ich jetzt da, mit der Bedeutung, die es für mich hat. Ich sitze da mit ihrem Gesicht und den Geschichten, die ich mir über sie ausgemalt habe.

Was also weiß ich von ihr? Was kenne ich für Geschichten? Faye Sudack Schwartz wurde als Kind russischer Immigranten aus dem Gebiet der heutigen Ukraine in Fall River, Massachusetts geboren. Sie verstarb 1957. Mit neununddreißig Jahren, zu früh. »Ich weiß noch, wie mein Vater uns sagte, wir sollten immer bei Vollmond daran denken, dass sie über uns wacht«, sagte meine Mutter.

Mein liebstes Detail über sie, eins, an das ich mich klammere, wenn ich mich frage, woher ich komme und warum ich so bin, wie ich bin, ist dieses hier: Berichten zufolge hat sie wunderbare Briefe geschrieben. Daher habe ich das – so dachte ich immer. Ich fragte mich, was wohl passiert wäre, hätte sie noch gelebt, was für Briefe ich von ihr bekommen, welche Weisheiten sie an mich weitergegeben hätte. Vielleicht hätte sie mir erklärt, ich solle als Gast immer wertschätzend und dankbar sein. Vielleicht hätte sie gesagt, ich solle mich immer noch etwas mehr anstrengen, um meine Träume umzusetzen. Vielleicht hätte sie mir so wie meine Mutter erklärt, dass die Erscheinung einer Frau weniger wichtig ist als das, was sie mit Hirn und Mumm erreicht. Aber vielleicht hätte sie auch gesagt: Und weißt du was? Ein bisschen Lippenstift würde dir nicht schaden.

Im Badezimmerspiegel begutachte ich mein Gesicht. Irgendwie ist es sicherer, durch die Augen einer Ahnin über meine äußere Erscheinung zu sinnieren, eher als die Begutachtung meiner augenblicklichen Realität. Das Verlangen, ein anderes Narrativ zu erschaffen als nur mich, nur dieses Gesicht. Es gehört zum Prozess, als Mensch wie als Autorin, es gehört dazu, wenn man Künstlerin ist, dieses ständige Bewerten, dass man Dinge auf ihre ursprünglichen Bestandteile herunterbricht und dann neu wieder zusammensetzt. Jene Details, die wir erben – können wir sie beanspruchen, können wir sie anerkennen? Nicht immer ein angenehmes Gefühl. Doch wenn wir das mit Liebe tun können oder Humor oder Nachsicht oder zumindest Großzügigkeit, mit gegenseitigem Verständnis, dann stärkt es die Arbeit nur. Dann stärkt es das Selbst.

Ich denke daran, dass der Lippenstift auf ihren Lippen genau so aussieht wie bei mir immer – eine Seite ist etwas voller als die andere. Und mein Gesicht hat dieselbe Form wie ihres, rechts ein bisschen breiter, etwas runder am Wangenknochen und oben neben dem Auge. Die Bestandteile ihres Gesichts, ihre Gene, ihre Zellen – unmittelbar präsent in meinem, so fühlt es sich an. Dass sie nicht da war, und wie meine Mutter dadurch beeinflusst wurde, das ist Bestandteil meiner Zusammensetzung. Dieses Mysteriöse, diese Traurigkeit, diese unbekannte Frau, alles Bestandteile meiner Blickrichtung, meines Verlangens, Geschichten zu erzählen, Wahrheiten über Familien aufzudecken. Als könnte ich das Mysterium meiner selbst dadurch lösen, dass ich andere verstehe.

Eine verlorene Mutter, rote Lippen, die Briefe, die wir schreiben.

2
Steig in den Van

Anfangs habe ich die meisten Lesereisen allein gemacht, mit dem Auto quer durchs ganze Land. Alle hielten mich für verrückt. Da draußen unterwegs in meinem Kombi, dem mit den zweihunderttausend gefahrenen Meilen, der klapperte, wenn ich über den Highway raste. Sobald ich etwas schneller fuhr, hörte ich die Lautsprecher nicht mehr, nur ein Dauerdröhnen von Staat zu Staat. Freunde und Familie erklärten, dass sie sich jedes Mal Sorgen machten, wenn ich mich wieder auf Tour begab.

Aber ich bin die Tochter eines Geschäftsreisenden, mir gehen ganze Generationen von Geschäftsleuten voraus. Meine Urgroßeltern waren russische Einwanderer, und sie haben sich hier in Amerika ein Leben aufgebaut. Papa Joe und sein Lebensmittelgeschäft in Massachusetts. Es gab kein Innehalten. Unaufhörlich wurde verkauft. Und aufgewachsen bin ich im Mittleren Westen, dort, wo malocht wird, in einer Kleinstadt, die wenige Jahre vor meiner Geburt aus dem Nichts erbaut worden war. Also war ich ständig von Tatendrang umgeben.

Ich war achtunddreißig, als ich für mein drittes Buch auf Lesereise ging, für das Buch, das meine Karriere beinahe zerstört hätte. Das war 2010. Ich war voller Hoffnung, was Bücher und Literatur und das Leben betraf, und wollte einfach nicht wahrhaben, dass die wenigen Kritiken, die ich bisher für das Buch bekommen hatten, nur so lala waren und wirklich nicht toll, und sehr viele würden es auch nicht mehr werden, und das bisschen Presse versandete schon komplett, und das Buch war erst vor einer Woche erschienen.

Hätte ich kurz innegehalten und mal überlegt, wäre mir vielleicht aufgefallen, wie die Last dieses beredten Schweigens mein Ego zu einem grämlichen, bangen, faserigen Staub zerrieb, und der dabei entstehende Grus wäre mir im Hals stecken geblieben, hätte jemand in aller Unschuld gefragt: »Und, was macht das Buch?« Aber es fragte niemand. Und ich hielt nicht inne.

Stattdessen dachte ich im Stillen: Wenn ich jetzt einfach losfahre, wird alles gut, das Buch wird prima laufen, ich werde ein Leben führen, das mich interessiert, und ich werde, so hart ich kann, an meiner Karriere arbeiten und mich für ein Buch einsetzen, an das ich glaube. Ist doch egal, wenn niemand darüber spricht. Man spricht *noch* nicht darüber, dachte ich. Was soll's, wenn mein Verlag nicht in Werbung für das Buch investiert. Ich würde jetzt meine eigene Werbung machen. Ich würde meine eigene Werbung sein. Aufhören würde ich nur unter Zwang. Ich würde immer weiter durch ganz Amerika fahren, bis jemand mein gottverdammtes Buch kaufte. Ich lebte von dem, was ich als freie Werbetexterin verdiente, für Server oder schicke neue Handys, Technikprodukte, die ich mir nicht leisten konnte. Am anderen Ende würde mein Konto so gut wie leer sein. Aber ich würde von New York City durchs Landesinnere bis nach Kalifornien fahren und unterwegs Lesungen machen, wo immer man welche hören wollte. Ich war sicher, am Ende der Reise würde ich ein Wunder vollbracht haben. Wenn ich genügend Bücher verkaufte, würde man mich noch eins schreiben lassen.

Leider muss ich berichten: Niemand kaufte mein Buch.

Es war Winter, und auf meiner Reise war es kalt und nass. Morgens Schnee vom Auto kratzen. Mit den Stiefeln auf den Boden stampfen. Damals rauchte ich noch, und vor den Hotels, in denen ich wohnte, qualmte ich eine vor dem Schlafengehen. Whiskey als Absacker, um meine Knochen zu wärmen. In Portsmouth kamen nur acht Leute zu meiner Lesung. Tags drauf in Boston ein paar mehr. Am nächsten Abend machte ich halt in Buffalo, wo ich niemanden kannte, nur um kurz meine alten Knochen auszuruhen, und dort im Hotelzimmer fühlte ich mich gut und einsam, dieser Zustand, in dem der Schmerz so schön brennt, als wollte er einem etwas Wichtiges sagen, und am Morgen fuhr ich weiter nach Oberlin, um vor jungen Leuten zu sprechen, die Kreatives Schreiben studierten.

Für sie war ich irgendeine Frau, die zufällig in ihrem Seminarraum erschien, eine, von der sie noch nie gehört hatten. Fragt mich was über das Schreiben, fragt, was ihr wollt. *Wie*, Schreiben? Ich ließ mich nicht entmutigen. Das gehörte alles zur Strategie. Einfach weiter Leute treffen, allen von meinem Buch erzählen, dann würde das schon klappen. Gute Strategie. Klug.

Später traf ich ein paar Studierende auf dem Parkplatz des Restaurants, in dem ich zu Abend gegessen hatte, und tauschte Taschenbuchexemplare meiner früheren Bücher gegen Mix-CDs, die sie in ihren Wohnheimzimmern für mich brannten. Mein uraltes Auto, das nichts als CDs abspielte. Für den Rest der Reise hörte ich mir ihre Zusammenstellungen an und schrieb im Kopf auf Grundlage ihres

Musikgeschmacks Geschichten über die Kids. Ich fragte mich, ob jemand von ihnen später schreiben würde – oder ob ich sie nachhaltig abgeschreckt hatte. Diese Frau, die da draußen ganz allein unterwegs war, von Staat zu Staat. Bye-bye, winkte ich ins Leere, jeden Tag.

Von Oberlin nach Chicago, von Chicago nach Davenport, wo ich im Studierendenhaus einer kleinen Uni sprechen sollte, noch eine Veranstaltung, die nichts Besonderes war – wie alle anderen auch –, doch mir gefiel der Gedanke, so oft wie möglich zu Studierenden zu sprechen, und außerdem gefiel mir der Gedanke an Davenport.

Die Kleinstadt, in der ich aufgewachsen bin, lag früher eine halbe Stunde vom Zentrum Chicagos entfernt, doch als dann die Einwohnerzahl in den Vorstädten in den nächsten Jahrzehnten explosionsartig anstieg und der Verkehr zunahm, fuhr man eine knappe Stunde. Diese Städtchen im Mittleren Westen fand ich toll. Ich fand es toll, wenn es dort zwei Pizzerien gab und einen Chinesen und einen Burgerladen und ein Steakrestaurant und ein kleines Kaufhaus und einen Park mit Spazierwegen und Grillplätzen und ein städtisches Schwimmbad und ein Rathaus und drei Kneipen, die alle Old Style vom Fass ausschenkten, und zwei Grundschulen und eine Junior Highschool und eine Highschool und eine Weight-Watchers-Dependance und eine öffentliche Bibliothek und mehrere religiöse Einrichtungen und eine Zeitarbeitsagentur und ein Gewässer in der Nähe und ganz flaches Land und eiskalte Winter und Tornadowarnungen und einen staubigen Schnapsladen, dem freitagabends die Fässchen ausgingen, und vielleicht, am Stadtrand, ein schreckliches Motel, das keiner beachtete und das trotzdem immer noch irgendwie in Betrieb war. Ich mochte Häuser, die mit der Zeit regellos gewachsen waren, statt dass man zum Siedlungsbau anrückte und Land umgrub und immer wieder das gleiche Haus errichtete, mit kleinen Variationen aufs Thema. Ich mochte Städte, die irgendwann nach 1900 entstanden waren. Ich mochte Stahlwerke in der Ferne. Ich mochte den Gedanken an ein funktionierendes Amerika, an eins, das auf ehrlicher, harter Arbeit und beständigen Traditionen fußte, auch wenn ich inzwischen als Erwachsene weiß, dass vieles davon entweder gestohlen oder auf dem Rücken anderer errichtet worden war, dass Rassismus in allen Ecken dieses Landes gedieh, und dass manches, was mir das amerikanische Bildungssystem vermittelt hatte, entweder irreführend oder unrichtig war. Doch hin und wieder ließ ich mich immer noch gern auf die Scheinwelt meiner jugendlichen Illusion von Amerika ein und flüsterte einem Städtchen zu: »Wie süß du bist!« Und wenn ich auf einer Lesereise eine Stadt im Mittleren Westen besuchen konnte, wenn ich die Augen zusammenkniff, dann konnte ich so tun, als gäbe es diese Spielart tatsächlich.

Das Problem liegt natürlich nicht in der Vorstellung. Eine Vorstellung kann gar nicht falsch sein. Solange wir vor Augen haben, dass sie nichts anderes ist. Denn das, wovon ich hier rede, ist eine halbwahre Spielart von Amerika. Sie funktioniert nur für einige Leute.

Doch damals hatte ich mich auf Davenport gefreut, dieses Städtchen in Iowa mit der wunderschönen alten Innenstadt, eine echte Quad City, derer es fünf gab: Bettendorf, ebenfalls in Iowa, und in Illinois die Städte Rock Island, Moline und East Moline. Es hatte geschneit, aber schon Tage vor meiner Ankunft, sodass sich der Schnee inzwischen verdichtet hatte und leicht vereiste, und es dämmerte schon, und in der ganzen Stadt stieg Rauch aus den Kaminen. Ich erreichte das Haus, in dem ich übernachten sollte, grünlichbraun, schmal, zwei Etagen, in einem Block gelegen, der viel kleiner war als die anderen in der Umgebung und dadurch eher wie eine Insel wirkte als wie ein Straßenzug. Es gab nur ein weiteres Haus in dem Block, und beide zusammen wirkten wie Kameraden, die ihr eigenes kleines Königreich behaupteten.

So, wie mir Amerika vorkam, als ich an jenem Abend in jener Straße in Davenport ankam, kommt es mir auch heute vor. Amerika ist groß und schön, und komisch gebaute Blocks darf es nach wie vor geben, und es ist an genügend Stellen immer noch völlig unberührt, und wir können quer hindurchfahren und uns das ansehen, und all das lässt mich hoffen, dass wir es noch nicht komplett versemmelt haben. Ich mache mir Sorgen, dass das, was einmal gestohlen wurde, immer und immer wieder gestohlen werden wird, aber ich halte trotzdem fest an diesem Gefühl. Ich versuche, in Hoffnung zu leben beim Gedanken an Amerika. Es läuft überall miserabel, andauernd, ich weiß, aber lasst mir trotzdem meine Hoffnung. Sie ändert nichts daran, wie ich durch die Welt gehe und was ich als Wahrheit erkenne. Und doch schöpfe ich Trost aus der Glut. Es gibt immer noch Glut! In der so viel Leben ist, dass sie brennt.

Ich parkte mein Auto vor der Mitte des Blocks und holte mein Gepäck aus dem Kofferraum. Ich trug nicht dic richtigen Schuhe für Schnee. Ich trottete durch die letzten zentimetertiefen Verwehungen auf das Haus zu, zerrte halbherzig meine Tasche hinter mir her, und der Freund, bei dem ich wohnte, nahm mich vor dem Haus mit einem Klaps auf die Schulter und einem Handschlag in Empfang. Er war Kunstprofessor in Davenport, ein großer, bärtiger, freundlicher Mann mit ansehnlichem Haarschopf – er hatte organisiert, dass ich dort am College einen Vortrag hielt. Ich kannte ihn nicht gut, mochte ihn aber gern, wie seine

Frau, eine Therapeutin. Zwei ausgeglichene, rücksichtsvolle Menschen, die leise sprachen, vielleicht zehn Jahre jünger als ich. Beide lasen viel. Ich fühlte mich sofort angenommen. Sie waren aus Chicago hergezogen und freuten sich in ihrer kleinen Stadt anscheinend über Gesellschaft aus einer großen. Wir hatten uns zwei Jahre zuvor kurz kennengelernt, nach einem Literaturfestival in Chicago, und nun sahen wir uns wieder. Eine Gefälligkeit von nahezu Fremden. Damals machte ich so etwas ständig. Leute kurz kennenlernen, eine Beziehung aufbauen, und dann bei ihnen zu Hause erscheinen, auf Einladung zwar, aber trotzdem, irgendwie, einfach … erscheinen. Ob das irgendwie seltsam war? Dass ich so schnell Freundschaft mit Leuten schloss und dann bei ihnen zu Hause erschien? In Wahrheit machte ich das schon seit Jahren so.

Er nahm mir das Gepäck ab, hievte es mühelos hoch und trug es den restlichen Weg. Wie es mich erleichterte, dass er mir mit meiner Tasche half. Nachdem ich sie so lange selbst getragen hatte.

Beim nächsten Zusammentreffen mit dem Professor und seiner Frau sollten sie ein Kind bekommen haben, und ein weiteres sollte folgen. Ich war immer noch irgendjemand, die bei ihnen pennte. Dann sollten sie ein neues Haus beziehen. Er sollte befördert werden. Ihr Leben sollte anders aussehen. Die beiden hatten irgendwo angefangen und landeten schließlich woanders. Bei mir war noch immer alles beim Alten. Ich war unterwegs.

Ich hatte ein paar Veranstaltungen in Nebraska, wo die Luft klar war und frisch, knackig blaue Winterhimmel, und das Land noch trocken und eben und karg, sodass man sich kaum vorstellen konnte, dass dort schon bald alles wachsen würde. Zwei Tage später fuhr ich weiter nach Laramie.

Irgendwo bei Cheyenne begann es zu schneien, rasch immer dichter, bis es zum Whiteout kam. Es hätte jede Tages- oder Nachtzeit sein können. Ich redete mir selbst gut zu. »Alles okay, alles in Ordnung«, sagte ich. Vor mir geriet ein Auto ins Schlingern – das geschah noch einige Male, und immer wich ich aus. Ich sah einen quer stehenden Laster und dann, ein paar Meilen weiter, noch einen. Nirgendwo war es sicher, ich traute mich nicht, rechts ranzufahren, und wer konnte absehen, wann es aufhören würde zu schneien? Ist das jetzt mein Abgang?, dachte ich. Ein Schneesturm in Wyoming. »Sie starb auf der Straße«, schrieb ich im Kopf. »Und kein Mensch hatte ihr Buch gekauft.« Aber irgendwie schaffte ich es wohlbehalten nach Laramie.

In der Stadt hatte das Schneetreiben nachgelassen. Ich fand ein billiges Hotel mit ein paar freien Zimmern. Laramie liegt fast 2200 Meter über dem Meeresspiegel. Mein Adrenalinschub vom Stress des Fahrens sackte irgendwann ab. Ich war ganz benommen, als ich durch die Straßen ging. Ich weiß noch, dass ich den größten, saftigsten Cheeseburger bestellte, den ich in der ganzen Stadt auftreiben konnte, mit gegrillten Zwiebeln und einer riesigen Scheibe Bacon. Beim Essen saß ich an der Bar des Restaurants. Ich trank ein Bier und einen Whiskey, und dann noch ein Bier, und dann noch einen Whiskey. Ich stiefelte auf vereisten Straßen durch die Stadt, von einer Bar zur anderen, dankbar, dass ich lebte und betrunken durch Laramie lief, auch wenn ich immer noch ziemlich durch den Wind war.

Ich trat auf ein glattes Stück Eis. Ich tastete mich vorsichtig darüber hinweg. Diese leeren und stillen und klirrend kalten Straßen der Stadt. Das Gegenteil einer Umarmung.

Und dann konnte ich mein Leben plötzlich aus einer ganz anderen Perspektive sehen: Was machte ich in Laramie? Ob es wohl irgendwo anders ein Zuhause für mich gab? Ein gemütliches. Ich konnte doch einen Bürojob haben, ein Zuhause in der Vorstadt. (Nicht, dass ich in der Vorstadt wohnen wollte, aber es gab sie nun mal, und sie kam mir sicher vor.) Eine stabile Existenz, statt um mein Leben zu fürchten, allein auf der Straße.

Aber ich wusste, mein Zuhause lag in den Büchern. Ich machte all das für die Bücher. In Laramie, in der schneidenden Abendluft, lachte ich mich selbst aus. Ich war verflucht, ich war verdammt. Aber ich war noch am Leben. Ich schaffte es zu einem Gehweg, wo der Schnee geräumt war. Weiter, dachte ich. Weiter. Für die Bücher.

Endlich erreichte ich die Westküste. Die Lesereise war dort nicht zu Ende, doch meine Erinnerung reicht nur bis nach Big Sur. Dort machte ich für zwei Tage Station, in einer Unterkunft, die du vielleicht kennst, wenn du die Westküste Kaliforniens schon einmal rauf- oder runtergefahren bist, ganz gemächlich, sodass eher die Fahrt der Urlaub ist als das Reiseziel selbst. Kompakte kleine Häuschen, ruhig, rustikal, kein Internet, nur Frieden.

Zur Zeit meiner Reise konnte man dort nur telefonisch reservieren. Ich hatte der Rezeptionistin gesagt, dass ich allein unterwegs war, mit dem Auto. »Ah, die Alleinreisende«, sagte sie. Schon von Weitem erkannt. Sie sagte es ganz sachlich, quasi zur Bestätigung meiner Identität. Nichts in mir reagierte in dem Moment emotional auf diese Bezeichnung. Doch diese Zeit sollte noch kommen.

Das Zimmer war klein und behaglich. Auf einem Schild an der Tür stand: *La Petite Cuisine*. Und in der Stille des Zimmers gab es dennoch Geräusche: knirschende Autoreifen auf Kies, zirpende Insekten am Abend, das Rauschen des Winds in den Bäumen. Die Luft wehte vom Pazifik her nur über die Straße, drang schon in meine Lungen und rief dort ein frisches, gesundes Brennen hervor. Es erinnerte mich an einen Campingplatz in meiner Jugend: Die Zeit kam dort zum Stillstand, die Außenwelt verschwand hinter dem Vorhang namens Abstand. Niemand wusste, was irgendwo anders geschah. Wichtig war nur der Ort, an dem man sich gerade befand. Es gab Zugang zu allen Elementen der Natur. Und in der Nähe ein Bett zum Schlafen.

Ich bin vielleicht ein Dutzend Mal in Nordkalifornien gewesen, meistens in San Francisco – damals, als junge, schluffige Menschen dort noch billig leben konnten, als es noch machbar und realistisch schien, sich für ein paar Tage dorthin zu verdrücken. Und mein erstes Buch habe ich dort geschrieben, in Napa.

Dort war ich gelandet, weil sich eine Freundin von mir in einen Mann namens John verliebt hatte, einen Fernsehautor. Sie hatte ihn im Internet kennengelernt und war an die Westküste gezogen, um bei ihm zu sein, zuerst in die Nähe von Los Angeles und dann nach Napa, wo er ein Anwesen mit Häusern, ein kleines Weingut und einige Morgen Land besaß. Im Sommer zuvor hatte ich meine Freundin und ihre Tochter dorthin gefahren, zu ihrem neuen Leben mit diesem Mann. Und im Sommer darauf wurde ich dann wieder eingeladen. Ich hatte ein kleines Chapbook und einige Zines und hier und da ein paar Essays veröffentlicht, und meine Freundin hatte zu mir gesagt: »Worauf wartest du noch? Es wird Zeit, dass du jetzt mal ein Buch schreibst.« Was für ein Glück, dass ich so eine Freundin hatte. Sie sagte, ich solle für ein paar Monate kommen, und John, der mich kaum kannte, war großzügigerweise einverstanden. Sie hatte recht, beschloss ich. Es wurde Zeit. Das war 2004.

In Napa gab es ein großes Haus, wo meine Freundin mit ihrer Tochter wohnte, ein Schwiegermutterhaus für Johns Mutter Hester, eine aufbrausende ehemalige Drehbuch- und Memoir-Autorin, und das winzige zweistöckige Cottage, in dem ich den Sommer verbringen würde. Das Cottage kam mir vor wie eine Villa, einfach, weil ich mit niemandem Wand an Wand wohnte wie lange Zeit in New York. Dass ich morgens nicht hören musste, wie der Wecker meiner Nachbarn losging – war ich plötzlich steinreich? Um das Cottage herum war einfach Land, ein Garten mit frischem Gemüse, ein Pool, ein Weinberg, den ich manchmal bei Sonnenuntergang durchstreifte. Ich durfte dort kostenlos wohnen, solange ich den Hund ausführte, einen riesigen Tibetmastiff, was ich auch eifrig tat, obwohl mich der Hund nicht besonders mochte und manchmal nach mir schnappte. Ein bisschen kam ich mir vor wie eine Angestellte, die eine bestimmte Aufgabe zu erfüllen hatte, auch wenn mir eigentlich niemand dieses Gefühl gab. Im Angesicht von Wohlstand wurde mir schon immer irgendwann unbehaglich zumute, auch damals. Ich war in jeden meiner Erfolge irgendwie hineingestolpert. Mir entsprach eher die Happy Hour, gratis Snacks zum Cocktail. Ich trug abgeschnittene Jeans-Shorts und zu viel Mascara, die in Krümeln unter meinen Augen klebte. Ich hatte ein schickes College besucht, dafür aber Zuschüsse und Stipendien gebraucht und es verschuldet abgeschlossen, und ich war mir dort immer vorgekommen wie eine Außenseiterin, denn ich hatte eine staatliche Schule in einer Kleinstadt im Mittleren Westen besucht, im Gegensatz zu Gleichaltrigen, die von Bildungseinrichtungen mit Namen wie Choate und Deerfield kamen und deren Eltern Investmentbanker oder Botschaftsangehörige waren. Ich hatte schlechte Manieren und ungepflegte Nägel und trank viel und war unbeholfen. (Und bin es noch!, schreit sie aus den Tiefen des Kerkers.) Diese Verunsicherungen schleppte ich bis weit ins Erwachsenenalter mit mir herum. Ich war nichts Besonderes. Und nun war ich plötzlich als Hoffreundin dazu da, nach dem Hund zu sehen, während ich etwas tat, das mir so kühn wie lächerlich erschien – nämlich ein Buch schreiben.

Doch es zu schreiben fand ich wunderbar. Jeder Tag, an dem ich aufwachte und mich an die Arbeit machte, war ein weiterer Tag mit Bedeutung für mich. Ich war überzeugt: Nichts, was ich zuvor getan hatte, war irgendwie zweckdienlich gewesen, irgendwie wirklich sinnvoll. Mein Name hatte bislang gar nicht existiert, doch nun war er da, stand getippt auf dem Titelblatt, und nun konnte alles Mögliche passieren. Ich wusste nicht, ob ich das verdammte Ding tatsächlich würde verkaufen können, aber ich konnte zusehen, wie sich diese Wörter ansammelten. Das Buch bestand aus einer Handvoll Geschichten, doch manche Figuren tauchten immer wieder auf, sodass sich ein Zusammenhang ergab. Als ich begriffen hatte, dass ich es lustig oder schmutzig oder traurig oder wie auch immer gestalten konnte, kam ich mir ungezähmt vor. So geht es den Menschen, wenn sie Kunst schaffen. Wann fühlen wir uns jemals so frei, wie wenn wir etwas erfinden? Gibt es ein ähnliches Freiheitsgefühl? Die Figuren waren kompliziert, wie alle Leute, die ich kannte, aber sie waren auch eigenständige Charaktere, vertraut und doch nagelneu für mich. Es kam mir ganz natürlich vor, ihnen Worte in den Mund zu legen. Es gefiel mir, die Geschichten im größeren Rahmen zu denken. Es ging um mehr als nur um die Stimme jeder Einzelgeschichte (auch wenn die schon schwer genug zu schreiben waren) – eher um ein ganzes Universum, in dem sie zusammenwirkten. Aus den Worten entstand eine Partnerschaft. Etwas Wildes, ja, aber ich zähmte es, nahm es mir für mich selbst.

Morgens tappte ich nach unten in den kleinen Wohnbereich, machte Kaffee und las ein Buch von dem Stapel, den ich mitgebracht oder im großen Haus ausgeliehen hatte. So lange, bis sich mein Hirn offen anfühlte und mein Herz leicht und locker. Ich schrieb in Notizbücher mit Karopapier. Ich schrieb mit großem Vergnügen. Ich knackte das Buch nicht mit Leichtigkeit – weil es nie leicht ist, ein Buch zu schreiben –, aber relativ konsequent. Ich wusste nicht, wie gut ich das machte, aber ich konnte mit eigenen Augen sehen, dass ich gewisse Fertigkeiten besaß, die man braucht für diesen Job: Fleiß und Entschiedenheit und Konzentration. Das Gefühl, es vielleicht *zu können*, war wunderbar.

Abends aß ich frische Pasta, die man gekühlt und weich im Laden kauft und in drei Minuten zubereitet hat, mit Knoblauch und Butter und Olivenöl und irgendwelchem Gemüse, das ich aus dem Garten des großen Hauses schnorren durfte, und dann trank ich zwei oder drei (oder vier) Gläser Wein, und manchmal schluchzte ich leise vor mich hin. Ich war bescheuert, aber irgendwie fühlte sich das auch toll an. Das Schreiben füllte mich aus wie nichts zuvor. Aber es bohrte auch Löcher in mich, und aus denen kam die Traurigkeit. Ich akzeptierte das alles als Teil der Reise.

Jetzt, fast zwanzig Jahre später, verstehe ich ganz, was die Wörter für mich tun: Wenn ich schreibe, ist das ein Ort, an dem ich mich sicher fühlen kann. So hat das schon immer für mich funktioniert, schon als Kind. Die Sicherheit eines Satzes. Das Gefühl, wenn ich Wörter verschiebe und mit ihnen spiele, ist das Reinste, das ich je empfinden werde. Der ruhige Raum meines Geistes. Ich rolle mich darin zusammen. Wunderbar, wenn Sätze sich aneinanderschmiegen, wenn ich ein Wort bemerke, das aus der Reihe tanzt, und es dann richtig platziere. Ich höre geradezu »klick«, wenn ich es einrasten lasse. Wunderbar, einen Satz kräftiger zu machen, dramatischer oder bewegender oder traurig. Oder wenn ich den Satz so leise mache, dass ich fast den eigenen Atem hören kann. Wunderbarer als alles ist es, wenn ein Satz mich zum Lachen bringt. Auf dem Papier leuchten die Worte auf für mich, zeigen mir, was zu tun ist, wohin sie wollen. Sie waren immer meine allerbesten Freunde. Es müssen einfach nur ein paar von ihnen erscheinen. Und mich trösten.

Ein Dreivierteljahr nach meiner Zeit in Napa schickte ein Agent mein Buch herum und bot es an. Dass ich es verkauft hatte, erfuhr ich, als ich vor dem Dulles Airport herumstand, wohin mein Flug nach New York umgeleitet worden war. Die Airline hatte die anderen unglücklichen Passagiere und mich stundenlang an der Gepäckausgabe als Geiseln gehalten, wo ich kein Netz hatte. Irgendwann mieteten sie einen Bus, der uns nach Port Authority bringen sollte, und als ich um ein Uhr morgens in der Schlange stand, erhielt ich immerhin Zugang zu meiner Mailbox und einer Nachricht von meinem Agenten. Ich sah mich nach jemandem um, dem ich es erzählen konnte, war aber von Fremden umgeben. Im Bus war ich schließlich eingekeilt zwischen dem Fenster und einem Ophthalmologen, der zu einem Kongress nach New York wollte. Ihm war es egal, dass ich mein erstes Buch verkauft hatte.

Aber mir war es nicht egal. Ich konnte es körperlich spüren, in den Schultern. Ich erinnere mich lebhaft daran – als hätte man etwas von mir genommen, buchstäblich eine Last von meinen Schultern. So erschöpft ich damals auch war – der Flug, der Stress bei der Landung, das Warten auf Nachricht von meinem Agenten, die erzwungene Nähe, die ich nun mit einem Fremden teilte, unsere Glieder, die sich berührten, kein Entrinnen für mich, nur er und das Fenster für die nächsten paar Stunden – all das kam zusammen, und doch spürte ich die Befreiung von dieser Last, die ich so lange getragen hatte – immer? Nein. Nicht immer. Aber jahrelang. Doch nun würde ich eine andere sein.

Vier Stunden später setzte der Bus uns in Port Authority ab, wo alle sich abmühten, in den frühen Morgenstunden ein Taxi zu finden. Doch nun war die Stadt neu für mich, und ich war neu für sie. Hier war ich, erschien als Autorin.

Sechs Jahre später war ich immer noch Autorin und wohnte in Big Sur in einer Unterkunft am Highway.

Nachmittags ging ich ans Meer.

Ich spazierte über das Grundstück zu einem kleinen Pfad, der in einer Richtung zu einem Wasserfall führte und in der anderen zu einer schönen kleinen Bucht am Pazifik, feuchter, schwerer Sand, Muscheltrümmer, hohe Klippen mit einer pulsierenden Energie, die sie wirken ließ, als könnten sie jeden Moment einstürzen. Am Rand der Bucht sah ich ein Paar, der Mann zeigte auf etwas, die Frau hatte die Arme um sich geschlungen, um sich zu wärmen. Ich fragte mich, ob sie gern dort war. Ich fragte mich, ob sie eine harte Arbeitswoche hinter sich hatte. Beide trugen die gleichen Fleecewesten, und beide wirkten beschäftigt, miteinander und mit Himmel und Meer und Klippen.

Ich saß eine Weile allein da, zog mein Tagebuch hervor und auch das Buch, das ich gerade las – *Just Kids*, gerade im Monat zuvor erschienen. Patti Smiths lebhafte Erinnerungen an ihr Leben als aufstrebende Dichterin in New York City kamen für mich genau zur richtigen Zeit. Sie und Robert Mapplethorpe schnorrten und schwindelten, um ihre Rechnungen zu bezahlen, aber sie konnten im Leben nichts tun, als weiterzumachen mit ihrer Kunst. Ich verleihe mein Exemplar immer, wenn Leute im Leben an einem Scheideweg stehen, und das Buch kommt immer zu mir zurück, sodass ich es gleich weiterreichen kann. Ein paar Monate nach meiner Rückkehr von dieser Reise fing ich an, Teilzeit im WORD Bookstore in Greenpoint zu arbeiten, einem

Goldschatz von einer Buchhandlung, wo ich das Buch so oft wie möglich empfahl und begeistert allen in die Hand drückte, die zur damals noch aufkeimenden jungen kreativen Bevölkerung der Gegend gehörten. Für mich war es ein Ratgeber zum Thema »Erwachsenwerden in New York«, auch wenn so ein Lebensstil heute nicht mehr möglich erscheint. Patti Smith kam in der Buchhandlung vorbei und signierte ein paar Exemplare für das Weihnachtsgeschäft, und zu Beginn meiner Schicht am Tag vor Weihnachten bunkerte ich eins davon hinter dem Tresen – die Regale waren fast leer, weil alle Kunden in letzter Minute eingekauft hatten, keine Kochbücher mehr da, keine Kunstbände, keine Sammelausgaben für Kinder, auch Jonathan Franzens neuer Roman nicht mehr, oder diese eigenartige Sammlung verwobener Geschichten von Jennifer Egan, von der alle sprachen. Ich wartete auf den richtigen Menschen, dem ich es verkaufen konnte, und da stürmte kurz vor Ladenschluss mein Lieblings-Barista aus dem Café Grumpy herein. Er brauchte etwas für seine Mutter, eine Sozialarbeiterin. Er beschrieb sie als großartigen und besonderen Menschen. »Da habe ich genau das Richtige«, sagte ich und reichte ihm das Buch. »Das wird ihr sehr gefallen«, sagte er.

Was macht diesen Kick aus, dem richtigen Menschen das richtige Buch zu schenken? Welcher psychologische Knopf wird da gedrückt? Ich kann dir nur sagen, dass mir in diesem Moment ganz schwindlig war. Jemand würde glücklich sein, und zwar aus genau den richtigen Gründen.

Nachdem ich ein paar weitere Seiten aus Patti Smiths Jugend genossen hatte, schrieb ich eine Weile in mein Tagebuch. Ich war allein und angekommen an diesem schönen Ort. Der endlose, donnernde Ozean. Mein Hirn war klar und ganz frei von den Sorgen anderer. Ich rechnete nicht mit einem grandiosen Leben als Künstlerin. Meinen Lebensunterhalt bestreiten zu können war grandios genug. Ich wollte einfach besser dran sein als ohne das Schreiben. Wenn ich einfach alles ein bisschen anders betrachtete, wenn ich die Künstlerin in mir ganz akzeptierte, wenn ich mit meiner Exzentrik gut umging, wenn ich jede Farbe in ihrer lebhaftesten Ausprägung sah, wenn ich das Kaleidoskop endlich zuließ, dann konnte ich es schaffen. Das hieß, einen Schritt zurückzutreten von einem normalen Leben, aber hatte ich mich nicht längst schon zu weit davon entfernt? Wo war ich überhaupt? Ich war ganz allein an diesem Strand, weit weg von zu Hause, beobachtete Fremde, erfand Geschichten über sie. Hatte ich es nicht schon geschafft?

Weiter hinten an der Bucht wollte die Frau allmählich gehen. Das ist sein Ausflug, nicht ihrer, dachte ich. Er betrachtete eingehend die Klippen. Das würde ich nicht wollen, dachte ich. Frieren und nicht beachtet werden. Ich schrieb immer noch, als sie an mir vorbeikamen. Sie blieben stehen und baten mich, ein Foto von ihnen zu machen.

Ich war abgelenkt, blickte auf. Die Lesereise ging zu Ende. Und wie machte sich das Buch? Schlecht. Nach wie vor nur eine Handvoll Kritiken. Eine gute war im *Chicago Tribune* erschienen, wie ich mich erinnerte, meine Heimatzeitung hatte mich im Blick, aber ansonsten herrschte trauriges Schweigen. Wahrscheinlich hatte ich seinerzeit keine tausend Exemplare verkauft. Auf dem Buchumschlag stand eine Frau im schwarzen Rollkragenpulli mit dem Rücken zur Kamera in einem Weizenfeld und fragte sich, was zum Teufel sie dort machte, wo es doch sicher irgendwo einen anderen Buchumschlag gab, der ihre Zeit eher wert war.

Ein Jahr später sollte ich dann mein viertes Buch an meinen Agenten schicken, der es las und mochte und an meine Lektorin schickte, und die las es auch, und dann sah sie sich zusammen mit ihren Kolleginnen und Kollegen und ihrem Chef – ich war nicht dabei, bei den Meetings, aber ich schätze, mit ihrem Chef – das Buch noch einmal an, aber vor allem meine beiden letzten Bücher in ihrem Verlag und deren Verkaufszahlen, die schrecklich waren, und wie viel Geld ich für den Verlag versenkt hatte, und selbst wenn ich mir vorstelle, dass ihnen das Buch gefallen hätte (was, wie ich hörte, nicht der Fall war), sie hätten es nicht gekauft, und dann beendeten sie die Zusammenarbeit mit mir tatsächlich vollends. This is the end, my beautiful friend.

Doch ich wusste noch nicht, dass so etwas auf mich zukam.

Ich nahm die Kamera.

Damals benutzte man normalerweise noch Digitalkameras, um einen Moment einzufangen, nicht das Telefon wie heute. Es gab also nicht gleich eine Belohnung, keinen sofortigen Upload ins Internet. Gerade ging es nur um sie, um das Jetzt. Vielleicht würde der Mann oder die Frau die Kamera später mit dem Computer verbinden, das Foto sorgfältig zuschneiden und bearbeiten, es schließlich auf Facebook posten oder an Eltern oder Freunde schicken, um zu zeigen, wie glücklich sie waren, zusammen an der Küste. Vielleicht würden sie mich dann verfluchen, weil ich sie aus einer Perspektive erwischt hatte, die ihnen nicht gefiel, aber auf unsere Schokoladenseiten waren wir damals längst nicht so eingestimmt, wie wir es heute sind. Vielleicht waren die beiden einfachere Menschen als ich, glücklicher, zufriedener mit ihrem Dasein. Das Meer, eine Liebesgeschichte. Glückwunsch an uns, wir sind verliebt. Es war genug, dass es ein Foto von ihnen zusammen gab, genug, dieser Vormittag am Strand. Vielleicht würden sie es irgendwann wieder anschauen und denken: Ach, das war ein schöner Tag. Oder: Das war der Tag, an dem wir den ganzen

Heimweg über gestritten haben. Vielleicht würden sie irgendwann einen besseren gemeinsamen Urlaub machen, oder viele, und an diesen Ausflug gar nicht mehr denken. Die vergessene Fahrt an der Küste entlang.

»Lächeln«, sagte ich, ohne jedoch selbst zu lächeln.

Ihr Haar war braun mit blonden Strähnchen, von Natur aus, von der Sonne, dachte ich, nicht gefärbt, und es umwehte sie im Wind. Ihre Mundwinkel hoben sich zaghaft. Er lächelte längst, strahlte, schon die ganze Zeit – er hatte keine Aufforderung gebraucht. Beide waren ein paar Jahre jünger als ich. Ich betrachtete die Frau noch einmal genauer. Sie schmiegte sich an ihn, legte den Kopf an seine Brust. Er war größer als sie. Ich beschloss, dass sie auch glücklich war, doch. Ihr war nur ein bisschen kalt, weiter nichts.

Ich blickte durch das Objektiv auf das Paar.

Hatte ich es nicht schon geschafft?

3
Die Betten anderer Leute

Ich habe mich durch allerhand Betten geschlafen. Nein, nicht so. (Doch, auch so.) Ich habe bei allen möglichen Leuten gepennt, im Gästezimmer und auf der Couch. Ich habe Häuser gehütet, ich habe Haustiere gehütet. Bin einfach aufgetaucht. Mein eigenes Bett – kein Thema. Bevor ich fünfundvierzig wurde, besaß ich nicht mal ein Bettgestell. Immer nur eine Matratze auf dem Boden. Sagen wir, ich bin Minimalistin und kein komischer Vogel, der im ganzen Land herumflattert. *Unstet* war ein Wort, das ich mit

Anfang zwanzig lernte. Ich weiß noch, wie ich es nachschlug, als ich es irgendwo gelesen hatte, und dachte: Das kommt mir bekannt vor.

Bis zum College hatte ich mein Leben lang um Erlaubnis gebeten, wenn es eine Wahl zu treffen galt – als junges Mädchen war ich gesittet und lernbegierig gewesen, hatte jeden Firlefanz mitgemacht, in der Schule, außerhalb des Unterrichts und auch sonst. Doch das College war hart für mich: konservativ, snobistisch, abweisend. Ich dachte über einen Wechsel nach. Stattdessen floh ich im dritten Studienjahr nach England. Ich schloss mich einer Clique von Kreativen an, lauter versoffene, exzentrische, freundliche Menschen. Wir rauchten Hasch und hörten in schummrigen Zimmern Velvet Underground. Die anderen luden mich in den Ferien zu sich nach Hause ein, wo man mir Fischstäbchen mit Erbsen servierte und allerhand Käsesorten nahebrachte, von denen ich noch nie gehört hatte. Wo warst du, als du das Wort *Gorgonzola* gelernt hast? Alle lachten über meinen amerikanischen Akzent, aber das machte mir nichts aus. Nach Neujahr ging ich allein auf Rucksackreise. Auf den Kontinent, wie es dort hieß – das Überheblichste, was ich jemals gehört hatte. Schon bald sagte ich es selbst.

Unterwegs geriet ich ständig in Schwierigkeiten. Ich schlief aufrecht sitzend im Nachtzug, ich schlich mich zum Schlafen in siffige Jugendherbergen, wenn ich kein Geld hatte. Ich teilte Essen und Drogen mit fremden Leuten. Es war das Jahr, in dem ich anfing zu rauchen und auf Schritt und Tritt Zigaretten schnorrte. Quer durch ganz Europa hörte ich *Nevermind* auf meinem Walkman. Ich sah sehr viel Kunst in diesem Jahr. Jedes europäische Museum hat in seiner Sammlung einen Warhol – wusstest du das? Zumindest in diesem Jahr. Als es zu Ende war, wusste ich mehr, ich war klüger, ich war weiser: In all diesen Punkten war ich mir absolut sicher. Ich hatte beschlossen, dass man Freiheit erkunden und ausnutzen muss. Bett um Bett um Bett. Ich war nie an so vielen Orten auf einmal gewesen. Und es war niemand da, um mich aufzuhalten.

Auf diesen Reisen lernte ich, dass es mir möglich war, mich vollkommen frei zu bewegen. Die stabilisierenden Kräfte dabei waren: meine Freundschaften, die Menschen, die ich traf, die Beziehungen, die ich aufbaute. Und dass ich überall zu Hause war, solange ich ein paar notwendige Dinge besaß: ein Tagebuch, eine Bluejeans, ein paar Kröten und vor allem einen wachen Geist. Wer das dritte Studienjahr im Ausland verbrachte, nahm meist einen leichten europäischen Akzent an, trank, aß, vögelte, rauchte Hasch, lief mit offenem Mund durch Museen – und fuhr dann zurück nach Amerika, ließ diesen Teil des Lebens verblassen, schloss das College ab, suchte sich einen Job, studierte Jura, gliederte sich wieder in den vorgegebenen Ablauf ein, Hochzeit, Kinder, was man eben so machte, und nach einer Weile war dieses wilde Jahr unterwegs so gut wie vergessen. Doch ich hatte vom Leben ohne Einschränkungen vorerst nur eine Kostprobe bekommen. Verdorben durch Freiheit und Auswahl und Chancen. Verdorben für immer.

Doch wenn es dieses Jahr nicht gewesen wäre, wäre es etwas anderes gewesen. Ich wartete nur auf den Auslöser. Nach meinem Collegeabschluss war ich auf der Flucht durch ganz Amerika, als würde ich verfolgt oder als würde ich auf etwas zurasen, ohne dass ich hätte sagen können, worauf. Ein paar Monate zog ich couchsurfend durch Nord-Virginia und teilte dann ein Apartment mit meinem Collegemitbewohner Sunil, der mitbekommen hatte, dass ich mich schon eine Weile treiben ließ, und mir für ein halbes Jahr einen Landeplatz in Tampa bot. Anschließend verbrachte ich anderthalb Jahre im Norden, in Washington,

DC, wo ich verschiedene Apartments bewohnte. Das erste hatte im Fußboden des Schlafzimmers ein Loch, über das ich jeden Abend behände hinwegschritt, zu der uralten Matratze, die ich mit dem Zimmer geerbt hatte. Ist eben billig, sagte ich mir immer wieder. Es war eine Haus-WG unter Federführung eines Paars, das auf einer Farm in Maryland arbeitete, jeden Tag in aller Herrgottsfrühe aufbrach und das Haus sich selbst überließ. Die Belegschaft bestand aus einer laufend wechselnden Liste von Leuten aus dem Dienstleistungssektor und ein paar sanften Hippies, die sich viel zu sehr darauf konzentrierten, unvoreingenommen zu sein. Das Haus war voller Drogen, in der Küche hing ein Hausarbeitsplan. Ein Mitbewohner aus London, der in einem gehobenen Restaurant tätig war, stolperte eines Nachts mit blutigem, geschwollenem Gesicht herein und sprach seltsamerweise plötzlich mit New-Jersey-Akzent. Draußen auf der Straße wurde ständig geschossen. Es war ein Haus, aber wirklich zu Hause schien sich dort niemand zu fühlen. Als ich eines Tages mein Auto hinter dem Haus parken wollte, hatte jemand in der Gasse dort Feuer gemacht. Ich fuhr darum herum, wich den Flammen aus und dachte: Okay, es ist billig, aber könnte ich es nicht vielleicht etwas besser treffen?

Alles in allem bewohnte ich acht verschiedene Unterkünfte in dieser Spanne von drei Jahren, in denen ich praktisch nichts ansammelte als weitere vollgekritzelte Notizbücher, die ich sehr umsichtig mit mir herumkarrte. Wenn man von einer gemieteten Bleibe in die nächste zieht, sind die Zimmer oft möbliert. Oder ich kaufte billig ein. Manchmal verkaufte ich meinen Besitz an die nächste Person, die meinen Platz einnahm, oder ich verschenkte ihn an Freunde. Manchmal blieb er auch einfach zurück, je nach Zustand. Nichts, was ich besaß, war nennenswertes Geld wert, weil es entweder aus Pressspan war oder im Secondhandladen gekauft – eher »gebraucht« als »vintage« –, und weil ich sowieso nichts besonders lange behielt, gab es auch keinen sentimentalen Wert. Ich war also ständig dabei, entweder Müll einzusammeln oder meinen Abfall für andere dazulassen.

Irgendwann hatte ich keine Lust mehr auf DC. Was sollte ich noch dort, dachte ich, ein Refrain, der in meinem weiteren Leben normal werden sollte. Ich ließ alles ziemlich umstandslos hinter mir. Eine Vita voller Jobs, die maximal ein Jahr gedauert hatten. (Mit dem Wort *kapriziös* hatte mich eine Französischlehrerin auf der Highschool bezeichnet, als ich ihren Unterricht nach einem Jahr verließ. Auch das musste ich nachschlagen.) Welches Risiko lohnt sich?, fragte ich mich. Was konnte ich schon gewinnen, wenn ich mich dauerhaft niederließ? Es folgten kurze Aufenthalte in Chicago und Atlanta. Es gab einen Monat in New Orleans, in dem ich auf der Couch von zwei Musikern aus einer Band pennte, die damals Galactic Prophylactic hieß, und ich weiß noch, wie ich am dreißigsten Tag in Folge mit einem Kater aufwachte und überlegte: Ich habe ja gern Spaß, aber *so* viel Spaß nun auch wieder nicht. Das war 1995.

Weiter Richtung Westen bis Seattle, nach einem Monat unterwegs. Als ich ankam, dachte ich: Wahrscheinlich bleibe ich eine Weile hier, ich kann schließlich nicht einfach weiter schnurstracks Richtung Wasser fahren, oder? (Ich blieb für drei Jahre.) Dort wies mich ein aktuell genesender Junkie-Freund darauf hin, dass ich gerade »den Geografischen machte«, eine Wendung, die Anhänger der Anonymen Alkoholiker eingeführt hatten und die bedeutet, dass man in eine neue Stadt oder einen neuen Staat zieht, statt sich seinen Problemen zu stellen. Aber ich war nicht süchtig, nicht direkt, außer vielleicht danach, immer weiter zu irgendeiner nächsten Station zu ziehen.

In Seattle bewohnte ich zunächst die Couch eines Hausboots auf dem Puget Sound, dann mit zwei anderen Leuten ein gemietetes Haus und schließlich ein Einzimmerapartment. Diese letzte Station schätzte ich am allermeisten: Eine Matratze in der äußersten Ecke des kleinen Zimmers, Erkerfenster voller Sonnenlicht, wenn es nicht gerade regnete, Armaturen aus den Fünfzigern, zitronengelb gestrichene Wände, über die Straße ein Park, in dem Kinder nachmittags Fußball spielten und sich das Gemisch aus Geplapper und Geschrei zu einem angenehmen weißen Rauschen mischte, wenn ich mich bekifft und voller Gedanken auf der Matratze ausstreckte. Außerordentlich war, dass das alles mir allein gehörte. Auch wenn ich irgendwann keine Lust mehr darauf hatte.

Sunil war mittlerweile in New York, viel besser beschäftigt als ich, und beschloss, mir etwas Besonderes zu bieten. Er flog mich zu meinem siebenundzwanzigsten Geburtstag nach Manhattan ein, und nach einem vollgepackten Wochenende mit aufwendigen Abendessen, Nächten in Clubs, Männern aus dem Finanzwesen oder dem Filmgeschäft oder beidem, wachte ich auf und dachte: »Was soll ich noch in Seattle?« Keine zwei Monate später machte ich mich auf den Weg zurück nach Osten und landete in der East Thirteenth Street zwischen Second und Third Avenue, in Sunils Gästezimmer. Ich habe während meiner achtzehn Jahre in New York sieben Apartments bewohnt, auch wenn drei davon im selben Haus lagen, was sich seltsamerweise wie ein Fortschritt anfühlte. In diesem Haus hatte jedes Apartment ein Hochbett auf einer durch Stufen erreichbaren Plattform, etwa einsachtzig unter der Decke – kein Bettgestell nötig.

Ich achtete nicht darauf, was passierte. Die Zeit verging und ich überblickte nur ein, zwei Monate meiner persönlichen Timeline, wenn überhaupt. Die Zukunft oder zumindest jede Planung dafür kam mir sinnlos vor. Die Zukunft war etwas für Leute, die etwas damit anfangen konnten. Ich sah, wie es für andere Menschen in meinem Leben lief. Mein Bruder und seine Frau hatten sich am Anfang ihrer Collegelaufbahn kennengelernt und ineinander verliebt, und damit hatte es sich. Sie funktionierten als Team, als Einheit, für immer und ewig. Sie machten gemeinsame Anschaffungen, eine Couch, einen Esszimmertisch, ein Haus. Sie kochten Seite an Seite in der Küche, besprachen, wohin sie nächsten Sommer in Urlaub fahren würden beziehungsweise im Sommer danach, nickten zu ihren jeweiligen Meinungen. Auch wenn sie unterschiedlicher Meinung waren, hörten sie einander zu.

Ich probierte, ob das Modell mir passte. Ich wohnte eine Weile mit jemandem zusammen, mit Michael, meinem Freund. Der das sanfteste aller Herzen besaß. Ich bewunderte, dass er die Welt durch eine so versöhnliche Brille sah. Alles war potenziell schön für ihn. Wir kauften ein Boxspringbett. (Immer noch kein Gestell.) Wir zogen von einem Apartment zum nächsten, und dann trennten wir uns und ich weiß nicht mal, was danach mit dem Bett passiert ist. Ich habe nicht mal vor Augen, wo es gelandet ist. Habe ich es weggeworfen? Hat er es mitgenommen? Es war nur ein Gegenstand, und damals waren mir Sachen, die ich hatte, völlig egal, abgesehen von Büchern und Kunst, und basta. Was ist unser Besitz anderes als eine Erweiterung unserer Ästhetik? Behaglichkeit, Ruhe, Sicherheit. Zu meiner Ästhetik gehörte das nicht. Kein Bett für mich.

Ich liebte. Ich hatte Liebhaber. Ich wurde von anderen geliebt. Das kannte ich, dieses Gefühl. Aber echte Partner hatte ich nicht. Ich hatte Kolleginnen und Kollegen. Ich hatte Leute, mit denen ich blödelte. Ich hatte Leute zum Reden. Ich hatte Leute im Leben, die mich verstanden, so weit ich zu verstehen war. Ein paar Mentorinnen und Mentoren. Substanzieller als die romantische Liebe war Freundschaft. Das wusste ich genau. Freundschaften nährten mich nachhaltiger. Bei Beziehungen dieser Art geht es eher um gleichberechtigten Austausch. Wir passten aufeinander auf. Reichten auf der Straße vor einer Bar Zigaretten hin und her. Teilten uns ein Taxi nach Hause. Wie oft habe ich in Stefans Gästezimmer geschlafen? Wie oft hat Rosie für mich gekocht? Wie viele Drinks haben Emily und ich einander ausgegeben? Wie oft haben Vannesa und ich die Rechnung fürs Abendessen geteilt? Kein Mensch behielt den Überblick – gleichziehen würden wir ohnehin nie.

Als ich Mitte dreißig war, gab mir jemand den guten Rat, ich würde niemals imstande sein, mir ein eigenes Haus zu leisten. Keine Bank würde mir Geld leihen, hieß es. Nicht bei dem Einkommen einer Künstlerin. Mach dir nicht mal die Mühe, darüber nachzudenken. Vergiss diesen Traum. Wenn du dich für dieses Leben entscheidest, wenn du dich entscheidest, so zu sein, dann kriegst du bloß das Minimum. Was nahelegte, dass ich nichts anderes verdiente. Ach, der unüberwindliche Kapitalismus. Doch ich mache niemandem einen Vorwurf. Ich selbst hatte schließlich beschlossen, das zu glauben. Eine wichtige Lektion: Wer dir sagt, du sollst dir nicht die Mühe machen zu träumen, ist nicht auf deiner Seite.

Ich zog weiter herum. Fünfzehn Jahre lang. Vor allem, als ich dann in Brooklyn wohnte. Ich hatte dort ein Apartment, das ich mir nicht leisten konnte, auch wenn es billig war für die Lage, aber im Grunde war es nicht mal das Apartment, das ich mir nicht leisten konnte – sondern New York. Und die Kosten für meine Krankenversicherung. Aber aufgeben konnte ich es nicht. Ich konnte die Stadt nicht ganz hinter mir lassen. Ich vermietete mein Apartment einige Male im Jahr unter, suchte mir währenddessen eine andere Bleibe und kehrte dann immer zurück zu meinem Leben dort. Denn ich dachte, dass ich sehr lange an diesem Ort bleiben sollte, als Autorin, als Mensch.

Während eines Jahres schlief ich in sieben Monaten an sechsundzwanzig verschiedenen Orten. Es ging los, als ich gerade vierzig geworden war, 2011. Ich verließ die Stadt im Dezember. Von Chapel Hill nach Savannah nach Gainesville, wo ich bei Lauren, ihrem Mann und ihren beiden Söhnen wohnte. Ihr Mann machte Lasagne zum Abendessen, und ich trank Wein, und nach dem Essen sprachen Lauren und ich über Bücher, und sie hatte eine Ausstrahlung und einen Ehrgeiz, die ich bewunderte, und dann schlief ich in ihrem Gästezimmer ein, tief und fest, und mir war, als wäre ich endlich weit genug weg von New York.

Dann ging es weiter nach New Orleans, wo ich ein paar Monate blieb und in Mid City ein Shotgun-Haus mit meinen Vermietern teilte, einem Ärztepaar und ihren beiden Kindern und Hunden. Es war ein zweigeschossiges Apartment, oben Schlafzimmer und Bad, unten ein Wohnzimmer, Esszimmer und Küche, voll möbliert, große Fenster, Deckenventilatoren, damit es kühl blieb. Es gab einen langen Esszimmertisch, an dem ich mich ausbreiten und schreiben konnte, was ich äußerst gewissenhaft tat, täglich, mit eiserner Disziplin. Meine Miete betrug ein Drittel der Miete in New York. Ich konnte für einen Augenblick durchatmen. Doch dann erfuhr ich, wie hoch meine Steuerschuld war. Mir wurde klar, ich musste mein Apartment in New York bis zum darauffolgenden Sommer vermieten. Ein halbes Jahr, bis ich wieder nach Hause konnte.

Von dort ging ich nach Austin und dann über Memphis nach Charleston, wo ich meine Internetfreundin Roxane zum ersten Mal persönlich traf. Sie war dort Professorin an der Uni, und es beeindruckte mich, wie sauber ihr Haus war, und so viele Bücher, wie stabil und organisiert ihre Regale waren – was Büchermenschen an ihresgleichen eben so auffällt –, und als ich sie tags drauf zum Mittagessen in einen Diner um die Ecke einlud, merkte ich auch, wie umwerfend ihr Lächeln war. Dann brach ich auf nach Chicago, meine Heimatstadt, wo ich einen Abend mit meinen Eltern in meinem Elternhaus verbrachte, im Bett meiner Kindheit, und wie immer schlief ich dort wie ein Stein, denn es war still und das Zimmer war klein und kompakt und wie ein Mutterleib. Als ich mich am Morgen bei meinem Vater verabschiedete, wirkte er traurig, nur dass ich damals nicht dachte, es hätte etwas mit mir zu tun.

In Evanston wohnte ich bei meiner alten Collegemitbewohnerin Mara, ihrem Mann und ihren zwei Kindern in ihrem schönen Haus. Wir aßen Schmorbraten und tranken Wein. Ich schlief im Keller auf einer Luftmatratze, gleich neben einer Truhe mit Kinderspielzeug. Ich fühlte mich extrem geerdet. Rilke war berüchtigt dafür, immer irgendwo Hausgast gewesen zu sein, und irgendwo habe ich mal gelesen, dass er in vier Jahren fünfzig Adressen hatte, auch wenn er vermutlich nicht in Kellern auf Luftmatratzen geschlafen hat.

Am Morgen wirbelte die Tochter für mich in ihrem Rock herum und war begeistert davon, wie er aufflog. Als ich mir etwas aus dem wohlgefüllten Kühlschrank schnappte, hielt ich kurz inne und spürte dem Gefühl dabei nach. Es war

Neid. Joghurt in Sechserpacks, lauter verschiedene Geschmacksrichtungen, frisch gepresster Orangensaft, ein ganzes Fach nur für Käse. Ich wollte so ein Leben nicht, mit Ehemann, mit Kindern. Aber ich wollte so einen Kühlschrank voller Lebensmittel.

Anfang Mai kam ich in New York City an. Ich hatte noch zwei Monate vor mir, bis ich zurück in mein Apartment konnte. Eine Migräne setzte ein, als ich am Bryant Park vorbeiging, auf dem Weg nach Greenpoint, wo ich zwei Nächte bei Gabrielle bleiben wollte. Sofort gab ich New York die Schuld an meiner Migräne. Ich war zwei Tage platt. Gabrielle zeichnete mich, während ich auf ihrer Couch lag und wir über Geld sprachen und Kunst. Worüber sonst sollten wir reden? Was war sonst noch übrig?

In Queens pennte ich bei meinem Bruder, seiner Frau und meiner siebenjährigen Nichte, die schon ein lustiges, aufgewecktes Mädchen war. Noch eine Luftmatratze, diesmal im Dachgeschoss. Ich hütete meine Nichte für ein paar Stunden und als ich ihr erzählte, dass ich bald für immer zurück in New York sein würde, rutschte sie auf den Boden und quiekte kurz vor Freude. »Hast du gedacht, ich komme nie mehr zurück?«, sagte ich, und sie sagte schüchtern: »Ja.« Ich war nicht auf die Idee gekommen, dass irgendjemand auf meine Rückkehr nach Hause warten könnte.

Ich zog für ein paar Nächte nach South Brooklyn, zu Rosie in ihr winziges Dreizimmerapartment. Ich fand es wunderbar dort, ihr buntes Zuhause, das sie nun schon seit zehn Jahren bewohnte. Sie hatte investiert, obwohl es eine Mietwohnung war, und sich den Raum zu eigen gemacht. Töpfe und Pfannen hingen hoch oben an einem Regal in ihrer cremeweiß gestrichenen Küche mit braunroten Akzenten. Ein Designkronleuchter aus Schweden. Überall Bücher und Kunst, eine samtbezogene Couch, die sie für mich herrichtete, nachdem wir Wein getrunken und einander auf den neuesten Stand gebracht hatten. Sie gab mir zu essen, kümmerte sich um mich. Ich stand um sieben Uhr morgens auf und suchte mir ein Café, damit sie den Vormittag für sich hatte. Dort am Tisch stopfte ich eine Serviette unter eins der Beine, damit er nicht wackelte, und stieß mir beim Aufrichten den Kopf. Ich begriff, dass ich jede Kontrolle über mein Leben komplett annulliert hatte. Ich war gegangen, damit Rosie ihre Arbeit machen konnte. Für mich war dieses Café an der Fifth Avenue völlig in Ordnung – ich konnte überall arbeiten, eine meiner Fähigkeiten –, aber wie wäre es gewesen, an diesem Morgen aufzustehen, mich an meinen eigenen Küchentisch und die Feder aufs Papier zu setzen?

Ich war vierzig Jahre alt. So etwas war nicht mehr niedlich oder charmant und war es vielleicht nie gewesen. Was immer ich in den letzten zehn Jahren meines Lebens getan hatte – es funktionierte nicht mehr. Was macht eine instabile Wohnsituation mit einem Menschen? Wie verändert es ihn? Was mich angeht, so empfand ich Scham. Weil ich schon so lange keinen richtigen Platz zum Wohnen hatte. Auf die Hilfe anderer angewiesen war. Ich sagte allen, dass es mir gut ging, dass ich alles unter Kontrolle hatte, dass ein Plan mit im Spiel war, aber ich war nervös und gereizt und schwierig im Umgang. Mir war, als stünde mir einfach nichts zu. Niemand verurteilte mich strenger als ich selbst. Ich akzeptierte, wer ich war, aber es gefiel mir nicht immer. Ich hatte Glück, dass ich nicht auf der Straße saß – das wusste ich. Verdammt viel Glück. Amerika ist nicht zimperlich mit Wohnungslosen. Ich hatte immer das Gefühl, nur zwei falsche Entscheidungen von der kompletten Vernichtung entfernt zu sein. Das sind wir alle, und wer etwas anderes glaubt, macht sich etwas vor.

Richtung Norden, nach Maine und New Hampshire,

und dann für drei Wochen noch einmal zu Gabrielle, als Mieterin ihres Gästezimmers, damit sie sich ein Flugticket nach Chicago leisten konnte. Tauschhandel trieben wir alle. Die Hitzewelle begann. Es gab keine Klimaanlage. Nachts trank ich und schwitzte. Tagsüber verkroch ich mich in Cafés, beackerte Aufträge als Freie, wenn ich welche kriegen konnte. Ich fragte mich, ob alle anderen, die den ganzen Nachmittag ihr Getränk zum vergünstigten Preis nachfüllen ließen, auch irgendwo auf der Couch pennten, oder ging das nur mir so? Ich wollte einfach wieder nach Hause. Aber mein Deal mit mir selbst, den ich im Winter in New Orleans gemacht hatte, galt nach wie vor: Mein Apartment war bis Ende Juli untervermietet.

Ich war immer noch pleite. Ich hatte mir schon Geld bei meiner Literaturagentur geliehen. Meine Kreditkarten waren ausgereizt. Die Zahlungen für meine vielen freiberuflichen Jobs waren längst überfällig, wie es bei freiberuflichen Jobs in New York häufig der Fall ist, egal, wie viele Mails man schickt oder Zaubersprüche man spricht. In dieser Lage schrieb mir Sunil einen Scheck aus, der genau einen Monat meines Lebens in New York City abdeckte. Nach all den Jahren passte er immer noch auf mich auf. Ich wollte ablehnen, aber ich konnte nicht. Dann kam noch ein freies Projekt, eins mit sofortiger Bezahlung. Das würde reichen, um mich bis zum Herbst durchzubringen, bis zur Veröffentlichung meines vierten Buchs. Das würde reichen für eine kurze Atempause. Meine Untermieter zogen aus, und dann kehrte ich nach Hause zurück, zahlte meine Miete und wollte die Hände um mein Apartment schließen und nie wieder lösen.

Manchmal berührte es mich, in einem stabilen Bett zu liegen. Nicht in einem schönen Hotelbett – obwohl ich auch diese Erfahrung angenehm fand –, sondern in einem großen Bett bei Leuten zu Hause, mit Laken, die durch den Gebrauch so weich waren, dass es schien, als würde man davon umarmt, und einer Decke, die jemand sorgfältig ausgesucht hatte, in einer altmodischen Boutique mit der Hand darüber gestrichen; ein großes Bettgestell aus Messing vielleicht, Boxspring mit Kingsize-Matratze, alles in allem also ein unerschütterliches Bett; und straff gezogene Laken mit Kissenbezügen, die dazu passten, oder vielleicht auch nicht, dann aber mit Absicht, Streifen mit Tupfen oder neutrale Farben mit bunten Akzenten; und das in einem Schlafzimmer mit Fenster und einer soliden Kommode aus Kiefernholz und einem hohen Spiegel, der an der Wand lehnt, und einer Tischlampe, die so befriedigend Klick macht, wenn ich schlafen will und sie ausschalte. Das Schlafzimmer geht zum Garten hin, kein Straßenlärm, der mich weckt. Ich kann den Mond durchs Fenster sehen. Stell dir vor, wie ich all das in einem Gästeschlafzimmer bestaune. Ein erhöhtes Bett. Dankbar, jemanden mit Gästezimmer zu kennen. Was für eine Macht. Stell dir vor, wie ich denke, dass ich das nie haben werde, kurz vor dem Einschlafen für diese Nacht, wenn die Scham kurz verschwindet, sinnlos in der Besinnungslosigkeit. Stell dir vor, wie ich tief durchschlafe und mich die Leute, bei denen ich wohne, morgens fragen, wie das Zimmer war, wie sich das Bett anfühlte, ob die Matratze zu hart war oder zu weich? Ob mir die neue Steppdecke gefallen hat? Ich bin ausgeschlafen, sage ich. Sie sagen mir, dass ich müde aussehe, mit besorgtem Unterton: Sie wollen, dass ich gut schlafe bei ihnen zu Hause; sie wollen, dass es mir, wenn ich gehe, besser geht als bei der Ankunft. Nein, nein, versichere ich ihnen. Ich habe nie im Leben so gut geschlafen.

4
Narben

Einmal bat mich eine Autorin, die ich nicht kannte, in einer Bar in Brooklyn etwas mit ihr trinken zu gehen. Leute, die schreiben, treffen sich aus unterschiedlichen Gründen auf einen Drink, und in New York City vielleicht aus einer Vielzahl weiterer Gründe, denn hier sind Verlagswesen und Medienbranche zu Hause – Bücher, Zeitschriften, Zeitungen – und ganz allgemein gibt es mehr Möglichkeiten, Jobs in der Lehre oder auch bei Film und Fernsehen. Manchmal wollen wir etwas voneinander. Manchmal verlangt uns nach einander. Manchmal treffen wir uns, weil wir etwas voneinander gelesen haben und glauben, dass wir ähnlich empfinden. Vielleicht gibt es auch etwas zu lachen. Manchmal treffen wir uns einfach, weil wir einsam sind. Weil wir einen Freund, eine Freundin gebrauchen könnten.

Ich las besagte Autorin damals schon seit Jahren, ihre Essays, die so sexy, lustig und charmant narzisstisch sind, weniger ihre Erzählprosa, und hatte sie ab und zu bei einem Gastauftritt im Frühstücksfernsehen gesehen – und ich glaubte, ihr außer Freundschaft nichts bieten zu können. Aber Freundschaft bedeutet mir viel. In meiner Jugend war ich mit niemandem befreundet. Ich war eine Tagträumerin, eine Leserin, ein bisschen hilflos im Umgang mit anderen, und hatte vielleicht den Humor einer älteren Person, weil ich Bücher verschlang, für die ich zu jung war – doch das hatte ich seinerzeit noch nicht begriffen, dass Gleichaltrige den Inhalt meines Hirns nicht lustig fanden. Mir war bewusst, dass ich auf einem anderen Planeten lebte, aber mir war nicht ganz klar, warum. In der Nachbarschaft hatte ich Bekannte, die mich zu sich einluden, nur um mich zu necken, sich über mich lustig zu machen, weil ich so nerdig war, mich »Moppel« zu nennen und zu lachen. Engere Freundschaften hatte ich erst im fortgeschrittenen Teenageralter, und im Grunde schloss ich erst auf dem College Menschen ins Herz und behielt sie dort. Ich fühle mich noch immer geschmeichelt, wenn man mit mir befreundet sein will. Das pummelige Kind fragt sich, warum jemand es nach der Schule bei sich haben will, ist dankbar für die Einladung. Wenn also irgendwer mit mir etwas trinken will und es sich anfühlt, als könnte etwas Gutes dabei herauskommen, irgendeine zukünftige Beziehung, dann lasse ich mich mit offenem Herzen darauf ein.

Sehr bald zeigte sich, warum sie mich wirklich eingeladen hatte. Ein Buch von mir hatte endlich einen gewissen Erfolg verzeichnet. Nur Monate vor seinem Erscheinen war ich noch eine Autorin mittleren Alters gewesen, die couchsurfend durch Amerika zog. Und jetzt hatte ich einen Hit. Jonathan Franzen hatte mein Buch aus einem Stapel Druckfahnen gezogen, die er auf dem Flug zu einem Vortrag in New Orleans dabeihatte, und ein paar Tage später schickte er meiner Lektorin ein Zitat für den Klappentext. Der Redaktionsleiter der Buchabteilung bei Amazon beschloss, sich für das Buch einzusetzen. Molly Ringwald sprach die Hörbuchversion. Auf dem Nachttisch einer Figur aus der Fernsehserie *Girls* lag ein Exemplar herum – das ließen zumindest verwackelte Screenshots vermuten, die ich aus dem Freundeskreis bekam. Jüdische Menschen schienen es generell richtig zu mögen, wenn sie es nicht gerade furchtbar fanden, aber ich lernte, dass es keine Rolle spielte, was genau man für mein Buch empfand, solange darüber gesprochen wurde. Das Buch erschien in einem Dutzend anderer Länder und stand schließlich für genau eine Woche auf der Bestsellerliste der *New York Times*. Eine Lobeshymne auf das Buch zierte das Cover der *New York Times Book Review* – wenn auch zwei volle Monate nach seinem Erscheinen –, was wie eine Entschuldigung dafür wirkte, mich während der ersten sieben Jahre meiner Karriere ignoriert zu haben, aber das war nur die Geschichte, die ich im Kopf darüber schrieb. Das Buch war kein gewaltiger Bestseller oder Superhit, aber es war ein schöner Erfolg. Es brachte Geld ein. Es machte Menschen glücklich.

Die Menschen lasen es und es verkaufte sich weiterhin gut, und diese Autorin in der Bar in Brooklyn, sie hatte Fragen. Sie wollte Informationen, die sie eventuell für sich und ihre eigene Karriere als Autorin nutzen konnte. Es war eine Ausfragestunde, wie sich erwies – als wäre das, was ich zu sagen hatte, ein Salat zum Mitnehmen und sie hätte sich vorgenommen, nur die guten Happen zu essen, die Schimmelkäsestückchen, die Avocadoscheiben, die Tipps fürs Onlinemarketing. Wieso dieses Buch?, wollte sie wissen. Wieso jetzt? Ich wusste nicht, was ich ihr groß dazu sagen sollte außer: »Naja, das Buch ist gut«, aber ich weiß, das war es nicht, was sie suchte. Sie fragte danach, wie ich das gemacht hatte, damit sie es auch machen konnte. Darum ging es in dem Gespräch. Um das, was ich wusste, damit sie es auch wissen konnte. Sie wollte wissen, wie man so etwas kalkuliert.

Manchmal ist tatsächlich ein bisschen Kalkulation dabei. Jemand schreibt ein Buch, das eingängig ist oder aktuell oder spannend oder lustig oder herzerwärmend oder elegant ausgeführt, und der Verlag zahlt genug, um es zu erwerben, und dann muss er Geld in die Hand nehmen für

Werbung und Marketing, weil die große Investition sonst verloren geht. Man stützt das Buch mit dem ganzen Gewicht des Verlags, weil man das tun muss, weil man das Buch toll findet (hoffentlich), aber auch, weil es ums Geld geht. Diese Autorinnen und Autoren sind meistens weiß. Ich habe in meiner Laufbahn mit Sicherheit davon profitiert, dass ich weiß bin, auch wenn mir das damals nicht klar war. Aber für dieses Buch hatte man mir fünfzigtausend Dollar gezahlt– eine bescheidene Summe für mehrere Jahre Arbeit, zumal wenn man den Anteil meiner Agentur und die Steuern abzieht –, und erst mal galt ich als dahergelaufene Niete, denn mein vorheriger Verlag hatte mich wegen miserabler Verkäufe fallen gelassen. Also ist das keine dieser Geschichten mit einem Millionendeal. Sondern eine ganz andere Geschichte.

2008 trennte ich mich von meinem Freund Michael. Es war kurz bevor ich nach Portland, Oregon fuhr, um den Sommer über das Haus eines Romanautors zu hüten, den ich kannte. Soeben hatte ich mein drittes Buch verkauft, jenes Buch, das beinahe meine Karriere vernichtet hätte. Irgendwie war ich Feuer und Flamme, gerade wieder Single und hatte einen Buchvertrag. Doch zugleich war ich tieftraurig: Ich hatte jemanden geliebt, war bei ihm eingezogen mit der Vorstellung, dass es für lange Zeit sein würde, wenn nicht für immer. Wir hatten nicht vorgehabt, so miserabel zu kommunizieren, das war einfach passiert. Ich hatte mich darauf gefreut, jemanden zu haben, mit dem ich jeden Abend essen konnte, wenn wir endlich zusammenwohnten, aber stattdessen aßen wir schweigend und trauten uns nicht zu sagen, was uns wirklich beschäftigte. Es war, als wäre ich schon wieder in eine miese Mitbewohnersituation gestolpert – etwas, das nie wieder hatte vorkommen sollen, das hatte ich mir geschworen. Ich empfand das dringende Bedürfnis, vom Schauplatz zu fliehen. Ich hielt es nicht aus, länger in diesem Apartment zu bleiben mit diesem Mann, den ich nicht mehr liebte oder zumindest nicht mehr ertrug. Ich wollte einfach nur weg. Ich fuhr, schnell, in Richtung Westen, und hielt mich unterwegs nirgendwo auf.

In diesem Sommer fing ich an, einen Roman mit dem Titel *Stumptown* zu schreiben, der in Portland spielte. Und ich hatte zwei unüberlegte Affären, eine, auf die ich nicht weiter eingehen muss, weil manche Leute es wert sind, dass man über sie schreibt, und manche nicht. Die andere war mit Peter, einem Drummer, der in den Neunzigern in einer Indie-Rockband gespielt hatte und anschließend nie wirklich weitergekommen war. Aber er lebte ganz gut von Reunion-Tourneen und Wiederveröffentlichungen und so weiter. In geschäftlicher Hinsicht war er eine echte Inspiration für mich – jemand, der so lange als Künstler seinen Lebensunterhalt verdiente. (Seine Band hatte ich auch gemocht.) Er war geschieden, kinderlos, ein paar Jahre älter als ich und wohnte in einem Außenbezirk von Portland. Wir hatten hin und her gesimst, als ich während der Trennung von meinem Ex noch in New York war, und ich suchte Trost in diesem neuen Flirt. Er war kein Trennungsgrund, würde aber vielleicht für eine weiche Landung sorgen. Es war erbärmlich, aber menschlich: Ich dachte, es würde mich aufheitern, mit ihm zu schlafen. Und vielleicht würde es ihm genauso gehen. Ein gut gelauntes Schäferstündchen.

In Portland lud Peter mich abends auf ein Steak ein, ich trug ein kurzes Kleid, dessen Länge er anerkennend kommentierte, und mir war nicht ganz klar, ob das jetzt alles gerade schmierig war oder was. Dann nahm er mich mit in sein klinisch sauberes Haus und entschuldigte sich, um duschen zu gehen. Gerahmte Plakate warben für Shows, die er gespielt hatte, augenscheinlich teure moderne Möbel, weiß lackierte Bodendielen, verschlissene türkische Webteppiche. Er kam zurück, anders gekleidet, frisch gewaschen. An mir hing noch die Feuchtigkeit des Sommers. Hätte ich auch duschen sollen? Zu spät.

Irgendwann waren wir dann nackt. Im Bett zog er eine braune Papiertüte hervor. Ich dachte kurz, er hätte was zu essen für mich eingepackt. Vielleicht war da ein Sandwich drin. Aber es war ein Sex-Toy, so ein verschnörkeltes, ohne jede Absprache, ein sehr außerplanmäßiger Gegenstand, Sexspielzeug, in dieser besonderen Situation. Rasend schnell ging ich im Geiste sämtliche Textnachrichten durch, die wir verschickt hatten: Hatte ich dem zugestimmt? Hatte ich gesagt, dass ich das wollte, und es vergessen? Kaum vorstellbar. Aber ich hatte seit ein paar Jahren keine Dates mehr gehabt. War das inzwischen so üblich? Gleich loslegen mit Sex-Toys? Ich wusste, dass das Internet die Welt des Sexuellen inzwischen befeuerte, Zugang bot zu lauter neuen visuellen Stimuli, und natürlich war die Westküste noch mal ihr eigenes Ding, so mit hippiemäßiger freier Liebe, und außerdem war er für ewig ein Typ aus einer Band, aber auch wenn ich das alles wusste, war ich in keiner Weise vorbereitet auf das, was die Papiertüte preisgab. Warum konnte das nicht einfach ein Sandwich sein, mit Erdnussbutter und Marmelade? Hier, ich hab dir einen Snack mitgebracht! Barmherzigerweise erkannte er das Unbehagen in meinem Gesicht und lenkte ein. Wie dankbar Frauen doch manchmal sind, wenn sich ein Mann zur Abwechslung mal zurückzieht.

Am Ende des Sommers flog ich zurück nach New York und beargwöhnte meine Optionen. In Brooklyn gab es ein Apartment, das ich mir allein nicht leisten konnte, und einen gequälten Ex-Freund, der mich sehen und reden wollte. So viele Worte ich auch in die Welt geschickt habe – im »Reden« bin ich erwiesenermaßen furchtbar schlecht. Ich schaltete in den Selbstschutzmodus. Wir hatten einen schlimmen Streit vor einem Café an der Bedford Avenue, und danach sahen wir einander nicht wieder – niemals. Aber ich wusste nicht, dass wir so gänzlich verschwinden würden aus dem jeweils anderen Leben. Ich dachte einfach, es würde nur weitere Auseinandersetzungen geben. Über zwei Ecken fand ich etwas Billiges zur Untermiete in Los Angeles – klar, warum nicht Los Angeles? Ich suchte mir freiberufliche Arbeit, die ich von zu Hause aus machen konnte, Werbetexten und so weiter, und vermietete dann mein Apartment in Brooklyn an eine Frau, die gerade ihren Mann verlassen hatte. Alle verließen sich gegenseitig, wie es schien. Ich flog zurück an die Westküste.

Drei Monate in einem Einzimmerapartment in Silver Lake an einem Hang mit holprig gepflasterten Pfaden, der mich bezauberte im Sonnenschein, selbst als ich mein Gepäck ungeschickt über den zerklüfteten Fußweg zerrte. Ich lebte mich ein in Los Angeles, schrieb, dachte nach, spazierte über die Hügel von Silver Lake, spürte meine Beine wieder, gewann an Kraft, atmete regelmäßig frische Luft, blieb zu Hause, statt jeden Abend auszugehen, stöberte in den Design- und Philosophiebüchern und Graphic Novels des Eigentümers, bestaunte seinen riesigen Fernseher, besuchte Schnupperstunden in mehreren Yogastudios in der Nachbarschaft. Meine Kleidung wurde weiter, mein Haar glänzte mehr und meine Haut schimmerte. Jeden Tag frisches Obst. Weniger Zigaretten. »I'd like to dream my troubles all away / On a bed of California stars«, schrieb Woody Guthrie in seinem Song »California Stars«, den erst Jeff Tweedy von Wilco sang, als Guthries Tochter nach dessen Tod die dreißig Jahre alten, nie aufgenommenen Lyrics entdeckt hatte. Geisterworte, die auferstanden waren und mir direkt zu Herzen gingen.

Wer sagt, dass man vor seinen Problemen nicht davonlaufen kann? Ich hatte das getan. In einem Monat sollten wir Barack Obama wählen, und das war ein Gefühl, als würde sich die Welt für immer verändern, auch wenn ich es natürlich erst glauben würde, wenn ich es sah. Ich wählte per Brief. Zwei alte Freunde aus New York, die nach Los Angeles gezogen waren, führten mich an meinem Geburtstag abends aus. Teure Drinks in einer Hotelbar, ich fand es herrlich. Sechs Abende später hatten wir unseren ersten Schwarzen Präsidenten. Da saß ich nun in meinem gemütlichen Apartment und konnte hören, wie in ganz Los Angeles Feuerwerk hochging. Die Hoffnung ist da, dachte ich.

Nach einem Monat Erholung war ich bereit, wieder in Erscheinung zu treten. Ich wandte mich an Portia, eine kluge, gute Autorin, die nach ihrem Masterabschluss aus dem Osten nach Los Angeles gezogen war, wo man mich ihr irgendwann an einer Straßenecke vorgestellt hatte. Wir trafen uns eines Abends in einer Kneipe im Zentrum. Sie hatte gerade einen freien Auftrag für eine Wissenschaftszeitschrift abgeschlossen und wirkte ganz kribbelig. Wir waren ziemlich schnell betrunken, sie vielleicht mehr als ich, auch wenn ich sie nicht gut genug kannte, um das einschätzen zu können, und dann tauchten Freunde von ihr auf, zwei Männer, und wir tranken noch ein bisschen mehr, und wir beschlossen, mit ihnen in der Stadt herumzufahren. Alle waren ziemlich angeschlagen, nur der Fahrer nicht, mit dem ich zu flirten versuchte, weil ich frei war und in einer neuen Stadt, die ich mir noch nicht verdorben hatte.

Und dann stoppten wir kurz bei irgendwem im Stadtviertel Frogtown, und als wir rechts ranfuhren, sagte ich:

»Wieso heißt das Frogtown«, und ehe mir jemand antworten konnte, sagte Portia, sie müsse sich übergeben, also sprangen wir alle sofort aus dem Auto, die Türen flogen gleichzeitig auf, und sie stand auf der Straße und wir liefen alle in unterschiedliche Richtungen los, ich rannte auf das Haus zu, um ihr ein Handtuch zu holen, etwas zum Abwischen, eine Flasche Wasser, irgendwas, und während ich rannte, dachte ich: Wie gut, dass nicht ich so fertig bin, und welche Macht auch immer es gibt im Himmel, sie beschloss, dass ich Strafe für meine Hybris verdiente, nach dem Motto: Fick dich, Kleine, du meinst, du bist nicht fertig? Na dann versuch's nochmal – also brach beim Rennen der Absatz meines Vintage-Schuhs ab, und mein Knöchel knickte um und ich fiel hin und ich jaulte vor Schmerz, und dann heulte ich und die beiden Männer halfen mir ins Haus, um mich auf einer Couch zu deponieren, und jemandes Frau kam dazu und war sauer, dass da eine betrunkene, heulende Frau in ihrem Wohnzimmer saß, und inzwischen hatte Portia sich abgewischt und jemand reichte mir einen Eisbeutel und wir diskutierten, ob ich in die Notaufnahme oder ins Krankenhaus fahren sollte oder nicht, und ich sagte hoffnungsvoll, sachkundig, zuversichtlich: »Das wird schon, ist wahrscheinlich nur verstaucht«, und warum es Frogtown hieß, erfuhr ich nie.

Es war keine Verstauchung. Es war ein Bruch, ein schlimmer Bruch, ein schlimmer, übler Bruch. Auch wenn ich das zunächst nicht zugeben wollte. Ich humpelte ein paar Tage damit herum, bis ich eines Morgens ohnmächtig wurde vor Schmerzen. In der Notaufnahme schnaubte der Röntgenassistent, so schlimm war der Bruch. Es brauchte eine Operation, um ihn zu richten und meinen Knöchel zu nageln. Meine Mom flog ein, um mich für die Woche zu versorgen, und ließ meinetwegen Thanksgiving mit meinem Vater und ihren Freunden sausen. Am Tag der Operation gab mir ein Pfleger Dilaudid, was ich so herrlich fand, dass ich kurz ein Leben als Abhängige in Betracht zog, während der Pfleger sowohl mit mir als auch mit meiner Mutter flirtete und offenbar beeindruckt war, dass ich ein paar Bücher geschrieben hatte. Wenn er gewusst hätte, wie sie sich verkauften.

Meine Mutter blieb fünf Tage bei mir und half mir zunächst den steinigen Pfad zu meinem Apartment hinauf, hoch, hoch, hoch, mit Gips, Hinterbacke für Hinterbacke. Wir erkannten das Verhängnis sofort. Dass ich mit Gips nicht in der Lage sein würde, das Apartment selbstständig zu verlassen. Die Augen meiner Mutter glitzerten furchtsam und traurig, als sie einzuschätzen versuchte, wie ich all das in den nächsten zwei Monaten allein bewältigen sollte. Sie ging zu Costco einkaufen und besorgte Fertiggerichte, die sich auch auf Krücken leicht zubereiten ließen, begutachtete den Wohnraum, ermahnte mich, die erhaltenen Schmerzmittel nicht zu missbrauchen, versuchte für uns beide, Ruhe zu bewahren. Keine Mutter lässt ihr Kind gern in einer misslichen Lage zurück, aber sie hatte einen Job, und sie konnte nicht monatelang ihr Leben anhalten, um mich zu versorgen. Ich würde auf mich gestellt sein, mit Gips, allein, hoch oben auf einem Hügel.

An Thanksgiving kamen meine Freundinnen vorbei und kochten uns Abendessen. Lauter gesprächige, ironische, lustige, kettenrauchende, trinkfreudige Weiber, ganz ähnlich wie ich oder wie ich jahrelang gewesen war, doch ein herber Kontrast zu meinem maroden Ich, und nach den leise unheilvollen letzten paar Tagen schockte das meine Mutter, die nie viel getrunken hatte und schon gar nicht geraucht. Sie fand diesen Tag furchtbar, fand es furchtbar, dass sie Thanksgiving mit meinem Vater verpasste, dass sie mich dort allein zurücklassen musste, dass ich komplett unter

Medikamenten stand, während sie Gastgeberin für lauter kluge Frauen spielen musste, die taff daherredeten und sich ebenso gaben und die sie kaum kannte. Und über der ganzen Aktion schwebte die unausgesprochene Geschichte, wie ich überhaupt in diese Lage geraten war – ich hatte schließlich getrunken und war einer noch betrunkeneren Person zu Hilfe geeilt –, während meine Freundinnen immer besoffener wurden. Sie hatten Thanksgiving mit Freundinnen, meine Mutter hatte einen Notfall. Sie war nicht deren Mutter, sie war meine Mutter. Und all das musste ihr nicht gefallen. Als ich irgendwann auf meinen Krücken vom Wohnzimmer ins Schlafzimmer gehumpelt war, kam gleich darauf meine Mutter mit Tränen in den Augen herein. »Lass mich da draußen nicht mit denen allein«, sagte sie.

Inzwischen ist das zehn Jahre her. Keine von uns lebt mehr so, denn sonst wären wir wahrscheinlich alle schon tot.

Meine Mutter fuhr nach Chicago zurück. Ich hatte sechs Wochen vor mir, in denen ich allein sein würde. Ich hatte mir diffuse freiberufliche Arbeit gesichert, Stadtführer schreiben und Kritiken über Restaurants, die ich nie besucht hatte, für einen befreundeten mitfühlenden Verlagsmenschen in New York. Ich bin Autorin, ich kann das, dachte ich, also saugte ich mir einfach unter dem Einfluss von Schmerzmitteln alle Kritiken aus den Fingern. Meine Operation sollte Abertausende kosten, sogar mit Krankenversicherung, aber das wusste ich noch nicht. Ohne große Anstrengung leerte ich mein Bankkonto.

Nach einer Woche erwachten die Nerven in meinem Knöchel spontan wieder zum Leben, und das fühlte sich an, als würde in meinem Fuß ein Feuerwerk gezündet. Was für ein unglaublicher, schrecklicher neuer Schmerz, der ertragen werden wollte. Und doch war es die Einsamkeit, die mich am schlimmsten erwischte. Es war das erste Mal, dass mir so etwas passierte – Einsamkeit als Trauma. Die wenigen Freundinnen, die ich in Los Angeles hatte, besuchten mich, wann immer sie konnten, aber auch sie hatten Arbeit, ein geselliges Leben, manchmal auch Familie, und wenn sie nicht in der näheren Umgebung wohnten, stellte ich fest, dass es schwierig für sie war, nach der Arbeit zu mir zu fahren. Eine meiner Freundinnen war nirgendwo fest angestellt, also bezahlte ich sie einige Male dafür, bei mir zu putzen, aber eigentlich bezahlte ich sie, damit sie mit mir sprach. Wie kompliziert die Terminplanung in Los Angeles ist, war mir zuvor mit viel Zeit und Bewegungsfreiheit nicht klar gewesen. Ich war einfach dorthin gekommen, wo man mich hinbestellt hatte – ich spielte gern die Flexible. All das war ein Abenteuer gewesen.

Ich unterhielt mich zu lange mit den Leuten vom Pizzalieferdienst. Ich ermittelte den Lauf der Sonne im Apartment, damit ich mich so positionieren konnte, dass ich möglichst viel Vitamin D abbekam, um einer Depression vorzubeugen. Ich installierte mich ungeschickt an einer Art kleinem Caféhaustisch in einem Zimmer, an einem größeren Esstisch im anderen, nutzte die Sonne. An manchen Tagen humpelte ich zur Haustür und machte sie auf und stellte mich mit meinen Krücken dorthin, solange ich es aushielt. Da draußen lag Kalifornien.

Jeden Tag saß ich in diesem Haus und dachte: Das ist ganz allein deine Schuld. Alles, was dir Schlimmes passiert ist, hast du dir selbst zuzuschreiben. Ich nahm noch eine Schmerztablette. Du bist ein erwachsener Mensch und du hast dir das selbst zuzuschreiben. Meine Flügel waren so gründlich gestutzt, dass ich spürte, wie das Blut von ihnen heruntertropfte. Tage vergingen, an denen ich keine Menschenseele sah. Ich war sicher, dass ich die Leute nervte, wenn ich sie bat, zu mir zu kommen. Alle waren so beschäftigt. Ich lebte nicht dort. Ich war nur zu Besuch. Allmählich fühlte sich alles so einseitig an. Mein Ex-Freund hinterließ traurige Nachrichten auf meiner Mailbox. Ich nahm zehn Kilo ab. Ich wartete auf Heilung. So einsam war ich nie zuvor in meinem Leben gewesen.

Mittendrin meldete sich eine Frau, die ich kannte, Rebecca, die im Verlagsvertrieb arbeitete, und sagte, sie würde mir ein paar Sachen zu lesen schicken, damit ich Gesellschaft hatte. Die Tat einer echten Bücherfreundin. (Wenig später sollte Rebecca eine der besten Buchhandlungen in New York mitbegründen, Greenlight Books.) Nach ein paar Tagen kam ein Paket mit einem halben Dutzend Taschenbüchern; die Interaktion mit einem anderen menschlichen Wesen – dem UPS-Mann – kam als unerwarteter Bonus dazu. Unter den Büchern war *Mit Blick aufs Meer*, das den Pulitzer-Preis damals noch nicht gewonnen hatte. Wegen meiner zahlreichen Reisen war ich bis zu diesem Moment noch nicht dazu gekommen. Ich las es an einem Tag durch, folgte dabei dem Sonnenlicht von Zimmer zu Zimmer, hielt es ganz fest in der Hand. Schleppte mich umher auf meinen Krücken. Versuchte, mein tägliches Tablettenpensum zu reduzieren. Dachte über Struktur nach, dachte über Figuren nach, dachte darüber nach, wie sich jeder einzelne emotionalen Moment einfangen ließ, und sei er noch so klein. Zum ersten Mal seit Wochen hatte ich das Gefühl, dass mein Hirn ordentlich funktionierte. Als hätte ich völlig vergessen, wer ich war, und würde nun durch ein Buch daran erinnert. Die Botschaft war angekommen.

Tatsächlich geben uns andere Autorinnen und Autoren sehr viel, wenn sie sich uns auf der Höhe ihrer Kunst zeigen. Wenn sie uns das Herz einer Figur direkt auf dem Papier offenlegen, wenn sie erfindungsreich sind in Form oder Struktur, oder emotional so wahrhaftig, dass es sich in seiner Vertrautheit radikal anfühlt. Oder wenn ihre Sätze so knackig sind, dass man es geradezu hört, wie ein Stück Papier, das man entzweireißt – all das zeigt uns, dass wir das selbst auch können, dass so etwas möglich ist, aber es macht uns auch Mut, erlöst uns von unseren Ängsten in Hinsicht auf unsere eigene Arbeit. Ermutigung durch Vorbildhaftigkeit. Wir lernen von ihnen, aber sie sagen uns auch, dass wir es können. Ohne es auch nur zu wissen. Hier eintreten. Hier anfangen. Jetzt loslegen. Deshalb ist Lesen immer so wichtig. Deshalb müssen wir immer auf den Wörtern anderer herumkauen. Das ist Nahrung. Na los, iss.

Als ich *Mit Blick aufs Meer* ausgelesen hatte, dachte ich: Ach, so kann ich ein Buch darüber schreiben, wo ich aufgewachsen bin. In einer winzigen, langweiligen Vorstadt, die niemanden interessiert. Wobei es aber total interessant wird, sobald die Emotionen echt sind. Es geht nicht um den Ort (obwohl es sehr wohl um den Ort geht), es geht darum, wer dort lebt, und es geht um Familie. Es geht um Amerika, doch wenn man es richtig anpackt, kann es um jeden Ort gehen. Und man kann das Gefühl haben, als wären all die Kapitel voneinander getrennt und gleichzeitig doch verbunden, bis sie sich ausgestalten zu einem Gefühl von Vollständigkeit. Das könnte ich schreiben, dachte ich.

Jetzt stelle ich sie mir vor auf ihrem Barhocker, diese Autorin in Brooklyn. Sie ist ein bisschen älter als ich, aber viel besser in Schuss. Eine, die man ihr Leben lang sexy gefunden hat. Der zugänglichere Typ. Größer, geschmeidiger, weicheres Lockenhaar, speziellere Lippen, Lippen mit ironischem, aufreizendem Ausdruck, offenbar immer irgendwie geschürzt. Dann kommt sie aus der Deckung mit ihrer Frage: Wieso dieses Buch? Sie ist ganz Journalistin in ihrer

Gesprächsführung, in ihrem Denken. Vielleicht kann sie deshalb besser Essays schreiben als erzählende Literatur. Ich will ihr nicht sagen, dass sie Letzteres aufgeben soll (ich würde ohnehin nie jemandem raten, etwas aufzugeben, selbst wenn ich das denke), aber manchmal ist einfach klar, wo die Begabungen eines Menschen liegen. Es gibt doch schon etwas, das du gut kannst, denke ich, und vielleicht denke ich das auch von mir selbst. Muss man alles gut können? Muss man gierig sein?

Als der Gips schließlich ab war, humpelte ich immer noch auf Krücken herum, und ich konnte nicht Auto fahren. Eines Nachmittags holte mich mein Freund Pat ab, den ich schon kannte, seit wir auf der Highschool zusammen in *Von Mäusen und Menschen* gespielt hatten. An diesem Tag bot er an, mit mir in den neuen Mike-Leigh-Film zu gehen, *Happy-Go-Lucky*. Ich rutschte auf dem Hintern den Hang hinunter, während Pat galant meine Krücken trug und mir dann in sein Auto half. Seit Monaten war es das erste Mal, dass ich unter Leute ging. Er hatte das Schiebedach offen und ich spürte die Wärme in jeder Faser. Los Angeles, die Stadt, die Straßen, das Tempo, der Verkehr – ich empfand etwas Großes, Emotionales. Wir gingen einfach nur ins Kino, aber es fühlte sich an, als hätte er mich aus dem Gefängnis befreit. Der erste Tag, an dem ich mich frei fühlte. Ich fuhr nicht zu einem Arzttermin, ich fuhr nicht ins Krankenhaus, ich erlebte nichts Einschneidendes. Ich ging nur mit einem Freund ins Kino.

Happy-Go-Lucky erzählt die Geschichte von Poppy Cross (gespielt von Sally Hawkins), einer dreißigjährigen britischen Grundschullehrerin, die ulkig, neugierig, offen und manchmal etwas naiv ist. Ihr Kleidungsstil ist lebhaft und exzentrisch – bunte Kleider, ein markantes Paar knallrot gemusterter Strumpfhosen und riesige rote Creolen –, und sie zieht mit ein paar lauten, ausgelassenen, aufgedrehten Freundinnen durch die Stadt, wo sie trinken und sich amüsieren. Ich merkte, dass ich hungerte nach dem, was sie hatte, nach dieser Körperlichkeit und Lebendigkeit und Jugend. Ihren Job macht sie außerdem gut, beschützt die Kinder und ist freundlich zum Kollegium. Die dramaturgisch wichtigste Krise in diesem Film ist Poppys Beziehung zu ihrem aufgebrachten, aggressiven Fahrlehrer, der unerwidert verknallt in sie ist und sie eines Abends im Zuge einer Konfrontation attackiert. Sie entkommt unverletzt, zu kostbar ist diese Figur für dauerhafte Beschädigung.

Darüber hinaus hat sie eine verheiratete, schwangere Schwester, Helen, die frustriert ist von Poppys aus ihrer Sicht frivoler Existenz (und vielleicht ein bisschen neidisch darauf). Eines Abends sagt Helen zu ihr: »Du musst das Leben ernst nehmen, Poppy. Du kannst nicht jede Nacht feiern gehen und dich betrinken. … Ich möchte, dass du glücklich bist.«

»Aber das bin ich ja«, insistiert Poppy. »Ich liebe mein Leben. Ja, manchmal ist es nicht leicht, aber das gehört dazu, oder? … Ich liebe meine Freiheit. Ich bin eine sehr glückliche Frau. Ich weiß das.«

Als ich das sah, brach ich in Tränen aus. Ich hatte so lange nicht mehr daran gedacht, wofür ich mit meinem Leben kämpfte, abgesehen davon, wieder gesund zu werden, keine Schmerzen zu haben und vom Alleinsein nicht durchzudrehen. Dass es schlicht Spaß machen konnte, einfach zu existieren, klang sehr fremd für mich.

Meine Sachen passten mir nicht an diesem Tag, das weiß ich noch. Ich hatte so stark abgenommen – mindestens zwei Größen –, dass mir die Hose ständig über die Hüften rutschte. Ich hatte nicht gewusst, wie ich aussah, wie ich mich fühlte, die neueste Spielart meiner selbst war noch unkenntlich.

Zu Beginn des Sommers war ich ein anderer Mensch gewesen, war geflogen, geflohen, durchs Land gehetzt, hatte wieder für mich sein wollen, und nun ging das Jahr zu Ende und ich war einfach nur dankbar, wenn irgendwer wusste, dass ich noch am Leben war.

Mein Bein war so weit geheilt, dass ich die Autofahrt quer durchs Land nach Brooklyn antreten konnte. Ich nahm mir meinen Portland-Roman wieder vor, um zu schauen, ob da etwas war, das zu retten sich lohnte, doch er war mir so fremd, als hätte ein ganz anderer Mensch ihn geschrieben. Ich stürzte mich trotzdem darauf.

Kunst, die sich auf ein Trauma bezieht, machen wir manchmal sofort, obwohl wir sie im Rückblick machen müssten. Natürlich spricht einiges für das Pure der unmittelbaren Reaktion, für dieses Auflodern von heißem Feuer und Gefühl.

Und wenn wir Zeit vergehen lassen, wenn wir ein Ereignis im Rückspiegel betrachten statt im Moment des Aufpralls? Dann können wir ihm nachwinken, sehen es aber trotzdem noch klar, eingefangen in unverfälschter Reflexion. Und was haben wir davon? Durchblick, Weisheit, nicht unbedingt Akzeptanz vielleicht – nicht alles verdient es, akzeptiert zu werden –, doch immerhin eine gewisse Ruhe. Und sind dann vielleicht bereit, die Geschichte in einer vollständig ausgeschöpften Version zu erzählen.

Doch damals war das Schreiben mein einziger Halt, es war meine stabilisierende Kraft, und ich glaubte, jegliches Leid durch das Schreiben verarbeiten zu müssen. Und ich glaubte noch immer, dass man jedes Buch zu Ende schreiben muss. Ich hatte noch nicht begriffen, dass nicht alle meine

Worte Veröffentlichung verdienten. Manchmal schreiben wir Bücher, um zu lernen, wie man etwas macht, das man dann für das nächste Buch brauchen kann, oder fürs übernächste. Manchmal machen wir Fehler, damit wir lernen, wie man sie korrigiert. Manchmal üben wir nur. Und manchmal versauen wir es auch und müssen es hinter uns lassen.

Wieso setzte dieses Buch sich durch? Diese Autorin, die mir da an der Bar gegenübersaß – sie wollte kalkulieren. Doch ich hatte nichts als das Ungreifbare, das Zufällige, Brüche und Kümmernisse, und das Hegen und Pflegen.

Ich bezog ein neues Apartment in dem Gebäude in Brooklyn, ein kleineres, das ich mir (beinahe) leisten konnte, mit Blick auf die Williamsburg Bridge. Ich begann mit der Physiotherapie. Ich schmiss den Portland-Roman weg. Ich nahm wieder Kontakt zu meinem Freundeskreis auf, und mir wurde klar, dass hier meine Leute waren. Wieso war ich vor ihnen davongelaufen? Ich fing an, in meinem Apartment Salons zu veranstalten, Gruppenlesungen zum Sonnenuntergang, damit wir den Abend auf dem Dach beschließen und den grandiosen Himmel über Manhattan betrachten konnten. Kiese Laymon las dort, und auch Alex Chee. Catherine Lacey und Kathleen Alcott, David Goodwillie und Teddy Wayne. Irgendwann begriff ich, dass ich älter wurde, weil inzwischen so viele jüngere Autorinnen und Autoren bei mir zu Hause erschienen. Ich hatte bis dato drei Bücher geschrieben. Falls ich jemals einen Stand als junge Naive gehabt hatte, war er lange dahin.

Ich hörte eine neue Stimme in meinem Kopf, eine Geschichte; eine Frau wartete in der Vorstadt von Chicago darauf, ihre Mutter zu treffen, die krank war, vielleicht im

Sterben lag, oder zumindest an einem bedrohlichen Punkt in ihrem Leben stand, weil sie nicht aufhören konnte zu essen. Ich war nicht diese Mutter – ich war nie auf bedrohliche Weise adipös gewesen, wenn auch natürlich übergewichtig in meinem Leben. Die Tochter war ich auch nicht – meine Eltern waren gesund und munter. Und doch verstand ich beide Figuren sofort, die Zerrissenheit, wenn man sich selbst malträtiert, wenn man zusieht, wie sich ein geliebter Mensch selbst malträtiert, das ganze Spektrum von Dekadenz und Vergnügen und Überkonsum. Mattigkeit, Angst. Wenn man sich um jemanden kümmern will, wenn man Zuneigung zurückweist. Momente zwischen Müttern und Töchtern werden immer mein liebstes Schreibgebiet sein. Ich konnte dort so mühelos hineinsinken. Das warme, geradezu blutwarme Wohlempfinden, wenn man etwas schreibt und sofort erkennt, dass es gut ist. Ich schrieb das erste Kapitel und ließ es eine Weile sacken, wohl wissend, dass ich es irgendwann wieder aufnehmen würde.

Wieso dieses Buch? Wieso nicht jenes Buch? Wieso nicht ich?

Ein Jahr nach meiner Verletzung wurde der Nagel aus meinem Inneren operativ entfernt. Nun verläuft seitlich an meinen Knöchel eine frankensteinmäßige Narbe dort, wo man ihn zweimal aufgeschnitten und wieder zugenäht hat. Mit der Zeit ist sie ein bisschen geschrumpft, dient aber zur Erinnerung an meine Hybris, an den achtlosen Umgang mit meinem Körper und an die Einsamkeit, die ich in jenen Monaten empfand. Aber auch daran, dass es Menschen gibt, die mich lieben, die mir im Leben geholfen haben. Ich denke auch an die Bücher, die mich damals getröstet haben. Solange ich diese Bücher hatte, war ich nie wirklich allein.

Auch nach dieser Operation kommt meine Mutter, um mich zu versorgen, obwohl ich mich diesmal nur ein paar Tage erholen und anschließend eine Woche auf Krücken herumhumpeln muss. Sie versucht, mir Hühnersuppe zu kochen, und scheitert. Als sie wieder gefahren ist, besuchen mich in den nächsten Tagen all meine Freundinnen in meinem Apartment. Rosie bringt mir Lasagne und Julie bringt mir Thunfischauflauf, und ich habe mehr zu essen, als ich in mehreren Wochen vertilgen kann, und ich denke: Das war mein Problem in Los Angeles, da kannte ich nicht genug Jüdinnen.

Mein drittes Buch erscheint. Ich gehe auf Lesereise. Portsmouth, Davenport, Laramie, Big Sur. Ich komme zurück nach New York und ich trinke eine Weile nichts mehr und ich beschließe, nicht über etwas zu schreiben, das mir in letzter Zeit passiert ist, sondern vielmehr darüber, wo ich aufgewachsen bin – diese Idee, die schon in mir köchelt, seit ich ganz allein auf dieser Couch in Los Angeles gesessen habe, dieses Kapitel, das ich im Herbst zuvor geschrieben habe und das nun wieder zum Vorschein kommt, Mutter und Tochter, wie sie in der Vorstadt am Bahnhof sitzen. Der Ort, wo ich aufgewachsen bin, vor mittlerweile zwanzig Jahren. Denn so lange hatte ich fort sein müssen von diesem Ort, damit er infrage kam: zwanzig Jahre.

Wieso hat sich dieses hier durchgesetzt? Ich glaube, um große Kunst zu machen, muss man angekommen sein an der Schnittstelle von Hunger und Angst. Hunger darauf, voranzukommen und etwas Brillantes, Besonderes, Bewegendes zu erschaffen. Angst davor, dass das Leben immer so bleiben wird, wie es ist – oder schlimmer werden.

Ich war hungrig, und ich fürchtete mich.

Ich fuhr mit dem Fahrrad in der glühenden New Yorker Sommersonne am Wasser entlang über die Kent Avenue, von South Williamsburg nach Greenpoint, wo ich ein-, zweimal die Woche im WORD Bookstore arbeitete. Manchmal beim Radfahren musste ich plötzlich aus heiterem Himmel weinen. Mir war, als würde ich mich von etwas verabschieden, obwohl ich gar nicht sicher war, wovon. Ich erinnere mich nur an so ein Gefühl, immer weiter zu einer bestimmten Spielart meiner selbst zusammenzuschrumpfen; wohl wissend, dass ich selbst das aktiv betrieb. Doch ich wusste, um in diesen Teil meiner selbst zu passen, konnte ich mich nicht aus ihm heraushalten. Es konnte nur eine Spielart von mir geben.

Ich war neununddreißig. Ich war allein, und nichts an mir war in der Verfassung, daran etwas zu ändern. Ich hatte ein Verlangen nach Nähe, Liebe, Zuneigung. Ich war fähig dazu – das hatte ich schon erlebt. Doch noch immer wollte ich herausfinden, wie man schreibt, und wie man Künstlerin ist. Und ich glaube, ich kann immer nur eines tun. Vielleicht ist es das einzige, was ich je tun werde. Schreiben. Das Verlangen, meine Kunst zu schaffen, war voll entflammt, hatte Besitz ergriffen von meinem Inneren, wie ein hochfiebriges Virus, eins, das Halluzinationen hervorruft, und ich mochte die Halluzinationen, schätzte sie, war fasziniert von ihnen, und ich entschied mich dafür, weiter krank zu sein – auch wenn es gar keine Krankheit war, nicht für mich.

Ich wusste nämlich, dass ich gut war in meinem Beruf, und die Befriedigung, die ich daraus zog, erfüllte mich mehr als alles andere. Auf jeden Fall mehr als die meisten Männer, mit denen ich Beziehungen gehabt habe, oder meist eher sexuelle Begegnungen. Sosehr mich Sex begeisterte (und begeistert) – der Akt selbst ist immer flüchtig.

Bücher, die ich schrieb, hatten die Chance, andere noch zu begeistern, lange nachdem ich sie geschaffen hatte. Ich konnte etwas machen, das Bestand hatte. Vögeln war göttlich, aber Schreiben war ewig.

Wieso dieses Buch? Weil ich unnachgiebig geschrieben habe.

Ich schloss es ab. Freundinnen und Freunde machten Anmerkungen dazu. Etwas Besseres hatte ich nie geschrieben, da war ich sicher. Trotzdem ließ mein Verlag mich fallen. Dass es gut war, spielte keine Rolle. Sie waren fertig mit mir. In ihren Augen war ich angeschlagen und in den Augen vieler anderer Verlage auch. Alle blickten sie auf meine Erfolgsbilanz, meine Verkaufszahlen. Niemand wollte mit mir zu tun haben. Abgesehen von zwei Lektorinnen, die mir sehr wenig Geld boten. Ich entschied mich für die Lektorin, die anrief und warm und zuversichtlich sagte: »Ich weiß genau, wie man dieses Buch durchsetzt.« Und als unser Telefonat zu Ende war, rief sie meine Agentur an und verdoppelte ihr Angebot. Das Buch, das du gerade liest, ist das fünfte, das ich mit ihr gemacht habe.

Ich lese etwas, das meine Gesprächspartnerin auf dem Barhocker kürzlich für eine Zeitung geschrieben hat, über neue Leidenschaften und Hobbys und eine Trennung in ihrem Leben. Sie liefert überzeugende Argumente für ihre Existenz. Manchmal glaube ich, uns unterscheidet nur, dass sie an der Ostküste aufgewachsen ist und ich im Mittleren Westen. Vielleicht auch, dass sie seinerzeit hübsch war und ich nicht. Wir decken dieselbe Materie ab, aber auf unterschiedliche Weise. Ich könnte die gleichen Beiträge über Trennungen im mittleren Alter schreiben. Ich *schreibe* die gleichen Beiträge über Trennungen im mittleren Alter. Dass man mit jemandem zusammenkommt und alles schwierig findet und es beendet und trotzdem nach wie vor jemanden sucht, bis zu dem Tag, an dem es uns nicht mehr wichtig ist, jemanden zu finden, und wir den Essay darüber schreiben, dass es uns einfach gut geht, allein, auf uns selbst gestellt für immer. Und das wird die Wahrheit sein, doch wenn wir das erste Mal darüber schreiben, wird es sich trotzdem anfühlen wie eine bestimmte Todesart. »Ich bin lieber allein«, das sage ich die ganze Zeit, wenn ich über die Liebe und meine Arbeit rede, aber ebenso gut könnte ich hinzufügen: »Nur jetzt noch nicht.«

Sie sieht nach wie vor toll aus auf einem Barhocker. In meiner Erinnerung wird sie immer das blühende Leben sein. So werde ich sie immer vor Augen haben, selbst wenn ich jeden Essay lese, den sie ab jetzt über ihr Leben schreibt. Sie ist konserviert in einer Bar in Brooklyn, wo sie nach einer Antwort sucht, die ich ihr nicht geben kann, weil es sie nicht gibt.

Wieso dieses Buch? Weil ich zerbrochen war und wieder heil geworden bin, wenn auch nicht ganz. Dieses Buch beglückt mich, es ist ein Geschenk, an mich selbst, an andere, ein Gegenstand, den ich anderen reichen kann in der Hoffnung, dass er Freude bringt. Es ist etwas, das mein Leben zum Besseren verändert hat. Aber es wird auch für immer und ewig eine Narbe sein.

ZWEITER TEIL
TURBULENZEN, KURZ UND HEFTIG

5
Drei Körper

1.

Das ebene, ruhige Städtchen im Mittleren Westen, in dem ich aufwuchs, war ziemlich trocken. In neu erbauten Wohnsiedlungen gab es künstliche Teiche, durch geschützte Waldgebiete flossen auch Bäche. Ein schmaler Fluss bei den Baseballplätzen, in den ich meiner Erinnerung nach als Kind einmal gefallen bin, über meine eigenen Füße und in einer nagelneuen weißen Jeans. (Eine frühe, brennende Demütigung – furchtbar, aber immerhin passierte etwas.) Zum Lake Michigan fuhr man eine Dreiviertelstunde, aber meine Eltern waren beide berufstätig – wer hatte schon Zeit, öfter mal zum See zu fahren? Mein Universum bestand aus neu hochgezogenen Einkaufsstraßen, Siedlungen aus Zweifamilienhäusern, Apartmentanlagen mit Mansardendächern und dem verlassenen Maisfeld hinter unserem Haus, das irgendwann als Bauland verkauft wurde. Parks gab es reichlich. Zumindest grün war es. Es gab öffentliche Schwimmbäder, die wir im Sommer bequem zu Fuß erreichen konnten. Ich ging liebend gerne schwimmen. Aber nass fühlte sie sich wirklich nicht an, diese nordwestliche Vorstadt von Chicago.

Nass wurde es eigentlich nur während unserer sommerlichen Reisen in den Osten, wo meine Eltern beide aufgewachsen waren. Mein Vater in seinen ersten Lebensjahren bei Boston, meine Mutter im vorstädtischen DC. Wir packten also unseren Kombi voll und fuhren los Richtung Osten, wobei wir unterwegs oft in Ohio übernachteten, bei entfernten Verwandten väterlicherseits. Für mich war Ohio immer der längste Staat – er zog sich ewig hin. Zwei Tage keinerlei Aufregung beim Übertritt in einen »neuen Staat«. Immer nur Ohio. Doch wenn wir diese Schwelle überschritten hatten, war Ocean City nicht mehr fern.

In Ocean City gab es zwei mögliche Bleiben für uns, und die Gründe, aus denen man sich für jeweils eine davon entschied, durchschaute ich nie. (Jegliche Familiendynamik war ein großes, faszinierendes Geheimnis, und ich achtete mit der Ehrfurcht einer Soap-Opera-Süchtigen auf unausgesprochene Nuancen.) Eine der Unterkünfte gehörte der Stiefmutter meiner Mutter, Naomi, die wir als Großmutter betrachteten und »Nana Honey« nannten. Es war eine Eigentumswohnung, die sie seit Jahren in einem kleinen Mehrfamilienhaus besaß. Ich erinnere mich dunkel an rosa Muscheldekor, parfümierte Handseifen im Bad. Ein kleiner Balkon mit Blick aufs Meer, wo wir abends manchmal saßen und den Sonnenuntergang betrachteten. Der Strand dort in der Nähe war ruhiger, man war mehr für sich, und wir waren gern bei dieser Frau, die sich so lange um drei Stiefkinder gekümmert und dazu auch noch ein Schuhgeschäft mit Namen Shoe Horn in der Innenstadt von Silver Spring geführt hatte, das sich an reiche Senatorengattinnen richtete. Sie war unsere Großmutter, und sie freute sich, dass wir da waren. Sie erzählte uns Geschichten über den Großvater, den wir gar nicht gekannt hatten, den schon sehr lange verstorbenen Vater meiner Mutter. Wir fuhren immer zuerst zu ihr, wankten nach der langen Fahrt aus dem Wagen, rannten direkt zum Strand und sprangen sofort ins Meer. Wir hatten den ganzen Tag im Auto unsere Badesachen getragen, nur für diesen Moment.

Die andere Wohnung lag in einem schicken Hochhaus

näher am Zentrum von Ocean City, wo die Strände voll und geschäftig waren und es auch mehr spannende Dinge gab, Eiscremestände, Kramläden mit Plastikeimern und -schaufeln für den Strand, glitschigen Sonnenölfläschchen, Schachteln mit Salzkaramell. Wir bettelten unsere Eltern um Geld an, nur weil es Spaß machte, es auszugeben – den Reiz des Kapitalismus begriffen wir schon. Im oberen Stock lag ein Mietapartment, zu dem meine Tante Sandy durch ihren Arbeitgeber Zugang hatte; dort stieg die Party. Tante und Onkel waren jünger als meine Eltern, bewusst kinderlos, erfolgreich, weit gereist – sie waren nett und lustig. Das Gebäude hieß The Quay, und jedes Jahr wurde auf der Hinfahrt die korrekte Aussprache diskutiert. Es gab dort Kabelfernsehen, sodass wir die Anfangszeit von HBO mitbekamen, Stiller & Meara, die sommerliche Marathonsendungen moderierten. Wir kamen salzig vom Meer und sonnenverbrannt nach einem langen, mit Spielen verbrachten Tag herein und aßen Entenmann's Schokokekse; wir schnappten uns eine Handvoll und pflanzten uns auf die Couch, nachdem wir uns der nassen Badeanzüge entledigt hatten. Draußen waren Himmel und Meer. Drinnen war meine Familie, alle quatschten, aßen, kabbelten sich ab und zu und sprachen im Flüsterton über innerfamiliäre Kämpfe, die sich Jahr um Jahr nur leicht zu verschieben schienen. Wen interessierte schon, was da tatsächlich los war? Ich konnte es mir genauso gut selbst ausdenken.

Bei Naomi war es still, sandig, feucht, dämmrig. Das Licht wurde früh gelöscht. Im Hochhaus war es spannend, überall Streit und Vergnügen. Die Erwachsenen tranken. Howard, ein weiterer Onkel, ging bei Sonnenuntergang ans Meer zum Angeln, stoisch, wie er war, vielleicht unglücklich in seiner Ehe – er schwieg, rauchte, brütete, schien seine Kinder aber zu lieben, nur Kinder im Allgemeinen wohl eher nicht. (Später kam heraus, dass er seine Frau im gemeinsamen Ehebett mit einer anderen betrogen hatte, worauf er für immer aus unserem Leben verschwand.) Meine Mom las Romane von Danielle Steel und außerdem alles, was John Irving schrieb, und ich klaute ihr die Bücher und war fasziniert von den Sexszenen. Als ich fünfzehn war, knutschte ich zum ersten Mal herum, mit einem jungen Punkrocker aus New Jersey, den ich am Strand kennengelernt hatte und dessen Zunge rhythmisch in meinen Mund glitt und wieder heraus, als wäre jede Bewegung kalkuliert. So richtig genoss ich das nicht, aber aufregend war es. Das Wasser lebte. Die Brandung toste.

In dem Sommer, als ich acht war, nahm ich eines Nachmittags die Luftmatratze mit raus aufs Meer. Wir benutzten sie alle abwechselnd. In diesem Jahr bin ich flachbrüstig und pummelig und lächele für das Foto, aber ich weiß noch, dass ich es kaum erwarten konnte, für mich zu sein. Ich war allein immer zufrieden, auch wenn ich mir ab und zu Sorgen machte, ob ich nicht doch mit anderen Kindern befreundet sein sollte. Ich gelangte über die Brandung hinaus, wo wir sonst alle kreischend und lachend auf unseren Bäuchen surften oder über die Wellen sprangen, wenn sie auf uns zurollten. Wir schrien: »Jetzt wird's schwierig!«, und sprangen dann hoch über die Wellen. Wo ich nun trieb, war ich schon jenseits davon, jenseits des Trubels – nur ich und das Meer.

Wenn ich meine Mutter heute nach diesem Tag frage, kann sie sich kaum erinnern – sie meint, dass sie wohl nicht dabei war, vielleicht war sie oben in der Wohnung. »Aber das sieht dir ähnlich«, sagt sie. »Du warst immer in deiner eigenen kleinen Welt. Du warst immer in Gedanken.« Ich erinnere mich, dass ich in den Himmel blickte und ganz friedlich und ruhig war und mir erträumte, was mir gefiel. Und ich war froh, eine Weile weg zu sein von meiner Familie, denn es brauchte so viel Energie, um dort präsent zu sein, sich zu benehmen, diese Dynamik, die Beziehungen. Es war einfach so schwer, bestimmte Dinge nicht zu bemerken. Dass ich generell alles wahrnahm, konnte ich nicht abstellen.

Doch draußen auf dem Meer, auf der Luftmatratze, konnte ich mich einfach meinen Gedanken hingeben. Genauso empfand ich auch, wenn meine Mutter mir manchmal Stift und Papier gab und sagte, ich solle spielen. Am zufriedensten war ich, wenn ich allein war und träumte. Fern von den tosenden Wellen fühlte ich mich sicherer. Ich schlief schon fast. Alles war ganz ruhig und still.

Aber natürlich war es nicht still. Dies war ein Gewässer voller Leben und Bewegung. Ich war ein Kind auf einer Luftmatratze auf dem Meer. Das Wasser war dunkelgrün und lila und mitternachtsblau, und winzige weiße Kämme kräuselten sich darauf. Ständige Bewegung im Augustsonnenschein. Wir hatten vor, am Abend gekochte, mit massig Old Bay Seasoning gewürzte Krebse zu essen, und jede und jeder würde die Krebse mit einem eigenen kleinen Holzhammer zertrümmern. In diesem Augenblick trieb ich über den Krebsen. Alles war verbunden, das wusste ich schon. So etwas zu wissen – überhaupt etwas zu wissen –, war ein beruhigendes Gefühl. Nun konnte ich die Augen schließen, einen Gedanken im Kopf behalten, über mir die Sonne, während meine Familie ganz weit weg lärmte, redete, aß. Kennst du diese ständige Spannung dazwischen, Menschen zu brauchen und nicht zu brauchen? Wenn man weiß, dass sie in der Nähe sind, froh ist, dass sie da sind, aber auch wünscht, sie wären weg. Sie waren am Ufer, wo sie hingehörten. Und ich regte mich nicht, ich war eins mit dem Meer.

Und dann ruckte die Luftmatratze ganz unerwartet, und das war Howard, der hastig hinausgeschwommen war, um mich zu holen. Ich war zu weit aufs Meer getrieben. Sie konnten mich kaum noch sehen. Kurz hatten sie sich Sorgen gemacht, mich verloren zu haben. Es wäre nicht das erste Mal gewesen, dass ich nicht merkte, wenn etwas falsch lief bei dem, was ich tat, oder wenn etwas in meiner Umgebung nicht stimmte. Während ich einfach nur glücklich träumte.

Er paddelte mit mir zusammen ans Ufer zurück – ich hielt die eine Seite der Matratze fest und er die andere. Er spielte den Helden. Er hatte sich so beeilt, um mich zu retten, aber hatte ich Rettung nötig gehabt? Ich war nicht ganz überzeugt. Am Strand war mir meine Familie peinlich. Ich wollte diese Aufmerksamkeit nicht. Nicht diese Form von Aufmerksamkeit. Mein Körper hatte mich in Schwierigkeiten gebracht. Ich fühlte mich schlecht, weil ich anderen Sorgen bereitet hatte. Meine Familie schimpfte mich aus. Ich setzte mich in den Sand und schmollte. Das Ende des Tagtraums.

2.

Meinen ersten Bikini trug ich, als ich fünfundvierzig war. Ich habe versucht, mich zu erinnern, warum ich zuvor nie einen getragen hatte, habe diese seltsame Logik entschlüsselt. Ich weiß, von frühester Jugend an hatte ich das Gefühl, dass ich keinen Bikini tragen *sollte*. Man stelle sich ein Land vor (Amerika), in dem es von der »Bikinifigur« eine ganz besondere Vorstellung gibt. Und ein früh entwickeltes Mädchen, eine unbeholfene Leseratte, der es nicht gefiel, welche Aufmerksamkeit ihr Körper bekam. Ein molliges Mädchen. Kurven, die ganz plötzlich da waren, ohne Vorwarnung.

Bikinis, fand ich, waren für Mädchen mit flachen Bäuchen und gertenschlanker Silhouette gemacht, und so habe ich nie ausgesehen, außer vielleicht für zwei Wochen irgendwann im Alter zwischen zehn und elf. Ich wollte einfach rennen und spielen und nicht ständig auf irgendwas achtgeben müssen, nicht aufpassen müssen, ob irgendwo etwas herausschaute. Und die Jungen rannten gefühlt ständig um das Schwimmbecken herum und versuchten, die Oberteile der Mädchen zu lösen. Es reichte, dass es schon so viel von mir gab – ich wollte mir keine Sorgen darüber machen müssen, was passierte, wenn ich entblößt war. Ich wollte nicht darüber nachdenken, was die Leute sahen, wenn sie mich betrachteten.

Ich bedaure, so lange in der Falle von Amerika und den dort herrschenden unmöglichen Vorstellungen vom perfekten Körper gesessen zu haben, aber ich bin ein Kind der Achtziger, in denen alle auf Kokain und dünn waren und John Travolta Filme über Aerobic-Kurse machte und man ganz selbstverständlich Elastan trug, sogar in der Öffentlichkeit. Auch wenn ich das Patriarchat zeit meines Lebens durchschaut habe, ist es mir trotzdem gelungen, etwas davon zu internalisieren. Und wenn ich nicht aussah wie diese ganz bestimmte Bikinivision, die ich in Zeitschriften sah, musste ich diesen meinen Körper wohl bedecken. Amerika, ich liebe dich und ich verfluche dich.

Aber niemand beobachtete mich, inzwischen weiß ich das, jedenfalls nicht so, wie befürchtet. Außerdem gehört mein Körper mir und ich kann damit machen, was ich will. Es ist ermüdend, den Blick anderer zu übernehmen, was meinen Körper angeht. Kannst du dir vorstellen, alles in deinem Leben durch zweierlei Augenpaare zu sehen? Obwohl ich mich in meinem Leben natürlich durch tausend Augenpaare gesehen habe. Ohne es auch nur zu merken.

2016 veränderte sich mein Blick. Es war mein letzter Sommer in der Stadt, kurz bevor ich New York für immer verließ. Ich beschloss, vor meiner Abreise mit dem Fahrrad zum Strand zu fahren.

Während ich in Brooklyn wohnte, machte ich das immer zu Beginn des Sommers. Ich fuhr von Williamsburg aus über die Kent Avenue, die Vanderbilt Avenue runter, durch den Prospect Park, und nahm dann den Ocean Parkway bis zum Ufer. Ich parkte mein Rad in Brighton Beach, wo nur Russen wohnen. Für mich war das immer ein ganz besonderer Ort. Ich bin im Mittleren Westen aufgewachsen und habe mich meinem russischen Erbe nie wirklich verbunden gefühlt. Doch als ich zum ersten Mal Brighton Beach besuchte, Ende der Neunziger, kamen Leute auf mich zu und sprachen mich auf Russisch an. Ich hatte ein bestimmtes Aussehen, gehörte zu einer bestimmten Gruppe – das hatte ich nie wirklich bedacht. Ich fühlte mich dort sofort wohl in meiner Haut, auch wenn ich die Sprache nicht verstand.

Und an jenem Tag, gut zwanzig Jahre später, breitete ich mein Handtuch auf dem Sand aus und legte ab, was mich bedeckte, und statt mir Gedanken zu machen, wie ich gesehen wurde, sah ich die russischen Frauen am Strand wie zum ersten Mal. Die alten Frauen, die runden Frauen, die schmalen Frauen, die jungen Frauen, die faltigen Frauen, die *Frauen* überall um mich herum. Es kümmerte sie nicht im Geringsten, ob sie nun so oder so aussahen. Und fast alle trugen Bikinis.

Schlagartig wurde mir klar: Was spielte es für eine Rolle, welche Haut sich da zeigte oder nicht? Warum sollte man sich verstecken? Vor wem versteckte ich mich? Ich würde immer nur ich sein. Ich würde für immer und ewig nur diesen Körper haben. Das Leben war zu kurz, um meinen Körper nicht radikal anzunehmen. Und wer bin ich, diese Haut zu verstecken oder zu missachten, wo doch so viele auf der ganzen Welt um die Kontrolle des weiblichen

Körpers kämpfen? Und wer bin ich, diesen Körper zu missachten, wo er doch noch immer gesund und stark ist? Und wer bin ich, mir den Genuss der Sonne auf meinem Bauch zu versagen, oder das Gefühl auf der Haut, wenn ich fast ganz eintauche ins Meer?

Als der Tag sich neigte, wischte ich den Sand ab, rollte mein Handtuch zusammen, schob die Strandtasche in meinen Korb und radelte zurück bis nach Williamsburg. Eine Woche später kam der Umzugswagen.

3.

Es gibt ein Stück Land am Rand der Upper Ninth Ward, das oft als »Das Ende der Welt« bezeichnet wird. Dieser Streifen Grasland liegt an der Einmündung des Industrial Canal in den Mississippi, und um dort hinzukommen, muss man Gleise und unebenes Gelände überqueren, dann den kurzen, aber steilen Hang zum Damm hinaufklettern, dem Damm nach Süden folgen, vorbei an einer Stelle mit einer verlassenen Hütte, die manchmal Obdachlose aus New Orleans besetzen, und wenn man ein Stück weiter östlich auf einen Picknicktisch trifft, flankiert von einem niedrigen, wackligen, rostigen Wachturm, hat man die Stelle erreicht. Südlich davon liegt der Fluss, auf dem Lastkähne und der Raddampfer Natchez treiben, weiter im Osten sieht man den Rand der Lower Ninth Ward und im Westen Algiers auf der anderen Seite des Flusses. Beim Blick zurück nach Norden auf den zurückgelegten Weg sieht man oft Pelikane und Kraniche auf dem Kanal herumschwimmen, und dahinter die St. Claude Avenue Bridge, die sich ab und zu hebt und Schiffe durchlässt auf ihrem Weg zu allerhand anderen industriell genutzten Kanälen.

An einem sonnigen Tag, vor blauem, wolkenlosem Hintergrund, kann dich das »Ende der Welt« davon überzeugen, dass du am außergewöhnlichsten Ort ganz Amerikas bist. Schau dir diesen ganzen Himmel an, schau dir all das Grün an, rieche den Fluss, du bist in der Stadt, aber auf dem Land bist du auch, ist das zu fassen?

Vom blauen Himmel mal abgesehen – bist du jemals bei Nacht dort entlanggegangen, wenn es neblig und feucht ist und du spüren kannst, wie sich Wasser und Erde erheben, um deine Haut zu berühren? Hier spukt es, davon bist du überzeugt. Spuk, das hast du besonders gern.

Oder hast du die Stelle bei Sonnenaufgang gesehen, gegen Ende des Karnevals, wenn ein Chor junger Sängerinnen und Sänger die Dämmerung und seine jährliche anarchistische Parade begrüßt, wenn du Champagner aus der Flasche trinkst oder sturzbesoffen bist von Stärkerem oder vielleicht die Nacht durchgemacht hast und denkst, wie kann er wirklich sein, dieser Moment?

Warst du bei Sonnenuntergang dort, wenn überall Hunde neben ihren joggenden Besitzern herlaufen? Die magische Stunde für sie, diese Hunde, diese glücklichen, hechelnden Hunde.

An diesem Ort habe ich an der Bestattung eines Mannes teilgenommen, den ich nie getroffen hatte, auf Einladung einer Freundin, die ihn kannte und mir versicherte, dass es in Ordnung war. Wir trotteten bis zum »Ende der Welt«, hinter einer kleinen Blaskapelle her, an deren Schluss ein paar enge Vertraute des Verstorbenen musizierten, kein besonders organisierter Auftritt, aber ein ernsthafter – traurige weiße Männer spielten Horn. In diesem Moment war ich längst dabei, mich in die Stadt zu verlieben. Ich war dabei, mir ein Leben außerhalb von New York vorzustellen, wo ich seit mittlerweile vierzehn Jahren lebte. Ich war schon so oft gescheitert und hatte Erfolg gehabt und war wieder gescheitert, dass es nur noch eine Lektion zu lernen gab: Ich wäre bescheuert, dort noch länger zu bleiben. Aber ich hatte mir nie Gedanken darüber gemacht, wo ich leben konnte, außer in New York. Welche Stadt konnte mich derart in den Bann ziehen? Doch was wäre mit einer Stadt, in der traurige Männer Trompete spielten? Wie wäre es damit? Wo man gleichzeitig traurig und lebendig ist, denn so ist schließlich Musik, es ist eine musikalische Stadt. Wo man trinkt und tanzt, wenn jemand stirbt. Mit New York war ich so gut wie fertig, oder vielleicht war New York auch fertig mit mir. Vielleicht jage ich mein Leben jetzt mal in die Luft, dachte ich.

Auf dem Damm erfuhr ich dies und jenes über den Mann, der gestorben war. Katrina hatte ihm schwer zugesetzt. Er hatte ein wildes Leben geführt. Er hatte nicht achtgegeben auf sich selbst. Er hatte alle möglichen Drogen missbraucht. An all dem starb er zu jung. Es war schwer gewesen, ihn zu lieben, aber man hatte es trotzdem getan. Aus der ganzen Welt waren Leute zur Beerdigung eingeflogen. Ich wusste nicht, ob man dasselbe auch für mich tun würde. Darüber denken wir nach auf Beerdigungen: über die Toten, aber auch über uns selbst. Ich blieb zurück, als wir die äußerste Spitze des Landes erreichten. Dort sprachen Freunde und Familie ein paar Worte, boten ihre Herzen dem Himmel dar, und dann wurde seine Asche in den Fluss gestreut. Für mich waren sie nicht bestimmt, diese Worte. Ich entfernte mich von der Menge. Ich sprach ein Gebet für ihn, diesen Fremden, während ich mich in meine eigene Stille versenkte. Keine Schmerzen zu haben, das wünschte ich ihm. Nur Frieden für diesen Menschen. Auf dem Fluss zogen langsam, aber stetig Schiffe vorbei. Es ging Wind an diesem Tag, und er ließ die Röcke der teilnehmenden Frauen rascheln. Asche in den Fluss. Leb wohl, Fremder.

Jahre später werde ich nach New Orleans gezogen sein,

ein Haus gekauft, ein ruhiges Leben aus Buchstaben und Menschen gefunden haben. Mein alter Freund Will kommt geschäftlich in die Stadt, und nach ein paar Drinks werde ich mit ihm zum »Ende der Welt« gehen, und an diesem Abend ist es die neblige Variante und ich sehe, dass er sich ein bisschen in die Stadt verliebt, und er besteht dramatischerweise darauf, dass ich für immer dort wohnen muss – »Versprich mir, dass du hierbleibst«, sagt er – und ich denke, dass ich in seiner Vorstellung mit einem fantastischen Dasein beschäftigt bin, während ich meine Wahrheit kenne, dass ich nämlich allein bin zu Hause, mit meinen Büchern und meinem Tagebuch und ständig einen Stift suche und keinen finde und dann im Internet neue bestelle und unentwegt Instagram daraufhin checke, ob jemand, in den ich verknallt bin, meine Storys anschaut oder nicht, und wieso kriege ich nie meine Brille sauber beziehungsweise wieso ist sie ständig so versifft, das ist vielleicht die bessere Frage – und ich lache ihn ein bisschen aus, weil: Wo soll ich sonst hin? Ich war doch ganz hier, sah er das nicht? Ich war angekommen am Ziel der Reise. An einem Ort, wo ich leben und schreiben konnte. Doch bis dahin sollte es noch vier weitere Jahre dauern. Bis ich meinen Körper an seinen wahren Platz bringen konnte. Vier weitere Jahre bis nach Hause.

6
Zusätzliches Leben

Ich fuhr nach Vilnius in Litauen, um dort zu unterrichten. 2013. Ein Jahr zuvor hatte ich nach monatelangem

Couchsurfen meine Wohnungsschlüssel zurückbekommen. Und nun wohnte ich in einem freundlichen Apartment am Rand des Stadtzentrums, in einem Gebäude mit Gewölbedecke im Treppenhaus und barschen, betuchten Nachbarn, die mir im Vorbeigehen kurz zunickten. Abends ging die Sonne erst um zehn Uhr unter – ich war ständig benommen und aufgedreht. Ich aß fermentierten Käse und Räucherfisch und Schwarzbrot und Essiggurken in den Cafés. Ich aß Kirschen, die ich auf dem Markt bei einer Frau mit beerenfleckigen Händen kaufte. Die Drinks waren billig und stark, aber ich fühlte mich nie betrunken. Das Wetter dort änderte sich im Handumdrehen, innerhalb einer Viertelstunde zog Regen auf und wieder fort, und anschließend war die Luft ganz klar. Ich lief allein über gepflasterte Wege, stundenlang, bis mich mein schlimmer Knöchel im Stich ließ. Alle Straßen sahen gleich aus. Oft verlief ich mich. Ich erholte mich nie vom Jetlag, gewöhnte mich nie an die Zeitzone. Ich schlief kaum. Ich war einfach komplett daneben, für zwei volle Wochen in Vilnius.

Ich leitete einen Kurs für Literarisches Schreiben in einem Programm, das sich an Teilnehmende aus Nordamerika richtete. Ein relativ teures Unterfangen für die Studierenden, die entweder da waren, weil sie es wissen wollten oder weil sie es sich leisten konnten, und es hatte geklungen, als könnte es nett werden. Ich hatte kein Problem damit, dass manche in erster Linie dabei waren, um Spaß zu haben. Es war mein erster Workshop, der länger dauerte als einen Nachmittag. Ich war nervös. Bis dato hatte ich nicht viel unterrichtet, und außerdem war ich seit zwanzig Jahren nicht mehr in der akademischen Welt unterwegs. Auch wenn ich vier Bücher geschrieben hatte, wusste ich gewissermaßen nicht, was ich wusste. Doch das hatte ich gar nicht erwähnt, als man mich einlud, bei diesem Programm mitzumachen. Sag einfach Ja zu allem, dachte ich damals oft. Es kamen so viele Angebote, nachdem jahrelang kein Mensch bemerkt hatte, dass es mich gab. Ich war schon fast ein Jahr auf Tour, und für die nächsten zwei Jahre würde es mehr oder weniger dabei bleiben. Sag Ja, dachte ich. Zu allem – egal, ob es nach einer guten Idee aussieht oder nicht, so viel zu arbeiten, so viel zu reisen. Denn morgen kann alles schon wieder vorbei sein. Das ist deine Bonusrunde. Das ist dein zusätzliches Leben.

Ich war inzwischen eine halbwegs erfolgreiche Autorin. Ich bin mit Leuten befreundet, die berühmt sind, deren Bücher sich millionenfach verkaufen und verfilmt werden, denen man mehrmals im Jahr für Auftritte in der Öffentlichkeit Zehntausende Dollar zahlt und die Cameo-Auftritte in Fernsehsendungen haben und von Terry Gross interviewt und in der *New York Times* porträtiert werden und die man weltweit auf der Straße und im Flugzeug erkennt. So ging es mir nicht. Es gab drei Cafés in Brooklyn, wo mich vielleicht jemand erkannt hätte, plus die Wohnanlage meiner Eltern in Florida, wo meine Mutter der ganzen Nachbarschaft meine Bücher in die Hand gedrückt hatte, sobald sich jemand dem Pickleball-Platz näherte. Was brachte es mir ein, halbwegs erfolgreich zu sein? Einen schlecht bezahlten Lehrauftrag im Ausland. (Klingt jetzt aber trotzdem ganz gut.)

Abends versammelten wir uns an verschiedenen historischen Veranstaltungsorten, um Lesungen aus dem Kollegium zu hören, und flitzten gleich im Anschluss los in die Bars und Clubs. Die Stadt war voller junger Frauen, groß, schlank, mit langem blondem Haar, langen Beinen, in enger Jeans, weißem T-Shirt, Blazer und Converse-High-Tops. Die Männer waren hell und maskulin und distanziert. Ich fragte mich, ob ganz Litauen aus schönen Menschen bestand. Einer, der zum Programm gehörte und viel Zeit in der Stadt verbracht hatte, sagte eines Abends betrunken zu mir: »Die Frauen in diesem Land, hm, die altern nicht gut.« Ich betrachtete eingehend sein Gesicht und fragte mich, wie er wohl altern würde. Danach mied ich ihn.

Doch die meisten Leute kamen schnell in Kontakt; die Studierenden wohnten alle in benachbarten Apartments. Lange Nächte, Alkohol, Freiheit. Weil mein Apartment weit genug weg war von meinen Studierenden, konnte ich mich ganz gut zurückziehen. Was wussten sie schon über mich? Nicht viel, und ich wollte es dabei belassen. Ich schloss mich den Leuten an, die Lyrik schrieben. Die tratschen nicht so viel wie Leute, die Prosa schreiben, oder vielleicht tratschen sie auch nur über andere Themen. Leute, die Lyrik schreiben, fragen andere immer nach dem Sternzeichen – wenn sie es nicht längst erraten haben. Ich saß mit Rebecca und Eileen im Freien vor Cafés und wir sprachen über New York und das Schreiben, das Dasein als Autorin. Wir waren alle hungrig auf so vieles. Bei Eileens Lesung schrieb ich eine Zeile aus ihrem Gedicht auf: *Wir dürsten.* Sie sagten so viele schöne Dinge, und ich, ich konzentrierte mich aufs Konsumieren.

Eines Abends ging ich spät durch die Straßen von Vilnius nach Hause, mit einer Lyrikerin namens Ariana. Sie war klein, knapp einssechzig, und ihr Körper so zart wie der eines Vogels. Sie machte gerade eine Ausbildung zur Astrologin und kleidete sich wie eine Kunststudentin aus den Achtzigern, schwarze Bodys und schmale Jeans und eine übergroße Brille. Sie hatte gerade eine hochgelobte Gedichtsammlung veröffentlicht und war als Rednerin und Interpretin ausgesprochen selbstbewusst. Und sie war clever – sie wusste, wie man sich in der Welt bewegt, Lehraufträge und Stipendien bekommt und durchsetzt, dass man für das bezahlt wird, was man gerne tut. In meiner Vorstellung war sie ein taffes, erwachsen gewordenes New Yorker Straßenkind.

Doch als wir an diesem Abend durch die dunklen Straßen dieser vor nicht allzu langer Zeit noch bedrückenden osteuropäischen Stadt liefen, zwei Amerikanerinnen, zwei Frauen, zwei Künstlerinnen, zwei als Jüdinnen aufgewachsene Personen, hatte ich das Bedürfnis, auf sie achtzugeben wie auf ein Kind. Ich hatte das Gefühl, dass wir Freundinnen wurden an diesem Abend. Wenn man jemanden sofort beschützen will, entsteht eine zarte Bindung. Ich habe andere Frauen immer beschützen wollen. Und ich habe ihnen immer spontan vertraut und ihnen alles gegeben, was ich konnte. Denn auch wenn es Männer sind, die ich will und begehre, bei denen ich liegen möchte und deren Haut ich riechen und die ich auf intensive und fremde Weise einlassen will in mich – es sind die Frauen, bei denen ich Trost suche und denen ich Trost spenden möchte. Es kann passieren, dass ich mit einer Frau in ganz kurzer Zeit von hier nach da gehe und im Stillen denke: Jetzt kenne ich diesen Menschen und sie ist mir wichtig, und sie ist meine Freundin.

Bei Männern wird es Tage, Monate, Jahre dauern, um an denselben Punkt zu gelangen. Ich werde sie einschätzen und beurteilen müssen und meine Begriffe anpassen. Der Mann kann nichts dafür. Der Mann ist vielleicht völlig in Ordnung. Es ist nur so, dass Männer mir ein Leben lang Schreckliches angetan haben. Obwohl ich sie so stark begehre, habe ich nur schwer das Gefühl, dass ich mich auf sie verlassen kann. Meine Vertrauensprobleme sind ganz klassisch. Aber sie sind nicht vom Himmel gefallen. Ich sehe kein Problem darin, ob ich Männern nun leicht vertraue oder nicht. Sagen wir so: Wahrscheinlich habe ich recht.

Auch wenn nur wir beide unterwegs waren auf den gepflasterten Straßen, stellte ich mir vor, dass Männer zeitgleich betrunken durch die Nacht zogen. Ich war viel größer als Ariana, überhaupt ausladender, und obwohl sie so gewieft war, machte ich mir in diesem Augenblick Sorgen um sie. Man hätte sie ohne Weiteres schnappen und wegschleppen können, und sie wäre verschwunden gewesen für immer. Es passierte nichts, aber ich stellte es mir trotzdem vor: diese Möglichkeit im Dunkeln. Auch wenn niemand in der Nähe war, es konnte durchaus Gefahr bestehen. Ich sah etwas im luftleeren Raum.

Der Kurs lief nicht gut. Ich hatte auf dem Hinflug meine Brille im Flugzeug vergessen. Ich kaufte mir in einer Drogerie eine Lesebrille, aber die half kaum – ich hatte zu kämpfen, wenn ich die Arbeiten der Studierenden las, die ich morgens vor dem Workshop noch einmal durchsah. Ich wusste viel über das Schreiben, aber ich wusste noch nicht, wie ich das verbalisieren konnte. Doch ich blieb dran und verbrachte lange Nachmittage damit, Schreibübungen zu entwickeln, die am nächsten Tag im Kurs natürlich floppten. Ich wusste, dass ich sie enttäuschte. Was wusste ich inzwischen? Was musste ich noch lernen? Das fragte ich mich jeden Tag.

Die Stadt, in der wir alle für zwei Wochen lebten und arbeiteten, hatte wie viele europäische Städte eine tragische Vergangenheit in Verbindung mit dem Holocaust. Im Fall von Vilnius hatte es zwei jüdische Ghettos gegeben. Die Jüdinnen und Juden im ersten Ghetto, das in der Stadtmitte lag, arbeiteten auf dem Bau und in Fabriken. Im zweiten Ghetto am Stadtrand waren Jüdinnen und Juden untergebracht, die nicht arbeiten konnten, die Älteren, die Gebrechlichen, die ohne Ausbildung. Am Ende des Zweiten Weltkriegs waren neunzig Prozent einer geschätzten Viertelmillion jüdischer Litauerinnen und Litauer ausgelöscht; die meisten der zweihundert litauischen jüdischen Gemeinden waren völlig zerstört, als hätte es sie nie gegeben. Es ist erwähnenswert, dass viele Jüdinnen und Juden nicht in den Vernichtungslagern der Nazis ermordet wurden, sondern von ihren Nachbarn, die sie entweder erschossen oder erschlugen. Zudem ist erwähnenswert, dass es heute in Vilnius ein wohlfinanziertes Museum der Opfer des Genozids gibt, in dessen Mauern jedoch erst 2011 der Genozid an den Jüdinnen und Juden auch nur Erwähnung fand. Das Museum konzentriert sich eher auf die sowjetische Besatzung Litauens nach dem Zweiten Weltkrieg. Vor dem Krieg gab es in Vilnius einhundertfünf Synagogen und Gebetshäuser. Jetzt ist nur noch eine da.

Im Rahmen des Programms, dem ich angehörte, wurde eine Gruppe von Leuten unterstützt, deren Vorfahren entweder während des Holocaust gestorben oder in dieser Zeit aus der Stadt geflohen waren, und die darüber recherchierten. Holocaust-Tourismus ist eine heikle Sache: Man kann Ghettos in Warschau und Krakau besuchen oder Vernichtungslager in Treblinka oder Auschwitz. Jemand kann in ein Flugzeug steigen und in einer Stadt ankommen und dann mit anderen Interessierten in einen klimatisierten Bus steigen und anschließend auf einem Gelände herumlaufen, auf dem achtzig Jahre zuvor Massenmorde begangen wurden. Vielleicht besteht auch eine Faszination für heimgesuchte Orte. (Was ich vollkommen verstehe.) Doch Holocaust-Tourismus richtet sich direkt an Jüdinnen und Juden. Wir bilden den Schluss der Generation der Überlebenden – nach achtzig Jahren. Menschen spüren noch immer die Abwesenheit jener Menschen in ihrem Leben, auch jener, die sie nie kennengelernt haben. Denn diese Geschichten hat man uns als Kindern erzählt, unseren Eltern vor uns, den Generationen nach der meinen auch. Es gibt Räume, über die wir nachsinnen, die wir im Geiste durchwandern können, doch sie werden nie ausgefüllt sein, denn diese Menschen sind fort. Wenn man Holocaust-Tourismus betreibt, kann man eine Stadt sehen, eine Markierung, ein Stück Gelände, wo einmal jemand war. Dieselbe Luft atmen, die Erde unter den Füßen spüren. Wo sie lebten, starben, beerdigt wurden. Ich bestreite nicht, dass das ein wichtiger Teil der Geschichte ist. Doch ich begehre auf gegen so ein Gefühl, es würde eine »Holocaust-Maschinerie« bestehen. Ein Wirtschaftssystem darum herum.

Ich bin Jüdin, bin jüdisch aufgewachsen, hatte eine jüdische Erziehung und eine Bat-Mizwa, habe in der Highschool *Nacht* gelesen und war im Stillen erschüttert davon wie alle anderen, habe Dokus auf PBS gesehen, sowohl in Amerika als auch im Ausland Museen besucht, die dem Holocaust gewidmet waren, darunter auch das Anne-Frank-Haus (als junges Mädchen hatte ich gebannt ihr Tagebuch gelesen, natürlich, natürlich), und fühlte mich umfassend informiert und paranoid in Hinsicht auf diesen besonders schmutzigen und erschütternden Abschnitt der Geschichte. Obendrein hatte mein Großvater gegen die Ardennenoffensive gekämpft, wofür ihn meine Familie verehrte. Mein Hirn wird für den Rest meines Lebens überflutet sein mit Bildern des Holocausts und des dazugehörigen Kriegs. Und damals ging mir jeder Impuls ab, solche Orte zu besuchen. Ich möchte in Bezug auf all das nicht leichtfertig oder unbeschwert klingen, aber ich hatte für eine Weile genug über den Holocaust nachgedacht. Allein in Amerika gibt es diese Art von Massenmord in vielerlei Ausprägungen zu bedenken. Ich habe diesen Gräueltaten über Jahre hinweg

Raum gegeben und geschwankt, welche davon im Augenblick meine Besorgnis verlangen, um wen ich im Geiste trauern soll. Jahrhunderte vergossenen Bluts sind zu durchwaten, ehe wir überhaupt zum Holocaust kommen. Sie sind alle verbunden, und sie alle verdienen unsere Zeit.

Dennoch nahm ich eines Tages an einem Rundgang durch das jüdische Ghetto teil, der vom Programm angeboten wurde. Wenn ich jetzt darüber nachdenke, bin ich mir sicher, dass ich nur mitgegangen bin, um meinen Eltern davon erzählen zu können, denn ihnen hätte das sehr gefallen. Sie hätten es nicht genossen, aber gefallen hätte es ihnen trotzdem. Also ging ich gewissermaßen an ihrer statt. Die Ängste und Sorgen meiner Eltern und ihrer Eltern davor waren mir so gründlich eingeprägt worden, dass sie in jeder Zelle saßen. Ich spürte dem nicht nach, konnte es aber auch nicht ignorieren, wenn es sich zeigte.

Auf unserem Rundgang führte uns ein junger, dunkelhaariger kanadischer Autor namens Menachem Kaiser, der ein paar Jahre zuvor mit einem Fulbright-Stipendium nach Vilnius gekommen war. Dort hatte ihn irgendwann ein Touristikunternehmen gebeten, einen Rundgang durch das jüdische Ghetto zu entwickeln. Wie er feststellte, gab es für dessen schreckliche Geschichte tatsächlich keine sichtbaren Belege in den Straßen der Stadt. Er machte sich daran, das zu korrigieren, und gestaltete nicht nur eine Führung, sondern entwickelte auch mit Kartografen und Historikern eine virtuelle Karte, das sogenannte Vilnius-Ghetto-Projekt. Eine Kartierung des Unsichtbaren. Ich denke jedes Mal daran, wenn ich eine bestimmte Karte sehe, die immer wieder auf Social Media kursiert, vor allem zu Thanksgiving und zum Columbus Day (inzwischen oft »Tag der Indigenen Völker« genannt) – dort gibt man die eigene Postleitzahl ein und erfährt, welche Indigenen Nationen das Land ursprünglich bewohnt haben. (Hier unter 70117: die Choctaw.) Ich weiß es zu schätzen, wenn man mich auffordert, die Vergangenheit zu ehren, Geister zu ehren, auch wenn es nicht die meiner Vorfahren sind. Ich bin dankbar für das Wissen und für diese Möglichkeit. Wir sollten die Wahrheit wissen wollen.

Ich wusste auch die Vorstellung zu schätzen, dass der Ort, den sie bewohnt hatten, anders war als der, in dem ich für einen Augenblick stand. Als ich ihn betrat, wollte ich keine Auseinandersetzung mit »dem Holocaust« – aber die Auseinandersetzung mit den Geistern brauchte es doch.

An jenem Sommernachmittag besuchten wir verschiedene Orte auf besagter Karte. Hier hat das Rathaus gestanden, hier war die Suppenküche, hier gab es Vortragsräume und hier war ein Theater. An diesem Tag gab es (wie heute wahrscheinlich) keinen Hinweis darauf, dass davon je etwas existiert hatte. Uns umgab eine modern funktionierende Stadt, Autos, Bürogebäude, Wohnungen, Leute, die mit Handys in der Hand frei herumliefen. Der Ton unseres Betreuers war angemessen: ernst und informiert, aber nicht deprimierend. Er bat uns nur, aufmerksam zu sein und uns Dinge vorzustellen und zu erinnern, auch wenn wir all das noch gar nicht kannten. Erinnert die Erinnerungen anderer. Begreift die Geschichte.

Dann führte er uns zur Bibliothek, die sehr gut angenommen gewesen war – hunderttausend Bücher, mehr noch, hatte man dort ausleihen können. Danach blieben wir auf einem leeren, von Wohngebäuden umschlossenen Hof stehen. Dort war es friedlich und still, es gab Flecken aus schütterem Gras und ein paar Bäume. Es war heiß, die Sonne schien unablässig. Stellt euch vor, das war hier, stellt euch vor, das war dort, stellt euch eine Zeit vor mehr als siebzig Jahren vor, als Menschen sich plagten und litten und gegen ihren Willen festgehalten wurden, einfach wegen ihres Glaubens.

Doch wir sollten noch etwas bedenken, das erklärt er mir nun per SMS. Er ist in Brooklyn und ich bin in New Orleans, es ist Mai 2020. Wir starten das Gespräch mit dem üblichen: »Geht es dir gut, bist du wohlauf und gesund.« Ja, es geht uns gut, ja, wir arbeiten. »Auf halbwegs akzeptable Art schrecklich«, sagt er. Dann schreibt er mir Folgendes: »Ich wollte einfach, dass die Leute wahrnehmen, wie reich und vielfältig und seltsam das Ghettoleben war, dass es viel mehr war als einfach nur ein Ort, wo Leute zusammengetrieben wurden und auf den Tod gewartet haben.«

Ich weiß, dass ein kleiner Teil von mir immer um jene trauern wird, die verloren sind, und so ist es seit meiner Kindheit. Eine Flamme, die dauerhaft brannte, musste ich nicht neu entzünden. Aber ich machte ein Foto von einer bestimmten Ecke des Hofs. Darauf treffen die Mauern zweier Wohngebäude zusammen, verblasster rosa Putz, teils mit Wasserflecken, unten bröckelt der Beton ein bisschen. Schief ragt ein Baum mit schmalem Stamm heraus, daneben eine kleine unkrautartige Pflanze, und rechts an der Wand lehnt ein mit hellgrünem Efeu bewachsenes Gitter aus Metall. Ich dachte immer noch an die Bibliothek. An etwas, das er uns kurz zuvor erzählt hatte. Welches Buch war dort am häufigsten ausgeliehen worden? *Krieg und Frieden.*

Und ich konnte mir vorstellen, wie jemand mit genau diesem Buch in genau dieser Hofecke saß. Hatten die Leute es gelesen, um sich die Zeit zu vertreiben? Half der Blick in die Vergangenheit beim Planen der Zukunft? Ich stellte mir einen Mann vor mit einem schweren Buch in der Hand. Vielleicht einer aus dem Widerstand. In gewisser Hinsicht waren die Tage lang, aber nicht lang genug für das, was sie erreichen mussten.

Die Winter sind kalt in Vilnius.

Später, vor einer kleinen Holocaust-Installation in einem als das »Grüne Haus« bekannten Gebäude, wurde jemand aus unserer Gruppe von einem zerlumpten Mann angespuckt. Er nannte uns »verdammte Drecksjuden«. Dass er das gesagt hat, weiß ich nur, weil jemand aus unserer Gruppe Russisch sprach. Und wenn er nicht da gewesen wäre und übersetzt hätte, wäre ich davon ausgegangen, dass der Mann uns hasste, weil wir aus Amerika kamen.

Facebook versucht ständig, Fotos mit Ariana darauf als Fotos von mir zu taggen und umgekehrt, obwohl wir uns gar nicht ähnlich sehen, abgesehen von großer Brille, großem Haarschopf und großen Augen. Jüdisch, dachte ich immer, sagt Facebook damit. Die austauschbaren Jüdinnen.

2019 inszenierte und co-choreografierte (zusammen mit fünf weiteren Frauen) Ann Gaviano, meine Freundin und Nachbarin in New Orleans, eine Tanzperformance unter dem Titel »St. Maurice«, inspiriert von der Geschichte der St. Maurice Church in der Lower Ninth Ward, gleich auf der anderen Seite des Flusses von unser beider jetzigem Wohnort aus gesehen. Nach Katrina befand die Erzdiözese von New Orleans, das hunderteinundfünfzig Jahre alte Gebäude sei die Instandsetzungskosten nicht wert. Dass die Kirche ein wichtiges Zentrum für die Gemeinde war und ihre Mitglieder mehr als zwei Millionen Dollar aufgebracht hatten, um sie zu erhalten, wurde von der Erzdiözese ignoriert – die sie irgendwann dann auch schloss und verkaufte und das Geld behielt. Ann erzählte mir, sie sei an das Projekt herangegangen mit der Frage: »Was bleibt nach einer Kirche, die wie ein Drehkreuz ist – jene Institution, auf der die Gemeinde fußt –, was bleibt, wenn man den Leuten das wegnimmt?« Sie sei ohne Antwort herangegangen, sagte sie. Doch am Schluss, nach Gesprächsgruppen und durch den Prozess des Entwickelns und Aufführens hatte sie eine gefunden.

»Erzähl's mir«, sagte ich. Ich musste es wirklich wissen.

»Was bleibt, sind die Menschen«, sagte sie.

Die letzte Vorstellung von »St. Maurice«, die ich besuchte, fand in einem Lagerhaus in unserem Viertel statt, und die Tänzerinnen und Tänzer rekonstruierten die Kirche mit ihren Körpern und nur einer Handvoll Requisiten: ein weinrotes Stück Chiffon zum Beispiel und ein Bettlaken, das zum Winddrachen wurde. Eine Badewanne, Kreide, Orangen, Blumen. Die Vorstellung dauerte eine gute Stunde. Die Performance breitete sich aus: Jede der Frauen agierte als Fixpunkt an einer neuen Stelle im Aufführungsraum, und das Publikum war eingeladen, nach Belieben herumzuspazieren. (Als ich Ann später danach frage, betont sie, das Publikum sei an der Choreografie beteiligt gewesen, weil es sich im Raum bewegen und manchmal auch mit den Tänzerinnen und Tänzern interagieren sollte.) Der Soundtrack wurde live auf einem Keyboard gespielt, eine experimentelle Messe. Als ich mir die Performance ansah, war ich überzeugt, dass sie gewissermaßen einen Raum heraufbeschwor – wieder eine Kartierung des Unsichtbaren –, und ich war ebenso überzeugt, dass die Kirche danach verschwand wie verdunstende Wassertröpfchen. Seither habe ich mich öfter mit Ann darüber unterhalten, und am meisten interessierte mich, worauf sie abzielte, wenn sie die Leute bat, sich etwas vorzustellen, das nicht da war.

»Was hoffst du, werden die Leute daraus ziehen?«, sagte ich. »Sie müssen sich als Publikum ganz anders engagieren, als wenn ich sie wirklich in die alte Kirche geholt hätte«, sagte sie. »Ein Publikum, das sich die Kirche vorstellen muss, baut sie zusammen mit dir.«

Ich glaubte die Bibliothek zu sehen, an diesem Tag in Vilnius. Ich glaubte den Mann zu sehen, der das Buch hielt. Wenn du mich bittest, mir das vorzustellen, mache ich das. Und wenn ich darüber schreibe, wenn ich es dokumentiere, bekommt es ein zusätzliches Leben. Ich könnte Leute bitten, sich diesen Hof vorzustellen, diese Bibliothek, auch wenn sie dort nicht gewesen sind. Ich könnte dich bitten, dich ein bisschen länger daran zu erinnern. Ich könnte dich bitten, die Geister zu ehren.

Was passierte danach mit Ariana? Einmal war ich auf einer Party bei ihr zu Hause in Bushwick. Ein Jahr später begegnete ich ihr zufällig auf der Straße im Financial District, vor einer Kunstausstellung. Ab und zu schreiben wir uns. Sie zog hierhin und dorthin, Residenzen und Stipendien und Graduiertenprogramme und Vortragstermine. Irgendwo dazwischen gewinnt sie einen wichtigen Preis. Ich sah sie länger nicht. Dann sieht niemand mehr irgendwen. Und dann schließlich ihr Gesicht auf einem Bildschirm: Wir unterrichteten beide während einer Tagung, im späten Frühjahr 2020, und die Gesichter sämtlicher Referentinnen und Referenten waren auf Zoom in Reihen angeordnet wie bei *Drei Mädchen und drei Jungen*. Ich war besser geworden im Unterrichten. Schrittweise, dank Übung. Hatte eine Sprache gefunden, die Fähigkeit verfeinert, Arbeiten zu beurteilen. Ich war noch da, ich war noch dabei, und sie auch. Ich dachte ganz kurz, ich könnte die Hand ausstrecken und sie berühren. Ich winkte ihr zu und sah ihr in die Augen, obwohl sie natürlich nicht wissen konnte, dass sie es war, auf die ich schaute. Aber später schrieben wir einander, dass es schön war, unsere Gesichter wiederzusehen. Früher waren wir so kühn durch diese dunklen Straßen geschlendert, und nun waren wir nur noch Kacheln auf einem Bildschirm.

Am Ende des Programms in Vilnius verbrachte ich zwei Tage damit, alle Studierenden einzeln für jeweils eine Stunde zu treffen. Ich wollte ihnen das Beste bieten, was mein Hirn hergab. Ich hatte das Gefühl, sie enttäuscht zu haben, aber zumindest das konnte ich ihnen bieten. Ich hatte eine Vorstellung davon, wie man eine Agentur fand, welche Art Autorinnen und Autoren dort gefragt waren, und außerdem war ich mit einigen Lektorinnen und Lektoren befreundet und hatte zugehört, wenn sie sich über die Akquise von Büchern unterhielten. Ich hatte ein gutes Gefühl dafür, wie man einen starken Titel findet. Ich konnte etwas dazu sagen, wie der Anfang eines Buchs Aufmerksamkeit weckt. Ich fand nicht, dass ich den Workshop besonders gut gemeistert hatte. Ich war sauer auf mich selbst. Ich hatte mich selbst über. Ich setzte mich in ein Café und traf den ganzen Tag Studierende. Ich wollte helfen, so gut ich konnte.

Zwei meiner Studenten fragten mich ganz direkt, ob ich fand, dass sie so weit wären, ihre Jobs zu kündigen und ihr Leben ihrer Arbeit zu widmen. Einer der beiden hatte die Stadt während des Programms für ein paar Tage verlassen, um an einem Open-Air-Festival teilzunehmen, in einem anderen Land. Ich erklärte ihnen, dass ich schon seit acht Jahren durchgehend Romane schrieb und erst im Jahr zuvor imstande gewesen war, meinen Brotjob zu kündigen. Das war ihnen völlig egal. Sie wollten nur wissen: Waren sie gut genug?

Ich erzählte ihnen nicht, dass ich jeden Moment fürchtete, diese neue Freiheit könnte mir wieder genommen werden – dass jede Freiheit jeden Moment wieder dahin sein kann.

Und wie erklärt man, dass fast niemand gut genug ist – dass es damit zu tun hat, wie viel Arbeit man hineinsteckt, mit deiner Sorgfalt, deiner Beharrlichkeit, mit Schicksal, mit Glück. Und ich denke, es muss einhergehen mit deiner Bereitschaft, dir Dinge vorzustellen, die nicht da sind. Es war nicht nötig, dass ich ihnen die Erlaubnis erteilte, ihre Träume zu leben. Mir hat nie jemand eine Erlaubnis erteilt, meine zu leben.

Die besseren Fragen wären: Welche Art von Geschichten soll ich erzählen? Wozu wäre ich bereit, damit das alles funktioniert? Was liebe ich am Schreiben? Welche Stimmen müssen aus meiner Welt und von außerhalb meiner Welt zu Gehör gebracht werden? Welche meiner Geheimnisse wäre ich bereit zu erzählen? Was weiß ich bereits? Was muss ich noch lernen? Ist das ein Geist dort im Dunkeln, oder schlüpft nur jemand hinaus in die Nacht?

7
Luft und Rauch

Ein Flug, der frühmorgens von einer Stadt im Mittleren Westen abgeht. 2013. Damals setzten die Angstgefühle ein.

Ich hatte in der Stadt einen Auftritt gehabt. Eine kleine Veranstaltung, gerade mal fünfzig Leute waren gekommen. Ich hatte ein paar Bücher verkauft, meinen Scheck entgegengenommen. So wirklich wichtig war mir die Sache irgendwie nicht, aber ich hoffte, das alle sich wohlgefühlt hatten. Später ließ ich mich von einer der Veranstalterinnen nicht zu meinem Hotel am Flughafen bringen, sondern zum Haus eines ehemaligen Lovers in der Stadt. Ganz bestimmt fand sie, dass ich mich merkwürdig benahm. Ich unterschlug, was wirklich Sache war. Ein alter Freund, sagte ich. Wir essen zusammen. Aber ich hatte mein Gepäck dabei. Immer wieder bot sie an, mich ihrerseits zum Essen einzuladen, diese etwas aufdringliche, aber nette Frau. Sicherlich eine Mutter. Aber nicht meine. Mir war nicht danach, etwas zu erklären. Sie war eine Fremde. Es ging um mein Privatleben. Ich hatte meinen Job erledigt – durfte ich jetzt gehen?

Am nächsten Morgen um halb sechs nahm ich ziemlich ramponiert ein Taxi zum Flughafen. Ich stieg in ein Flugzeug, ein kleines. Ein Flugzeug zum Spielen, dachte ich. Es gab rechts und links vom Gang jeweils zwei Sitze, abgesehen von dem Einzelplatz in der letzten Reihe, gleich gegenüber von der Toilette. Dort steckte ich nun fest. Auf dem letzten Platz ganz hinten, dem für die Unruhestifter. Die Flugbegleiterin war Mitte fünfzig, sachlich, ernst. Brachte die Leute von A nach B und weiter nichts. Sie wird mich in Frieden lassen, dachte ich. Ich hatte in der Nacht zuvor vielleicht zwei Stunden geruht und war verkatert, als ich dort erschien. Fast sofort fiel ich in einen nebligen, unruhigen Schlaf. Zwanzig Minuten später rollte der Getränkewagen über meinen Fuß und ich wachte japsend auf. Ich spürte ein heftiges Pochen in der Brust, das mich von innen prügelte, und war furchtbar erschrocken. Eine unvermittelte Panikattacke.

Durch den Getränkewagen war ich eingesperrt auf meinem Sitz. Ich bat die Flugbegleiterin, ihn wegzuschieben, aber sie wollte nicht. Bitte, flehte ich. Lassen Sie mich raus.

Sie ignorierte mich und servierte stattdessen der Reihe vor mir Getränke. Das war nicht die erste Panikattacke für sie, und sie ließ sich nicht hetzen. Endlich schob sie den Wagen weiter. Ich stand auf, konnte aber nirgendwohin. Es gab nur mich in diesem Flugzeug und mein lebensgefährlich pochendes Herz. Ich wusste, dass ich mich nicht mehr auf meinen Platz setzen konnte. Dieser Sitz war der Feind. Das Flugzeug war der Feind. Ich fragte den nächstbesten Mann, ob ich mich zu ihm setzen dürfe. Ich zwang ihn, reinzurutschen. Ich machte eine Szene. Ich hasse es, Szenen zu machen. Es war der schlimmste Flug meines Lebens. Jedenfalls bis zu diesem Moment – denn es sollten schlimmere Flüge folgen.

Auf meiner ersten Lesereise vor sechzehn Jahren umarmte mich ein Buchhändler nach der Veranstaltung in seinem Laden zu lange. »Ich habe schon an Ihrem Foto gesehen, dass Sie etwas Besonderes sind«, sagte er. Ich fragte mich, ob er mein Buch überhaupt gelesen hatte.

Der Flug hatte mich erschüttert, aber ich setzte meine Reisen fort. Warum hielt ich nicht gleich inne nach diesem Flug? Warum machte ich keine Pause? Weil es ums Geschäft ging. Mit den materiellen Erzeugnissen, die wir erschaffen, können wir Schreibende nur begrenzt Geld verdienen. Auch Vortragstermine wie dieser brachten etwas ein. Ich konnte mir nicht erlauben, solche Gelegenheiten verstreichen zu lassen. So machte ich das drei Jahre lang.

Ich fing an, angstlösende Medikamente zu nehmen. Ohne jedes Rezept. Mir ist klar, dass es so nicht laufen sollte. Dass man sich mit Panikattacken in ärztliche Behandlung begeben und die Probleme besprechen sollte, damit dann entschieden wird, welche Medikamente man womöglich braucht. Dass es um größere Themen ging als nur um ein Problem mit dem Fliegen. Dass eine Tablette nur vorübergehend hilft.

Aber ich hätte da noch die andere Version: Es war viel einfacher, Arzneimittel von befreundeten Menschen mit überschüssigen Beständen zu kriegen. Wer hat schon Zeit für eine Therapie bei den vielen Reisen, und andere Autorinnen und Autoren spendeten herzlich gern für meine Sache. Sie wussten, was los war, schüttelten ein paar Tabletten aus ihren Fläschchen, lächelten mich mitleidig an. Schon heftig, da draußen auf der Straße. Schon heftig, so allein wieder zu Hause. Wohin man auch sah, es war heftig. Am besten gar nicht hinsehen.

Bei einer Veranstaltung stand ein Mann in meiner Signierschlange und sagte zu mir: »Sie erinnern mich an meine Tochter, die ist auch narzisstisch.«

Ein Literaturfestival für Frauen im Süden. Ich rede eine Dreiviertelstunde, ich verkaufe fünfzehn Bücher. Die gewichtigste Rednerin ist eine berühmte Mystery-Autorin, und ich beneide sie beim Signieren um ihre Schlange. Später sitze ich in einer Hotellounge und trinke zur Happy Hour Pinot Grigio mit einer Bestsellerromanautorin, die stocknüchtern ist – abgesehen von den vielen Tabletten, die sie nimmt. Sie bietet mir eine ganze Reihe Schlafmittel und angstlösende Medikamente an, sechs Pillen in unterschiedlichen Formen und Farben, erklärt, was sie bewirken können. Welche einen sofort umhaut, welche einem sanft durchs Leben hilft. Nimm hiervon nur eine halbe. Mehr als eine halbe brauchst du nicht. Als Kind hat sie garantiert Teilen gelernt. Dem Kind neben ihr in der Mittagspause ihr Sandwich angeboten, im Kunstunterricht den letzten Rest blauer Farbe geteilt. Ich sah eine Lehrerin vor mir, die sie für ihre natürlichen Impulse lobte. Sie drückt mir eine weitere in die Hand. Das hier ist *toll*, wenn man fliegen muss.

Auf einer Lesereise für meinen Roman über eine krankhaft adipöse Frau und ihre Familie verlor ich den Überblick darüber, wie oft man mir zur Begrüßung sagte: »Ach, Sie sind ja gar nicht dick.« Es machte mich nervös, dass die Leute meinen Körper registrierten. Ich bin überhaupt nur Prosaautorin geworden, weil man sich in Geschichten so schön verstecken kann.

Ein Festival in einer europäischen Stadt an einem glitzernden See, wo wir draußen mit unseren gestapelten Büchern an Tischen saßen und uns mit Einheimischen unterhielten, die besser Englisch konnten als wir. Ein Autor, der damals zu den berühmtesten in Amerika zählte, verschwand am Morgen seiner Pressekonferenz. Das Organisationsteam des Festivals lief herum und fragte alle Autorinnen und Autoren, die am Abend zuvor mit ihm getrunken hatten, ob sie ihn morgens schon gesehen hätten. Wir fingen an, seine Schritte nachzuvollziehen. Wer hatte ihn spät am Abend noch gesehen? Jemand erinnerte sich, dass er mit einem Einheimischen weggegangen war, der sich der Gruppe angeschlossen hatte, während sich alle anderen auf den Weg nach Hause machten. Er lag noch im Bett, nahmen wir einhellig an. Schlief sich aus.

Ich dachte: Der Typ muss so langsam von der Straße runter. Und dann dachte ich: Sagt der Presse, ich bin da. Ich rede mit ihnen. Ich stehe für Interviews zur Verfügung.

Immer stellte sich die Frage nach der Kleidung.

Es ist 2015, und ich bin im Begriff, mein fünftes Buch zu

veröffentlichen, und bevor ich auf Lesereise gehe, stehe ich in meinem begehbaren Wandschrank und flüstere mir zu: Leichtes Gepäck. So viele Wechsel der Jahreszeiten, so viele Topografien. Leichtes Gepäck, auch wenn das, was ich tun werde, schwer ist, vor Räumen voller Menschen stehen, meine Ware präsentieren, mein Hirn, mein Buch, mich selbst. Ich möchte präsentabel aussehen für die Menschen. Sie sollen denken, dass ich Stil habe. Und dass ich ein guter Mensch bin, oder zumindest okay. Schau, die nette Frau da oben in dem hübschen Kleid. Kaufen wir ihr ein Buch ab.

Ich nehme acht Kleider mit. Außerdem eine Jeans, einen Pulli und ein T-Shirt und Leggings, ich werde nämlich ganz viel Yoga machen, hahaha. Ich vereinbare mit mir selbst, dass ich beim Bezug jedes Hotelzimmers sofort die Kleider auspacken werde. Ich erfinde ein Sicherheitsritual. Wenn ich das so mache, wenn ich die Kleidung aufhänge, wenn ich sie sauber und in Ordnung halte, wenn ich mich darum kümmere, dann wird das auch heißen, ich kümmere mich um mich selbst.

Ich verwechsle die Kontrolle über meine äußere Erscheinung mit einer Stütze für meine Seele.

Irgendwann in diesen Jahren wurde meine Periode allmählich zermürbend. Ich hatte Myome. Als ich dreiundvierzig wurde, war aus meiner Gebärmutter eine Art flottierendes, verlassenes Raumschiff geworden, auf dem fremde Lebensformen siedelten und dem Hauptrechner verheerende Schäden zufügten. Ich nahm jeden gynäkologischen Spaß mit: Krämpfe, extralange PMS-Symptome und exzessive Blutungen.

Meine emotionalen Abstürze während des PMS waren extrem. Ich war entweder ein unerträgliches Miststück oder kurz vorm Kollaps. Wenn ich auf Flügen zu lange sitzen musste, blutete ich oft meine Kleidung durch. Ich war ein erbärmliches Wrack, dunkelhaarig, großmäulig, das oft recht hatte und trotzdem unerträglich war. Das Leiden machte mich unleidlich.

Meine Gynäkologin erklärte mir, dass es nur schlimmer werden würde. Mehrmals schlug sie eine Hysterektomie vor, aber ich zögerte jedes Mal, und all das Zögern, das immer nur Sekunden dauerte, summierte sich zu Jahren, in denen keine Entscheidung fiel. Mir war bewusst, was in mir vorging – ich hatte Schmerzen, das war mir klar –, aber ich schaffte es irgendwie nicht, sie zu bekämpfen.

Gründe häuften sich an: Irgendwo in meiner Psyche versteckt war das wie auch immer irrationale und antiquierte Empfinden, dass die Gebärfähigkeit Relevanz für meine körperliche Identität als Frau besaß, auch wenn ich nie wirklich ein Kind haben wollte. Bei meiner Minimalkrankenversicherung als Freiberuflerin hätte die Operation mein Konto leer geräumt, mindestens. Und irgendwie kam nie der richtige Moment, um für die Genesung sechs Wochen freizunehmen. Doch über all diesen Erklärungen lag meine mächtigste und verführerischste Schwäche: Verleugnung. Mir ging es doch gut! Ich wusste gar nicht, wovon alle sprachen! Mir ging es gut!

»Die Zeit ist um!«, zwitscherte meine Gebärmutter in meiner Fantasie. Eines Tages würde man wohl etwas machen müssen. Aber wer hatte Zeit, über so etwas nachzudenken, wenn man das nächste Flugzeug erwischen musste?

An einem Abend zu Beginn dieser Reise, in einem anthrazitgrauen engen Wollkleid, schaffe ich es nicht nach Hause, jedenfalls nicht in meine Unterkunft. Es geht mir prächtig in diesem anderen Zuhause, das einem Mann mit Kindern gehört, die woanders übernachten und deren Zimmertüren höflicherweise geschlossen sind. Unerwarteterweise gibt es ein Klavier, über dessen Lack ich streiche, als er nicht hinsieht, und auf dem ich dabei vielleicht einen Fingerabdruck hinterlasse. Es ist ganz nett, einen Abend so zu verbringen, sowohl für mich als auch für das Kleid. Doch am nächsten Tag stelle ich fest, dass ich es nicht mehr tragen will. Bei meinen Kleidern ging es um mich und meine Reise und darum, unabhängig zu sein und stark und darauf konzentriert, dieses Abenteuer hinter mich zu bringen, auch wenn es sich eine Weile gar nicht so angefühlt hatte, als käme dahinter noch was. Fingerabdrücke anderer Leute auf mir konnte ich nicht brauchen, wie unsichtbar auch immer. Ich packe es ganz unten in meine Tasche. Jetzt habe ich noch sieben.

Die andere Sache war die, wenn ich aufhörte zu reisen, würde ich mir anschauen müssen, wer ich war, wo ich stand in meinem Leben, all die Tage des künstlerisch Tätigseins, die ich an Organisationskram verloren hatte, all die Freundschaften, die auf der Strecke geblieben waren. Wie fern mir die ganze Welt zu sein schien, auch wenn ich ständig neue Leute kennenlernte, wie fertig ich war, wie sehr ich dieses verdammte Fliegen hasste. Wer hält schon gern inne und denkt darüber nach?

Im Sommer vor dieser Reise hatte ich zehn Zentimeter von meinem Haar abgeschnitten, weil es so strapaziert war, und danach fühlte ich mich anders. Die Kleider erinnern mich an diese zehn Zentimeter Haar. Irgendwann tragen sie eine Energie mit sich herum, Flughäfen, Klimaanlagen, Xanax, Rotwein, angespanntes Lächeln, diese ständig wiederholten Gedanken abends und am Morgen, jeden Tag: Habe ich das Richtige gesagt, habe ich sie bezaubert, hat überhaupt jemand gehört, was ich gesagt habe? Sehe ich dick aus? Sehe ich alt aus? Wie sehe ich aus? Wie sehe ich aus? Wie sehe ich aus?

Auf dem Festivalparcours fällt mir allmählich die Garderobe anderer Autorinnen und Autoren auf, die vielen schön gekleideten Frauen auf den Cocktailpartys, während die Männer alle in knittrigen Button-down-Hemden und Jeans erscheinen, sie haben nämlich Feierabend. Die Jungs haben es leicht, denke ich zum hunderttausendsten Mal in meinem Leben. Die gelten sowieso als brillant. Kein Anzug, kein Schlips, abgesehen von einigen älteren Herren, die nach all den Jahren immer noch ihre Ware auftischen. Die kleiden sich fürs Geschäft.

Ich hänge die Kleider auf, streiche sie glatt mit der Hand. Auf Instagram poste ich ein weiteres Foto von mir in einem Hotelzimmer, bevor ich abends ausgehe. Das bin ich, hier bin ich, das hier habe ich an. Ich poste es, damit man mir sagen kann, dass ich okay aussehe. Ich poste es, damit man weiß, ich bin am Leben. Ich poste es als Lebenszeichen.

Ich gewöhne mich daran, mich selbst in einem Kasten auf dem Handy zu sehen. Ob ich in dem Kasten lebte? Ich sah ganz genau hin. Ob in dem Kasten mein wahres Leben stattfand?

Das Internet macht einen fertig im Kopf, aber das ist ja bekannt.

Habe ich überhaupt schon erwähnt, dass ich allmählich ins mittlere Alter komme? Eine kollabierende Gebärmutter kann man nicht sehen, meinen Hals aber auf jeden Fall. Und ich dokumentiere meine körperliche Erscheinung auf

Schritt und Tritt, online. Eines Tages merke ich, dass mein Gesicht sich verändert hat. Ich schaue in den Kasten, auf das kastenförmige Bild von mir. Ich weiß nicht mal, ob es mir besonders viel ausmacht, aber es *fällt mir auf*. Mein Gesicht ist länger und abgehärmter, und ich habe Ringe unter den Augen, tatsächlich mit Stich ins Lila, und meine Augen leuchten nicht mehr – meine Augen, sie haben ihren Glanz verloren. Lächerlich, dass du gedacht hast, du könntest die Zeit anhalten, indem du immer in Bewegung bleibst, denke ich. Aber ich bin besser jetzt, auch das kann ich sehen, ich kann diese Falten sehen und ich denke: Tja, immerhin weiß ich jetzt was. Unterwegs musste ich Wissen erworben haben. Nur welches, das wusste ich nicht genau.

Jahre später werde ich einen Mann kennenlernen, der auf Social Media gar nicht vorkommt, der nie im Leben ein Like oder einen Kommentar oder einen Retweet erlebt hat, und ich denke: Du gottverdammtes schönes Einhorn, wie ist das, wenn man sich ausschließlich selbst bewertet? Wie ist das, jeden Tag aufzuwachen, ohne die Sorge, was irgendjemand wohl denkt?

In New Orleans habe ich ein paar Tage frei, und ich besuche eine Freundin zu Hause, während sie ihrerseits für eine Reise packt. Anscheinend nimmt sie ihren gesamten Kleiderschrank mit, für einen zweitägigen Besuch in einer nahe gelegenen Stadt. Sie beobachtet, wie ich sie beobachte, und sagt: »Ich glaube, nur das ist von meiner Posttraumatischen Belastungsstörung nach Katrina noch übrig. Ich habe immer das Gefühl, das, was ich mitnehme, ist das, was mir für den Rest meines Lebens bleiben wird.«

Drei Tage später habe ich Geburtstag. Ich checke am Tag vor einer Veranstaltung im W Hotel in Dallas ein. Ich esse einen riesigen Cheeseburger mit Pommes, Zimmerservice, und beschließe dann, meine Kleider zu bügeln, auch wenn das ein sinnloses Unterfangen ist. Weil ich mit den Einstellungen des Hotelbügeleisens nicht vertraut bin, versenge ich eins der Kleider. Bleiben noch sechs.

Ein paar Tage später, in einem Hotel in Austin, merke ich, ich habe das schwarze Paillettenkleid vergessen, in … Mexiko-Stadt? Es musste Mexiko-Stadt gewesen sein, doch das war Wochen her. Nur dort hatte ich es getragen, bei einem wunderbaren Essen im Restaurant mit Zach und Sarah, Mitreisende, die ich dort für ein paar Tage traf. Sie waren schon einmal in Mexiko-Stadt gewesen; Zach arbeitete an einem Roman, der dort spielte. Wir beide sollten in einer Bibliothek lesen, auf Einladung von jemandem aus der Botschaft. Es war mein erstes Mal in der Stadt, und während der ersten zwei Tage war ich vormittags ganz geblendet von den Galerien, mittags dann aber erschöpft durch Luftverschmutzung und Höhenkrankheit, sodass ich für ein paar Stunden ins Bett ging. Abends tranken und aßen wir mit großer Lust. Es war das erste Mal, dass ich Mezcal probierte. Ich fand die Stadt überwältigend; ich liebte sie nicht wie alle anderen Leute, all jene, die sagten: »Du musst unbedingt nach Mexiko-Stadt fahren«, aber dafür konnte Mexiko-Stadt schließlich nichts. Wahrscheinlich gehörte ich einfach nur nach Hause ins Bett. Trotzdem gab es einen Abend, an dem ich mit einem Haufen junger Dichtender, die radikal und klug und lustig waren, etwas trinken ging. Und ein ganz besonderes Essen im Máximo Bistrot. Zach und Sarah waren schon einmal dort gewesen und glaubten, dass ich es toll finden würde, und sie hatten recht. Das Kleid hatte ich speziell für dieses Essen mit auf die Reise genommen. Wie hatte ich es aus den Augen verloren? Wie konnte ich es verlegt haben? Egal. Jetzt hatte ich noch fünf.

Mein letzter freiberuflicher Job, bevor ich Vollzeit als Autorin zu arbeiten begann, war bei einer Digitalwerbeagentur im Flatiron District. Mein Chef war groß, ein stämmiger Australier, körperlich geradezu einschüchternd, mit dröhnender Stimme, und es verging kein Tag, an dem er nicht meinen Gesichtsausdruck kommentierte, wenn er an meinem Schreibtisch vorbeiging. Vor allem, wenn ich nicht lächelte. Man hörte diese laute Stimme durch das ganze Büro. Warum lächelst du nicht? Was ist los? Und manchmal klopfte er dazu mit dem Finger auf meinen Schreibtisch. Warum lächelst du nicht öfter?

Auf kürzeren Flügen knipse ich eine Vierteltablette ab. Allmählich hasse ich Xanax, hasse meine Abhängigkeit davon. Viele Flüge an aufeinanderfolgenden Tagen sind am härtesten. Auch wenn es nur eine halbe Tablette ist, ich muss sie nehmen. Die Angst nimmt mich ganz in Anspruch, und die Frage, wie ich damit umgehen soll, dass ich ihr regelmäßig ausgesetzt bin. Ich habe zugelassen, dass sie mein Leben prägt. Wovor hatte ich eigentlich so eine Angst? Wusste ich das überhaupt noch?

Ich hatte Angst, gesehen zu werden. Mich da draußen einem Publikum aussetzen zu müssen, sowohl persönlich als auch online. Angst, dass meine Arbeit kritischer besprochen werden könnte. Ich war verletzlich, was mein öffentliches/privates Ich anging, und weil ich ein Publikum auf bestimmte Weise packen musste, nicht nur als Person, die ein Buch geschrieben hatte, sondern auch als Persönlichkeit, als ausgewiesene Autorin. Als Autorin Erfolg zu haben ist wie befördert werden, nur dass dann niemand eingestellt wird, als Ersatz für dich in deinem ursprünglichen Job. Ich musste eine gute Autorin sein und ich musste gut verkaufen können. Das hatte mir niemand eigens erklärt. Ich selbst hatte es mir auferlegt. Aber ich wollte nicht wieder dahinter zurück, denn zurück bedeutete Couchsurfen und das Lektorat enttäuschen und meinen Verlag und sogar meine Familie.

Wenn deine Seele nachts aufschreit, hörst du hin? Oder drehst du dich einfach um und schläfst weiter?

Ich beneide die Schläfer.

Bei der abendlichen Eröffnungsfeier eines Literaturfestivals stand ich im Ballsaal eines Vorstadthotels herum und plauderte mit einem anderen Romanautor. Ich trank kalten Weißwein, so viel ich kriegen konnte. Zu essen gab es nichts, nur Alkohol. Jemand vom Stadtrat hielt eine Rede und trank den Gastautorinnen und -autoren zu. Der Mann liebte Bücher wirklich. Das konnte ich in seinen Augen sehen.

Im Hintergrund tauschten der Autor und ich leise flüsternd unsere Zukunftsängste aus. Er hat eine Frau, Kinder, eine Hypothek. Wir reden über unseren jeweiligen Plan B. Seiner besteht darin, UPS-Mann zu werden. Er ist ein Riesenkerl, breitschultrig, freundlich, und er weiß, er kann verlässlich schwere Gegenstände heben. An jedem geschlagenen Tag, sagt er, macht er sich Sorgen, dass sein ganzer Erfolg womöglich vergeht. An jedem geschlagenen Tag.

Gegen Ende der vierten Reisewoche bin ich kurz vor dem Zusammenbruch.

In Texas beschließe ich, mit einem Freund im Auto von Houston nach Austin zu fahren. Ich wollte nur einen einzigen Tag befreit sein aus der klaustrophobischen Enge im Flugzeug. Ein Flug fällt also weg, und das löst eine Kette von Ereignissen aus – meine sämtlichen Flüge waren durch dasselbe Reisebüro miteinander verknüpft. In Austin hat mich die Airline aus der nächsten Etappe gekickt, und ich kann erst für später am Abend einen Flug nach Portland ergattern. Ich verbringe sieben Stunden am Flughafen, schaue die erste Staffel von *Master of None* und werfe mir alle meine Entscheidungen vor. Gegen Mitternacht bin ich im Hotel.

Am nächsten Tag wate ich auf einem Literaturfestival durch Regen und Menschenmassen. Bei meiner Veranstaltung werde ich vorgestellt und es heißt, dass ich in Brooklyn wohne. Dann höre ich es aus der Menge. Ein Buh. Weil ich aus Brooklyn bin. So weit bin ich gereist, nur um ausgebuht zu werden.

Am Abend hatte ich eine Lesung in einer rappelvollen Bar, wo es so laut war, dass ich meine eigene Stimme nicht hören konnte. Ich hatte keine Ahnung, ob überhaupt irgendwer meine Worte hörte. Jemand, den ich aus einer der vielen Städte in meinem Leben kannte und seit zehn Jahren nicht gesehen hatte, kam mit seiner Frau zu der Lesung und ich freute mich, die beiden zu sehen, war aber irgendwie nicht ganz da. Ich hatte keine Ahnung mehr, wie ich sein sollte. Eigentlich weiß ich nicht mehr viel von diesem Abend. Ich trank Whiskey. Es gibt Phasen, die im Dunkeln liegen.

Der Typ muss so langsam von der Straße runter.

2020 sagt mir eine Therapeutin, dass ich eine Veranlagung für Ängste habe. Ich glaube, ich war von Anfang an verkorkst. Ich kann Gefühle hervorragend in Schubladen packen. Ich kann Gedanken und Emotionen organisieren, um mich zu schützen und Deckung aufzubauen, aber damit komme ich nicht besonders weit. Ich sage: »So mache ich das schon seit Jahren.« Das merke ich, sagt sie, und es klingt nach Mitleid.

Am Tag nach dem Buh fliege ich zurück nach Brooklyn. Ich werfe die ganzen Scheißkleider in den Wäschekorb und schaue sie monatelang nicht mehr an.

Drei Tage später bin ich auf dem Weg in eine große Stadt im Süden. Der Flug dorthin ist erwartungsgemäß verspätet, also verbringe ich vier weitere Stunden auf einem Flughafen. Nach der Ankunft bringt mich ein Fahrer direkt zu einem Kettenhotel außerhalb der Stadt. Draußen halte ich nicht einmal inne – es gibt dort nichts zu sehen. Ich esse im Hotelrestaurant und falle ins Bett. Am nächsten Morgen bringt mich ein weiterer Wagen zur Veranstaltung. Kurz frische Luft schnappen, ehe ich auf den Rücksitz der Limousine gleite, und noch ein paar Atemzüge beim Aussteigen am Ziel. Ich absolviere meine Veranstaltung. Eine jüdische Veranstaltung, vier Autorinnen und Autoren auf dem Panel. Ich verkaufe fünf Bücher. Danke, Jüdinnen und Juden. Wieder ein Wagen zum Flughafen, zwei Stunden vor meinem Flug. Und da sitze ich dann.

Eine Stunde vor dem Einsteigen nehme ich eine ganze Xanax-Tablette. Hol mich raus aus meinem Elend, denke ich. Dann hat der Flug eine Stunde Verspätung. Ich nicke ein. Ich wache auf, als sich die Flugzeugtüren schließen. Panisch renne ich los und trommele dagegen. »Sie sind zu spät«, sagt eine Flugbegleiterin. Ich flehe. Ich will einfach nur nach Hause. Sie sagen, sie buchen mich um auf einen späteren Flug. Ich suche mir eine stille Flughafenecke und ich schluchze. Das war's – das ist das Ende. Ich hielt es nicht mehr aus. Drei Jahre ging das schon so. Ich konnte das nicht mehr, was auch immer es war. Angst haben im Flugzeug? Solche Medikamente nehmen? Nonstop reisen? Diese Person sein? Wer auch immer sie war.

Irgendwann tritt mein Hirn in den Streik. Mein Hirn sagt: Es muss dir besser gehen mit dir selbst. Du musst einen Zustand für dich schaffen, in dem die erfolgreichen Tage überwiegen, und den größten Erfolg empfindest du, wenn du still an deinem Schreibtisch sitzt, deine Arbeit machst, deine Bücher schreibst, dich mit deinen Figuren auseinandersetzt, über das Warum in deiner Geschichte und das Warum im Leben nachdenkst und es niederschreibst, zuerst für dich und dann für alle anderen. Mein Hirn sagt: Stopp.

Ich fliege ein halbes Jahr nicht mehr nach dem Zusammenbruch am Flughafen. Ich nehme für den größten Teil des Folgejahres Abstand von Lesereisen. Ich blase die Werbetour für mein Taschenbuch ab – niemanden scheint es zu kümmern, niemand scheint es zu bemerken. Ich schreibe ein neues Buch zu Ende. Ich lasse mich von der Stille durchdringen. Ich selbst hatte mir all die schwere Arbeit auferlegt, und nur ich selbst konnte mir die Zeit zum Stillsitzen auferlegen.

Als ich das nächste Mal flog, ging es nach Australien zu einem Festival. Vierundzwanzig Stunden Flug. Auf dem Hinweg nahm ich eine Xanax, aber das spielte anscheinend gar keine Rolle, denn die Zeit bewegte sich anders auf diesem Flug. Auf dem Rückweg nahm ich gar nichts. Und ich kann dir sagen, wenn du einen Vierundzwanzig-Stunden-Flug ganz auf dich gestellt überstehst, dann überstehst du jeden Flug.

Ein Jahr später unterziehe ich mich einer Hysterektomie. Dieses Ding, das mich so lange gequält hatte, war verschwunden, im Handumdrehen. Ich brauchte ein paar Monate zur Genesung, erkannte dann aber: Mir war gar nicht klar gewesen, dass es möglich war, mich besser zu fühlen.

Es war ein so gutes Gefühl, dass ich fast vergaß, wie es überhaupt war, sich schlecht zu fühlen. Jahrelang hatte ich einfach akzeptiert, dass meine Gefühle und meine Laune manchmal von Schmerzen und Hormonen beeinflusst waren, dass das erbärmliche Wrack mal wieder die Oberhand hatte. (Sie fehlt mir nicht, aber ich werde sie nie vergessen.) Nun war eine klarere, ruhigere Spielart meiner selbst am Zug. Nun wusste ich, ich hatte die Kraft, auch andere Dinge aus meinem Leben zu streichen, an denen ich zu lange festgehalten hatte, aus lauter falschen Gründen.

Ein paar Monate später: wieder ein Buch, eine neue Lesereise. Ich breche auf zur ersten Station. Mitten im Flug kam es zu Turbulenzen, so heftig, dass ich kurz an ein schlimmes Ende dachte. Und ich dachte: Wenn ich sterbe, dann ist das okay. Ich habe mit meinem Leben viel angefangen. Ich muss mich für nichts schämen. Das hatte ich zuvor nie bedacht. Dass ich mit einem gewissen Schamgefühl gereist war, während ich durch die Welt raste. Und immer, wenn ich in der Luft gewesen war, trotzdem auch etwas erreicht hatte. Dass ich auch in den ganzen zehn Jahren zuvor etwas erreicht hatte. Ich weiß nicht, ob ich das zuvor jemals geglaubt hatte, aber in diesem Moment glaubte ich es und ich glaube es jetzt. Ich war so beschäftigt damit gewesen, zu arbeiten und mich selbst zu hinterfragen und zu beurteilen und mein Handeln durch meinen eigenen Blick und den imaginierten Blick anderer zu bewerten, dass ich gar nicht darüber nachdenken konnte, was ich eigentlich mit meinem Leben angefangen hatte. Jahrelang hatte ich kein Gefühl in mir erfassen können. All die Schnappschüsse, die ich gemacht hatte, waren nur Vorstellung. Kurzlebige Erscheinungen. Luft und Rauch und bald schon nicht mehr da.

8
Eine Verkaufsgeschichte

Mein Vater war Geschäftsmann und sein Vater Sidney auch, genau wie mein Urgroßvater, der Vater meiner Großmutter väterlicherseits. Ihr Vater, Papa Joe, besaß ein Lebensmittelgeschäft – was, wie mein Vater betont, nicht ganz seiner eigenen Tätigkeit entsprach, wahrscheinlich, weil Lebensmittel sich im Unterschied zu allem anderen von selbst verkaufen. Mein Vater und dessen Vater waren den ganzen Tag auf den Beinen, händeschüttelnde Geschäftsleute vom Typ »Jetzt erzähle ich Ihnen mal was über mein Produkt und meine Kinder«. Sie glaubten an das, was sie verkauften, und sie hatten es gerne nett mit den Leuten. Dergleichen kommt ganz von selbst.

Ich telefoniere mit meinen Eltern, lasse vor allem meinen Vater reden, während meine Mutter hier und da ein paar Einzelheiten ergänzt. Es ist Juni 2020. Ein regnerischer Tag, wir warten darauf, dass ein Tropensturm – Cristobal diesmal – nach Louisiana zieht. Am Nachmittag trifft er wohl südlich von hier auf Land. Es schüttet bereits. Meine Eltern sind in Florida, wo sie ein paar Ausläufer mitbekommen, und auch sie warten darauf, dass es aufhört zu regnen. Ich befrage meinen Vater, weil ich das schon immer tun wollte und aus irgendwelchen Gründen nie Zeit dafür gefunden habe. Und jetzt habe ich nichts als Zeit.

»Dein Großvater hatte ein Möbelgeschäft in Randolph, Massachusetts«, erzählt mein Vater. »Wenn es schleppend lief, holte er alle Möbel nach Hause und verkaufte sie direkt von dort aus. Manchmal kam man nach Hause und das ganze Wohnzimmer war weg.« Wayside Furniture, so hieß es. In den Fünfzigern. »Er hatte einen kleinen roten Pick-up, auf dem wir das Zeug herumkarrten.«

Auch im Haus meiner Eltern ist es still, abgesehen vom Regen.

»Er war der vollendete Verkäufer«, sagt mein Vater. »Er verkaufte ständig. Er konnte jedem alles aufschwatzen.«

Sie sind noch im Bett, erzählt meine Mutter. Wenn es aufhört zu regnen, gehen sie mit dem Hund raus.

Irgendwann zog mein Großvater mit der Familie nach Chicago, nach Highland Park. Er arbeitete für Macy's und Gimbles, verkaufte Einrichtungsgegenstände. Öfen, Polstermöbel, Gardinen, Teppiche, alles fürs Zuhause. Er führte im Auftrag der Kaufhäuser den Heimservice ein, sodass der Kunde nicht ins Kaufhaus kommen musste. Ein Vertreter, aber mit Gütesiegel, mit einem großen Namen dahinter und hochwertigerer Ware. Er begann, für Goldblatt Brothers zu arbeiten. Mein Vater erinnert sich, wie er meinen Großvater in der State Street im Zentrum von Chicago bei der Arbeit besuchte. Im achten Stock, um genau zu sein. »Als Kind bin ich dort hingegangen, und er hat versucht, mir etwas über Stoffe beizubringen.« Mein Vater überlegt. »Er war ein Mensch, der mit vielen Leuten gut zurechtkam«, sagt er. »Der nicht nur Waren verkaufen konnte, sondern auch sich selbst.«

Ich grabe Erinnerungen an meinen Großvater aus. Er war ein Kriegsheld gewesen. Er hatte zurückhaltend gewirkt. Er war kahl und rundlich. Er rauchte Pfeife und Zigarren. Er kam mir immer alt vor; schwierig, ihn sich als jungen Mann vorzustellen. Wir hatten alte Fotos von ihm, mit meinem Vater als Kind auf dem Arm. Sein Erstgeborener, sein einziger Sohn. Ich wüsste nicht, dass er besonders charmant oder charismatisch gewesen wäre, aber ich glaube, bei mir und dem Rest der Familie wollte er sich nicht verkaufen. Das Verkäufer-Ich war reserviert für jene, die vorhatten, etwas zu kaufen. Wir waren die Familie; wir sollten einander lieben, komme, was wolle, und auf ihn als Patriarchen hören. Ich erinnere mich, wie er einmal sauer auf mich war. Ich hatte ihm aus dem Sommerlager nicht geschrieben, obwohl ich sollte, und ich weiß noch, dass er deswegen wütend war, als wir uns das nächste Mal sahen. »Du hast dir nicht mal die Mühe gemacht, einen Stift in die Hand zu nehmen«, sagte er. Das war wohl meine einzige negative Erinnerung. Ich wüsste nicht, dass er sich ab einem bestimmten Alter noch groß für mich interessiert hätte, doch es gab anderes in seinem Leben, andere Kinder, andere Enkel. Aber gemocht habe ich ihn schon, meinen Großvater. Ich konnte mich nicht beschweren.

»Er fand viele Freunde, weil er nicht auf den Mund gefallen war«, sagt mein Vater. Und so soll er uns in Erinnerung bleiben.

Ich befrage meinen Vater am Telefon, weil wir uns in einer Pandemie befinden und die beiden in Florida leben, zwei Tage Autofahrt entfernt, und niemand von uns glaubt, dass es absolut sicher für mich wäre, zu Besuch hinzufahren. Für mich vielleicht einigermaßen. Aber definitiv nicht für ihn.

Sie leben seit etwa vier Jahren in Florida, nach siebenundvierzig gemeinsamen Jahren in Chicago. Sie haben ein kleines Haus in einer bewachten Wohnanlage gekauft, mit einer Lanai-Veranda dahinter, und dort sitzt mein Vater mit ihrem neuen Hund, einem Goldendoodle namens Rosie, der kürzlich gerettet wurde und süß ist, aber ein bisschen langsam. Meine Mutter ist nach wie vor beschäftigt, wie immer, inzwischen mit ehrenamtlicher Arbeit für die Gemeinde und ihren Tempel. Und sie züchtet Orchideen. Kürzlich haben sie in dem kleinen Bach hinter dem Haus einen Alligator gesehen. Mom erzählt mir, was für Vögel sie manchmal sieht, und sie postet Fotos von ihnen auf Instagram. Und sie postet Fotos von Sonnenuntergängen, oft mit der Bildunterschrift »Allabendlich …«, denn dort ist jeder Abend schön, solange es nicht regnet.

Genau das habe ich mir für sie gewünscht, diese süße, unkomplizierte, sonnige Lebensart, nach so vielen Jahren mit den kalten Wintern in Chicago. Ich hatte mir nie wirklich ausgemalt, was sie glücklich machen könnte, doch das ist es, genau das macht sie glücklich. Sie finden das Wetter toll und den Pool in ihrer Wohnanlage und ihre Nachbarn, mit denen sie inzwischen befreundet sind. Meine Mutter spielt Pickleball mit olympischem Ehrgeiz, und mein Bruder und ich waren beide erleichtert, als sie ihre Liegend-Ergometer bekamen, sodass sie ihr Cardio-Training fortsetzen können, aber in Bodennähe. Geringere Verletzungswahrscheinlichkeit. Sie sind jetzt Mitte siebzig. Verletzungen will kein Mensch. Sie hatten auch gehofft, mehr zu reisen. Sie hatten eine Liste angelegt. Doch das scheint jetzt unwahrscheinlich.

Ich frage meinen Vater nach seiner Verkaufsgeschichte.

»Ich habe bei meinem Großvater im Lebensmittelgeschäft gearbeitet, da war ich zuständig für den Tresen mit den Bonbongläsern, habe Drops und Rootbeer-Fässchen verkauft, solche Sachen. In Chelsea, Massachusetts. Samstagmorgens bin ich aufgestanden und zu Papa Joes Laden gefahren – mit dem Bus bin ich hingefahren. Das hatte unter anderem den Vorteil, dass mir meine Großmutter jeden Samstagmorgen ein Wurstbrot machte. Sie hat mir fünfundzwanzig Cent für die Arbeit bezahlt. Nach der Arbeit habe ich wieder den Bus genommen und bin zum Orpheum gefahren und habe mir einen Film angesehen. Das war die Zeit der 3-D-Filme. Ich habe *Der brennende Pfeil* gesehen. Weil er in 3-D war, konnte man die Pfeile über den eigenen Kopf fliegen sehen.« Diese Details flimmern mir vor den Augen. Über sechzig Jahre ist das her, und er erinnert sich noch.

»Aber frag ihn nicht, was er gestern zu Abend gegessen hat«, sagt meine Mutter.

Mit sechzehn arbeitete er in einem Howard Johnson's, wo er Geschirr spülte und am Tresen stand. Dann für eine Lebensmittelkette im Mittleren Westen, Eagle Foods, wo er Regale einräumte und die Abholstation bestückte und durch die Trinkgelder der Kundschaft dazuverdiente. Im selben Einkaufszentrum gab es eine Filiale von Sears, und er beschloss, dass er dort arbeiten wollte.

John Maloney war der Geschäftsführer bei Sears, und Al Bailey leitete die Gartenabteilung, wo mein Vater Arbeit fand, wie er sich erinnert. »Al war ein ehemaliger Army Ranger, sehniger kleiner Kerl … tja, da stand ein Fass Lehm in der Gartenabteilung, und Al beschloss, dass er es anheben wollte, und dabei verhob er sich, also leitete ich dann die Gartenabteilung. Ich war sechzehn und auf einmal zuständig … und ein paar Monate später strichen sie uns die Provision und ich war sauer, weil ich dadurch Geld verlor. Eines Nachmittags marschierte ich zu John Maloney ins Büro, es war ein dunkles Büro, das weiß ich noch. Ich sagte: ›Wir haben hier ein Problem, ich verliere Geld.‹ John Maloney sagte: ›Ich weiß, dass du ein guter Verkäufer bist, weil du dich ins Zeug legst da draußen, also, ich sag dir, was ich mache, ich gebe dir fünfundzwanzig Cent mehr.‹«

Was man im Leben will, muss man einfordern, das hat mir mein Vater beigebracht.

Ein paar Jahre später ging er zur Coast Guard Reserve in

den aktiven Dienst. Danach arbeitete er für einige Zeit in einer Montgomery-Ward-Filiale und ging von dort zu einer von Sears an der Irving Park Road in Chicago, wo er Möbel verkaufte. Eines Winters lernte er meine Mutter kennen, und er verliebte sich sofort in sie. Als er dann schon mit ihr verheiratet und zweifacher Vater war, hatte er in einem Holiday Inn an der Algonquin Road ein Vorstellungsgespräch für eine Neueröffnung von Sears. Es war John Maloney, der an diesem Tag das Gespräch mit ihm führte, und der erinnerte sich sofort an meinen Vater und gab ihm den Job.

Er leitete dann die Abteilung für Nähmaschinen und Staubsauger bei Sears in der Woodfield Mall, dem damals größten Einkaufszentrum in den Vereinigten Staaten. Ein großes Ding, diese Mall. Er wechselte in die Heimunterhaltung, Fernseher und Stereoanlagen und CB-Funkgeräte. »Alles wurde auf die gleiche Weise verkauft«, sagt er. »Man musste ein bisschen was über die Produkte lernen, aber die Verkaufstechniken waren im Grunde gleich.«

Vinyl-Schallplatten gehörten auch zu seiner Abteilung. »Einmal kam Debby Boone in das Geschäft«, sagt er. Ihr großer Hit war »You Light Up My Life.« Und die Charlie Daniels Band auch. Wenn damals ein neues Album herauskam, schickten die Plattenfirmen ihre Stars in die Kaufhäuser. »Diese Abteilung war die Pest«, sagte er. »Man musste nämlich die ganzen Platten zählen.«

»Damals hat es Spaß gemacht, für Sears zu arbeiten«, sagt er. »Man musste hart arbeiten, keine Frage. Es hat Spaß gemacht, für die als Firma zu arbeiten, wir waren nämlich eine große Familie. Als die Computer dann online gingen und sie die Verkäufe nachverfolgen konnten, ließ der Spaß nach. Da wurde es eher mathematisch.«

In der Woodfield Mall blieb er von der Eröffnung 1972 bis 1976. Er perfektionierte sein Handwerk.

Meiner Mutter verkaufte er sich auch. Als die beiden sich kennenlernten, war sie im dritten Studienjahr und besuchte Verwandte in Lincolnwood. Im Frühjahr zuvor war ihr Vater verstorben. Es war ein Blind Date, ein Arrangement – die Cousine von auswärts und der nette jüdische Typ aus Highland Park. Eine Woche lang gingen sie jeden Abend aus.

»1967, mitten in diesem Schneesturm, habe ich Ware im Wert von fünftausend Dollar verkauft. Es war ein Ausstellungsstück, ein zwei Meter zwanzig langes Sofa. Ich war aufgeregt, so massiv hatte ich noch nie verkauft. Ich rief deinen Großvater an, um ihm davon zu erzählen. Er sagte: ›Du musst jetzt auflegen.‹ – ›Warum?‹, sagte ich. ›Weil du jetzt gerade begehrt bist‹, sagte er. Das war der Sturm, in dem ich deine Mutter bei ihren Verwandten besucht habe. Ich bin im Schnee stecken geblieben.«

Nach knapp zwei Wochen machte mein Vater meiner Mutter einen Antrag. Meine Mutter sagte, das gehe ihr zu schnell und sie kenne ihn nicht gut genug.

Es dauerte drei Monate, bis sie Ja sagte. »Beharrlichkeit ist sein zweiter Vorname«, sagt meine Mutter. »In den nächsten zwei Monaten ging Dad von seinem Job bei Sears aus jeden Abend mit einer Hosentasche voller Vierteldollars zur Telefonzelle um die Ecke und rief mich an.« Er überredete sie, in den Frühjahrsferien wieder nach Chicago zu kommen; wieder sahen sie sich jeden Abend. Diesmal nahm sie seinen Antrag an.

»Wer eine Sache verkaufen kann, kann alles verkaufen«, sagt mein Vater. »Das ist alles irgendwie Zeug. Es sind nur Sachen. Wer einen Kühlschrank verkaufen kann, kann eine Nähmaschine verkaufen. Wer Stoffe verkaufen kann, kann Nähzeug verkaufen.«

»Produktkenntnis, nur darum geht es«, fährt er fort. »Erfolg hat man im Verkauf, wenn man der Kundschaft diese Kenntnisse vermitteln kann. Wenn man selbst überzeugt ist, sind die Leute es auch.«

»Wie oft war ich bei einer deiner Lesungen und du wurdest gefragt, wie du vorgehst?«, sagt er. »Die Leute wollen wissen, ob du weißt, wovon du redest.«

Darüber freute ich mich. Wir hatten noch nie wirklich darüber gesprochen, was bei meinen Lesungen geschah. Am Schluss klopft er mir immer nur auf die Schulter und sagt: »Gut gemacht, Jame.« Ich hatte gar nicht damit gerechnet, dass er tatsächlich aufmerksam war. Er hat immer wieder dieselben Antworten auf dieselben Fragen gehört. Wenn er abgeschaltet hätte – ich würde ihm keinen Vorwurf machen. Hatte er aber nicht.

Mein Vater verließ Sears, um mit meiner Mutter ein Geschäft für Nähbedarf zu eröffnen, Prints Charming, das einundzwanzig Jahre bestand. Quilt-Kurse, Kurzwaren, große Ballen mit schönen Stoffen, alles für die handarbeitenden Damen in der Vorstadt von Chicago. Es war ein einladendes, freundliches Geschäft und hatte etwas von einem Loft; es lag in einem historischen Städtchen namens Long Grove. In der Nähe gab es eine Konditorei, die riesige, mit Schokolade glasierte Erdbeeren anbot, und das Apple Haus, wo ich tütenweise warme Süßmost-Donuts kaufte und einen nach dem anderen verputzte, neben einem kleinen künstlichen Ententeich um die Ecke vom Laden meiner Eltern. Ein paar Jahre lang hatte ich Träume, in denen es um diesen Teich ging. Einmal träumte ich, dass ein Alligator daraus auftauchte und meine Mutter mich rettete und sich für mich in das Maul des Alligators warf.

Nach der Schule arbeitete ich manchmal im Laden mit und bediente die Kasse. Es war kein Bonbontresen, aber so hatte ich etwas zu tun. Anscheinend lag es mir, in der Öffentlichkeit zu stehen.

Sie vergrößerten sich auf zwei Geschäfte. Dann gab es nur noch eins. Schließlich ging mein Bruder aufs College und ich sollte ihm bald folgen. Mehr Geld musste her. Es wurde beschlossen, dass meine Mutter das Geschäft allein weiterführen und mein Vater als Handelsvertreter losziehen würde.

Er reiste, bis er in den Ruhestand ging. Er verkaufte alles Erdenkliche. Jede Menge Zeug. Er war beharrlich. Zuerst verkaufte er Stoffe an kleine Geschäfte für Nähbedarf überall in der Landesmitte. Flog hin, mietete ein Auto, fuhr ein, zwei Stunden, machte einen Verkaufsbesuch, fuhr noch eine Stunde, machte noch einen Verkaufsbesuch. »In Minneapolis habe ich viel Zeit verbracht«, sagt er. Er erinnert sich, wie er in Arcola, Illinois Stoffe in einer Siedlung der Amischen verkaufte. »Pferdegespanne und was nicht alles«, sagt er. »Aber Computer hatten sie auch.« Es schüttete wie aus Eimern am Tag seines Besuchs. »Die Lichter waren aus. Und ich war sauer, weil ich Stunden gefahren war bis dorthin. Also zückte ich eine Taschenlampe und verkaufte die Stoffe in ihrem Licht.«

Dann arbeitete er für einen größeren Händler. Trainingsausrüstung, Sportartikel. Er verkaufte an Fitnessstudios und Physiotherapiepraxen. Waren für Baumärkte, Haustierbedarf. Fitnessbänder, die man im Hotelzimmer benutzen konnte, zum Stretchen und zum Training der Rumpfmuskulatur. Gymnastikmatten. In meiner Jugend türmten sich in unserer Garage Muster unterschiedlicher Produkte. Eine Zeit lang stapelten sich dort lauter Werkzeugkästen.

»Ich verkaufe gern alles Mögliche«, sagt er. Und er lernte gern viele Leute kennen. »Es ging immer um die Leute.«

»Und bis auf den heutigen Tag kann er nicht aufhören, sich im Aufzug mit den Leuten zu unterhalten«, sagt meine Mutter. Ich weiß, dass sie mir das deutlich machen muss. Mein Vater hat sich immer mit den Kellnerinnen unterhalten, war überaus freundlich da draußen in der Welt. Mein Bruder und ich verdrehten beim Abendessen die Augen. Er hört einfach nicht auf. »Dad ist freundlicher zu fremden Leuten, weil er es eher gewohnt ist, mit fremden Leuten zu reden als mit denen, die er kennt«, sagt meine Mutter. Sie wollte immer, dass uns das klar war. So war er eben. Er war jemand, der verkauft.

Jemand zu sein, der verkauft, brachte ihm einiges ein. Gemeinsam mit meiner Mutter konnte er sich ein Haus leisten, für den Ruhestand sparen, zwei Kinder aufs College schicken, alle paar Jahre einen SUV kaufen oder leasen, eine Radtour mit Weinverkostung durch Italien machen, eine Mittelschichtsexistenz führen, all das durch sein Leben als Verkäufer. »Ich habe von sechzehn bis fünfundsechzig gearbeitet. Fünfzig Jahre Verkauf. Das war genug. Währenddessen habe ich viele interessante Leute kennengelernt. Gelangweilt habe ich mich nie.«

Der Regen vor meinem Fenster hört auf.

»Aber das Reisen war ein harter Brocken. Es ist anstrengend.«

»Was mochtest du daran am wenigsten?«, fragte ich ihn. Meine Mutter vervollständigte immer wieder seine Sätze. Sie sagte, es sei sein Rücken gewesen, damals seien tragbare Computer nämlich schwer gewesen, und er habe sie tagelang mit sich herumgeschleppt. »Sein Rücken plagt ihn immer noch«, erzählte sie mir. Ich sagte, sie solle still sein und ihn reden lassen. »Ja!«, sagte mein Vater. »Lass mich reden.«

Ich befrage meinen Vater, weil ich herausfinden will, warum ich so bin, wie ich bin. Die Tochter eines Verkäufers, die nun gewissermaßen selbst verkauft.

Und ich befrage ihn, weil ich diese Geschichten aus seinem Leben aufzeichnen will, ehe er sie für immer vergisst. Bonbongläser und Schneestürme und Stoffballen.

Es gibt Dinge, vor denen meine Arbeit mich nicht retten kann, so viel habe ich gelernt. Ich kann etwas aufschreiben, ich kann die Ereignisse meines Lebens verarbeiten, ich kann sie in einen Karton, auf Papier, auf einen Bildschirm oder in ein Buch packen; dort sind sie dann sicher verwahrt. Ich kann mein Leben verändern durch das geschriebene Wort, aber ich kann nicht alles fixieren. Manches muss ich einfach spüren, manches muss ich einfach erleben. Ich muss meine Beine über den Rand dieser Klippe baumeln lassen und die Brise auf meiner Haut spüren und die Welt um mich herum erfassen und alles einfach spüren, selbst alles spüren. Die Wörter werden mich nicht jedes Mal retten.

Ich habe auch anderes gelernt. Dass Menschen altern werden. Dass die Zeit nicht zum Stillstand kommt. Dass wir schließlich alle den Löffel abgeben werden, so oder so.

Und dass ich meine grundlegenden Wahrheiten nicht ändern kann, woher ich komme, wer ich bin. Aber ich kann neu strukturieren, wie wichtig sie in meinem Leben sind. Ich kann die Hierarchie ändern. Ich kann wählen, welche Bedürfnisse die Oberhand haben. Was emotional bestimmend ist. Vielleicht kann ich nur das kontrollieren.

9
Keine Lämmer

Bei all dem Herumreisen finde ich irgendwann eine Freundin. Sie heißt Viola, was wie ein Name klingt, den ich als Kind einer Puppe gegeben hätte oder vielleicht einer imaginären Freundin. Ich sah sie am gegenüberliegenden Ende des Raums im überfüllten Gästebereich eines internationalen Literaturfestivals in Kanada, 2013, inmitten vieler Autorinnen und Autoren, die eifrig dem Gratisalkohol zusprachen. Sie stand allein da, wie ich. Keine von uns kannte dort irgendwen. Viola war fünfzehn Jahre jünger als ich, eine kleine italienische Gothic-Prinzessin: spindeldürr, langes blondes Haar, kindliches Gesicht, dunkler Eyeliner und ein dramatisches schwarzes viktorianisches Gewand. Ich dachte sofort: Die muss ich kennenlernen.

Ich lächelte, winkte vielleicht ein bisschen. Im Ruhezustand sieht Viola ganz ernst aus, aber sie lacht gern. Sicher hat sie zurückgelächelt. Ich hatte nichts zu verlieren, wenn ich mal Hallo sagte. Ich weiß nicht mehr, was wir miteinander gesprochen haben. Vielleicht habe ich ihr ein Kompliment für ihren Look gemacht. Ich wünsche mir schon immer, Cat Eyes schminken zu können, und ich beneide alle, die das bei sich selbst hinbekommen. Vielleicht haben wir beide auch nur mit den Schultern gezuckt, weil es so laut war im Raum. Zur Bestätigung, dass dieser Augenblick ziemlich seltsam war. Alles war immer etwas seltsam, da draußen in der Welt. Als normal empfand ich eigentlich nur, zu Hause bei meinen Büchern zu sein und meinem Stift und meinem Papier und meinem Computerbildschirm und dem Dokument, in das ich den ganzen Tag Wörter eingab. Ich wusste sofort: Das alles kannte sie.

Am nächsten Tag wurden wir Freundinnen auf Social Media. Im Ausland ist es immer gut, neue Kontakte zu haben, dachte ich damals. Was konnte ich mehr erwarten von dieser Fremden, die ich nur ganz kurz getroffen hatte? Was bedeutete überhaupt Freundschaft für mich?

Ich wusste, wer meine Leute waren, auch wenn ich sie nicht mehr besonders häufig sah. Jene, die in meinen schlimmsten Momenten zu mir gehalten hatten. Jene, denen ich, wie ich hoffte, dafür auch etwas gegeben hatte. Auf der Suche nach Tiefe gemeinsam unerwartet auf Ideen stoßen. Sehnen nach Zusammenarbeit, gemeinsamer Sinn für etwas, das größer ist als man selbst, und Menschen finden, die sich auch darum bemühen. Ich hatte Glück gehabt. Ich hatte im Leben Freundinnen und Freunde verloren, und manchmal hatten auch sie mich verloren. Mit den schlechten Freundinnen ist es so: Wenn man merkt, dass man eine ist, ist es schon zu spät. Nachsicht und Verständnis? Reue und Abbitte? Nicht in dieser Wirtschaftslage. Aber ich hatte mir ein Leben erhalten mit denen, die zählten, welchen für stundenlange Gespräche. Menschen, mit denen ich bei jedem Treffen etwas Neues aufbaute. Wenn ich sie denn traf.

Und wie schwer es ist, unterwegs Freundinnen und Freunde zu finden, habe ich bei diesen Workshops und Konferenzen und Festivals erlebt. Jedenfalls solche, die man behält. Wir lernen einander nicht im wahren Leben kennen, wo wir verantwortungsvolle menschliche Wesen sind und unsere Rechnungen bezahlen und die Wohnung putzen und Wäsche waschen und uns etwas kochen und mit dem Hund rausgehen und den Rasen mähen und täglich in den Briefkasten schauen. Vielmehr führen wir dort ein ziemlich aufgemotztes Leben, eine grotesk verzerrte Geschäftsreise, bei der es unser Job ist, eine Spielart unserer selbst darzustellen. Wo man uns Frühstück und Mittagessen und Abendessen vorsetzt und uns wie Kinder von hier nach da führt, vom Konferenzraum zum Kursraum ins Auditorium, und morgens im Hotel knüllen wir die leere Verpackung des Gratissnacks auf dem Nachttisch zusammen und machen uns Kaffee aus einer schalen Kapsel und lassen die Handtücher auf dem Boden liegen, damit jemand sie aufhebt, nachdem es Zeit war zu gehen, deponieren ein Trinkgeld auf dem ungemachten Bett, die einzige kleine Geste, die uns das Gefühl geben kann, an diesem Tag etwas erreicht zu haben. Das ist eine halbe Spielart. Das ist der blasse Umriss einer Seele.

Doch Viola und ich wurden rasch Freundinnen, führten lange, lustige, intime Chats. Bald wurde sie eine Vertraute. Ihre Romane, sollte ich erfahren, kreisen um junge, unkonventionelle Frauen, die in komplizierter Beziehung zur Wirklichkeit stehen und oft jenseitig sind. Als ich sie einmal fragte, ob sie Angst vor dem Tod habe, sagte sie: »Meine einzige Angst gilt meinem Hirn und dem Geheimnis der Körper.«

Mein Lieblingsbuch von Viola, *Cuore cavo*, Hohles Herz, ist aus der Perspektive eines Geistes geschrieben, eines Suizidopfers, das die Lebenden heimsucht und seine Liebsten verfolgt, wohin sie auch gehen. Der erste Satz lautet: »2011 endet die Welt: Ich habe mich umgebracht.« Doch Dorotea, die Erzählerin, lebt natürlich auf dem Papier, obwohl ihr Körper unter der Erde verfällt, was sie für die Lesenden ausführlich beschreibt. Das Buch ist in Briefform geschrieben, unmittelbare Botschaften aus Doroteas Herzen an uns, auch wenn die Natur ihren Lauf nimmt und das Herz hohl wird im Fortschreiten des Romans. Doch der Zustand ihres Fleisches spielt keine Rolle: Es zählen nur Doroteas Worte und Gedanken.

Ich hatte selbst schon immer eine Geistergeschichte schreiben wollen, seit ich einmal einen Geist gesehen hatte. Dazu kam es 2010 auf besagter Lesereise für meinen dritten Roman, den mit den furchtbaren Verkaufszahlen. In Portsmouth, gleich zu Beginn der Tour.

Am Nachmittag war ich mit dem Auto aus Brooklyn dorthin gefahren, und während der Fahrt verfolgte mich das schlechte Winterwetter. Ich konnte den Sturm hinter mir förmlich sehen, ich spürte seine Spannung, eine weißgraue, knisternde Welle der Bedrohung. Ich hatte vor, in einer Unterkunft zu übernachten, die Ende der Achtzehnhundertachtzigerjahre erbaut, zunächst über Generationen von einer Familie bewohnt, in den Dreißigerjahren des zwanzigsten Jahrhunderts verkauft, danach mehrmals weiterverkauft und in den Fünfzigern schließlich Berichten zufolge als offene Einrichtung für psychisch Kranke genutzt worden war. Was ich nicht wusste, bis ich es später googelte. 1986 hatte man ein einfaches Hotel daraus gemacht.

Dort machte ich mich bettfertig. Es muss gegen 20 Uhr gewesen sein. Draußen tobte der Sturm, Schneeflocken rieselten gegen das Fenster und setzten sich daran fest. Ich holte meinen Laptop hervor, kroch unter die Decke und lehnte den Rücken gegen das Kopfteil. Ich tippte eine Weile, und dann … spürte ich, dass etwas mit mir im Zimmer war, eine Präsenz knapp außerhalb meines Blickfelds. Langsam schaute ich auf und hob den Kopf.

Weiter vorn im Zimmer, zwischen Fernseher und Fußende des Betts, sah ich eine Schlinge aus blutroten Rosen.

In der Schlinge hing etwas, etwas Dunkles, und ich wusste, dass es ein Körper war, obwohl er zu düster und verschwommen wirkte, um Genaueres zu sagen. Ein Gesicht im Halbschatten. Ich konnte kein Geschlecht identifizieren, auch wenn ich spürte, dass dieses Etwas männlich war und womöglich einen Anzug trug, denn Arme und Beine hingen herab wie von etwas umschlossen. Für mich war es weder tot noch lebendig, aber wie ich annehme, war es gewissermaßen beides: eine jenseitige Präsenz, und sie zeigte sich mir.

Ich starrte für vielleicht zehn, fünfzehn Sekunden hin. Ich wusste, dass es übel war, da vor mir war etwas Übles, aber ich konnte einfach nicht wegsehen. Es war vollkommen neu und fremd – eine tiefe Neugier war gerade geboren, wenn auch vermischt mit Angst. Ich sagte mir immer wieder: »Schau dieses Ding nicht an, schau dieses Ding nicht an«, bis ich mich schließlich zwang, meinen gebannten Blick abzuwenden und den Kopf zu senken und wieder nach unten zu schauen, Zentimeter für Zentimeter. Als ich wenig später aufsah, war die Präsenz verschwunden.

Wie ich in dieser Nacht schlafen konnte? Ich schlief einfach. Ich spürte, ich hatte etwas gesehen – er hatte gewollt, dass ich von seiner Anwesenheit wusste, und dann war er wieder fort gewesen. Auch wenn er noch irgendwo im Umkreis schwebte, hatte ich das Gefühl, dass es in Ordnung war, einen gemeinsamen Raum zu teilen. Wir hatten uns schließlich bekannt gemacht, oder?

Im Anschluss an jenen Abend merkte ich, dass ich in diesem Moment noch ein bisschen verweilen wollte. Alles sollte so seltsam und anders und überraschend sein, wie es diese Erfahrung gewesen war. Ich glaubte an etwas Neues. Geister, das Andere, das Ungesehene – all das ist ungreifbar. Es sind nur Möglichkeiten. Doch diese Möglichkeiten waren spannend für mich. Es war, wie den Stift über der ersten leeren Seite eines Tagebuchs baumeln zu lassen. Eine ganze unbekannte Welt. Ich wollte das Unbekannte im Leben erkennen. Ich begann, überall mehr zu suchen als das, was unmittelbar vor mir lag. Und Viola ging es genauso. Nur dass sie es schon sah.

2016 organisierte mein italienischer Verlag eine Lesereise für mich, mit Start in Mailand und Ende in Palermo auf Sizilien, wo ich zwei Jahre zuvor schon einmal gewesen war. Viola stammt aus Catania auf der entgegengesetzten Seite der Insel, knapp drei Stunden entfernt mit dem Bus, und hielt sich zwischen zwei Residenzen dort bei ihrer Familie auf. Wir vereinbarten, uns für zwei Tage zu treffen und zweimal abends in der Buchhandlung Modusvivendi Libreria zu lesen – eine lange gemeinsame Zeit, wenn man sich persönlich nur für ein paar Minuten getroffen hat. Aber Viola war kühn und sie hatte für ihre Zeit dort eine Mission: mir die Kapuzinergruft zu zeigen.

Ich nahm ein Buch mit auf die Reise: Die Korrekturfahnen von *There Are More Beautiful Things Than Beyoncé*, verfasst von einer Lyrikerin namens Morgan Parker. Ich hatte sie erst einmal persönlich erlebt, bei einem ganztägigen Lesemarathon in Brooklyn namens Popsickle, ein paar Monate zuvor. Er fand im Showroom einer Armbanduhrenmarke statt, und alle dort waren jung und fröhlich und glänzten von der Hitze.

Solche Lesungen zu besuchen, bei denen Leute einfach alles gaben, manchmal sehr angespannt, manchmal mit charmantem Getöse – das fand ich belebend. Das Publikum kam und ging, strömte stundenlang ein und aus, ein warmer Raum, ein Sommertag, und alle waren nur da, weil sie die Nähe anderer Autorinnen und Autoren suchten und vielleicht auch eine Kleinigkeit zu sagen hatten. Dass ich dazugehörte, bedeutete mir viel.

Morgan war ganz in Weiß gekleidet an diesem Tag, wie ein paar andere auch, und so habe ich sie in Erinnerung. Ganz in Weiß, schick und fröhlich, strahlend, charismatisch. Froh, unter Lyrikerinnen und Lyrikern zu sein, dachte ich. Froh, bei ihren Leuten zu sein.

Und nun hatte ich ihr Buch dabei.

Die Bücher, die wir unterwegs mitführen, werden irgendwann Teil dieser Reise, genau wie eine besondere Mahlzeit, die wir zu uns nehmen, ein Kunstwerk, das wir im Museum betrachten, ein Aussichtspunkt, den wir erklimmen, um von dort auf die Welt zu blicken. Zudem hatte ich ein paar Pressetermine, was im Ausland oft heikler ist wegen der Übersetzung, und es gab Streitereien mit meinem italienischen Verleger, weil ich so viel über Feminismus sprach. Morgans Buch stützte mich während dieser Tage, bis ich Viola treffen konnte. Ich weiß noch, ich ging durch das jüdische Viertel in Rom, als ich das Buch ausgelesen hatte, und dachte, welche Offenbarung es war, diese eindeutig amerikanische, kalifornische, Schwarze, weibliche Stimme zu hören, stark, selbstsicher, stocksauer, sexuell, brillant, die das Papier in Flammen setzte.

»Wir haben Ideen und Vaginas, Geschichte und Kleidung und eine Mutter«, schrieb sie in einem Gedicht. »Nimmst du meine Markierung weg von diesem Bild / Meinst du ich soll meinen Pony schneiden / Habe ich Freunde / Glaubst du an mich«, in einem anderen. »Mit Champagner koste ich abgelaufene weiße / Tabletten, meine ich / Männer, meine ich«, in einem dritten.

Wie erleichternd zu wissen, dass sie da draußen irgendwo war. Diese Bücher, die wie Rettungsinseln sind, diese Autorinnen, die nie wirklich wissen, was sie für uns alle tun, wenn sie daran schreiben. Wenn sie sich hinsetzen, um daran zu arbeiten, denken sie wohl eher nicht: Heute rette ich ein Leben.

Endlich kam ich in Palermo an, um meine Freundin aus der Ferne wiederzusehen. Aus meiner Sicht lernt man Städte am besten auf dieselbe Weise kennen wie menschliche Wesen: Indem man sowohl ihre Fehler als auch ihre Reize in Erfahrung bringt. Ich kann etwas erst dann wirklich lieben, wenn ich beides kenne. In meinen Augen hatte Palermo wie eine hübsche, bröckelnde Stadt gewirkt, achtlos vielleicht in ihrer Schönheit. Viola sah etwas anderes. Viola hatte Ansichten über Palermo.

»Es ist ein Gemälde von Jackson Pollock, nur als Stadt«, sagte sie beim Kaffee an unserem ersten gemeinsamen Morgen, bevor wir zum Abenteuer des Tages aufbrachen. »Die Struktur ihres Alltagslebens hat etwas Abstraktes, in der Interaktion von Autos und Menschen und so weiter, sehr gewaltsam und unvorhersehbar. Man weiß nie, ob man vielleicht angefahren wird, während man auf dem Gehweg läuft.« Diese Seite von Palermo hatte ich nie gesehen – ich hatte mich immer an die touristischen Bereiche gehalten. Doch nun konnte das Chaos kommen.

Wir verließen unsere Unterkunft und nahmen den Fußgängerweg über die älteste Straße der Stadt, die Via Vittorio Emanuele, auf der es neben vielen historischen Gebäuden schöne verwitterte Wohnungen mit Balkonen und auch Touristenläden gibt.

Im Gehen erzählte sie mir von einer aktuellen Regierungskampagne, die sie so empörend wie unterhaltsam fand: dem Fruchtbarkeitstag. Ziel der Kampagne war es, junge Italienerinnen und Italiener zu mehr Fortpflanzung anzuregen. Damit reagierte man auf den Rückgang der italienischen Bevölkerungszahlen. Eines der Bilder zeigte zwei Paar Füße unter einer Decke mit dem Text: »Junge Eltern: die beste Form, kreativ zu sein.« Und ein anderes eine Frau Mitte dreißig, die mit einer Hand eine Sanduhr hochhielt und sich mit der anderen den Bauch rieb, dazu der Text: »Schönheit kennt kein Alter. Fruchtbarkeit schon.«

»Unglaublich«, sagte ich verblüfft und beleidigt im Namen aller bewusst kinderlosen italienischen Frauen.

»Unfassbar.« Viola nickte wütend mit dem Kopf. »Ich weiß.«

Sie wusste Bescheid, ich wusste Bescheid. Wir wussten Bescheid.

Ich war knapp fünfundvierzig Jahre alt. Ich hatte gerade einen Zusammenbruch hinter mir. Meine Heilung hatte gerade begonnen. Ich versuchte, mein Leben in die Hand zu nehmen, statt mich ihm zu beugen. Die Dinge können sich ändern und das Leben muss nicht in der Katastrophe enden – das lernte ich gerade. Dass ich in den vergangenen Jahren so oft Ja gesagt hatte, war mir auf die Füße gefallen. Doch nun war ich hier mit einer Freundin. Einem jüngeren Menschen. Ich fand es gut, Leute mit frischen Stimmen und Ideen zu kennen, und ich schätzte das Wissen von Leuten, die älter waren als ich und mir zeigen konnten, dass in der Zukunft etwas lag, worauf ich mich freuen durfte. Ich stand genau in der Mitte meines Lebens. Die Erschütterungen der Jugend ließen langsam nach. Ich war immer noch ängstlich, immer noch neurotisch. Hatte den Geist einer Künstlerin, immer brodelnd, immer tätig. Aber ich erkannte auch, dass das Leben ruhiger sein konnte. Hatte ich nicht viele ältere Frauen kennengelernt, die mir versicherten, dass ich mir jenseits der Fünfzig nicht mehr so viele Gedanken machen, mich nicht mehr über Kleinigkeiten aufregen würde? Das wollte ich. Nicht fünfzig sein. Wünsch dir dein Leben nicht davon – das hatte mir einmal jemand gesagt. Aber in der Lage sein, über mögliche Hemmnisse hinauszublicken. Das war es, was ich wollte. Neuen Durst.

Wir kamen an der breiten, beeindruckenden Kathedrale von Palermo vorbei, deren viele Türme durch allerhand Palmen weicher wirkten. Dann gingen wir unter der Porta Nuova hindurch, einem Triumphbogen aus dem sechzehnten Jahrhundert, und mir war, als würde ich aus einem Teil der Stadt in einen anderen treten. Bislang war alles groß und weiträumig gewesen, manifestierte Männlichkeit, wie ich es in vielen europäischen Städten empfinde. Doch als wir über die Via Cappuccini in Richtung der Katakomben gingen, wurden die Straßen schmutziger, die Häuser bescheidener, die Gehwege schmaler, überall Müll und seltsam geparkte Autos, sodass wir immer wieder vom Gehweg hinunter und dann entweder Leuten oder rasenden Motorrollern ausweichen mussten. Viola war genervt von diesem Tumult, freute sich aber wohl auch ein bisschen, dass sie recht behalten hatte. Das Chaos war da.

Wir kamen zu den Katakomben – von außen ein schlichtes, ergrauendes Gebäude mit kleinem Vorplatz und Parkmöglichkeiten. Absolut unverdächtig. Meine Vorstellung von Katakomben war bis dato durch den Film *Meine Lieder – meine Träume* geprägt gewesen, durch die Szene, in der die von Trapps Schutz vor den Nazis suchen, an einem Ort, an dem man Leichen vor unschuldigen Augen versteckte. Die Katakomben von Palermo waren im sechzehnten Jahrhundert zur Unterbringung verstorbener Klosterbrüder angelegt worden und eigneten sich nicht für Technicolor. Wir traten ein und begaben uns in die Tiefen des Gebäudes.

Es war das Jahr, in dem ich nicht viel gereist bin. Australien und Italien, New Orleans und New York, weiter nichts. Ich hatte mir all die anderen Reisen versagt. Ich hatte mich gebremst, kurz bevor mir alles über den Kopf wachsen konnte. Mein Herz raste, es raste, bis es plötzlich langsamer schlug. Ich atmete durch. Ich fing mich wieder, denn das konnte niemand tun außer mir. Freundinnen und Freunde konnten mich nur umarmen, wenn ich gelandet war.

Als ich die Katakomben betrat, ging mir auf, dass ich etwas anderes erwartet hatte. Ich hatte mit Gräbern gerechnet, mit Särgen, mit Tod, aber irgendwie verborgen, vielleicht mit kunstvoller Verhüllung. Jedenfalls hatte ich nicht damit gerechnet, dass unter den Straßen der Stadt Hunderte mumifizierter Leichname in stickigen Kalksteinkorridoren hängen würden. Ich stieß einen echten Überraschungslaut aus, ein gemurmeltes: »Du lieber Gott.« Die Leichname – insgesamt 1252 – trugen alle jahrhundertealte Kleidung. Viola war natürlich entzückt, dass ich so schockiert war. Das Geschenk einer Autorin an eine befreundete andere: eine wirklich einprägsame Erfahrung.

Ich spürte eine besondere Energie in den Schwebepartikeln der Luft – es hatte so etwas Dichtes, als würden sie weichen und uns einlassen, wenn wir uns im Raum bewegten, uns weiterschieben. Buchstäblich jeder Zentimeter Wand war mit einer Leiche geschmückt. Die Leichen zeigten uns ihr Inneres. Es gab keinerlei Auszeit für den Geist. Wir waren ganz präsent beim Tod – auch wenn ich das in genau diesem Moment nicht recht würdigen konnte.

Stattdessen habe ich wohl eher unangemessen reagiert. Der Schock – und schocken konnte mich nicht mehr viel – amüsierte mich geradezu. Normalerweise verbrachte ich viel Zeit damit, mir Dinge vorzustellen. Dies war nun aber der Schock des Realen. Komisch, wo ich doch keine Horrorfilme mochte. Einmal hatte ich um Halloween herum ein Spukhaus verlassen, weil mich jemand angesprungen hatte und ich dachte: Das brauche ich wirklich nicht. Mir macht es keinen Spaß, erschreckt zu werden. Doch darum ging es in dieser Umgebung nicht. Der Eindruck war einfach so gewaltig und es wirkten so viele Kräfte aus der Vergangenheit. Ich war sprachlos, doch ich nahm alles intensiv in mich auf.

Wir näherten uns dem *cavallo di battaglia*, einem Kleinkind in einem gläsernen Sarg.

»Genau das wollte ich sehen«, sagte Viola begeistert. Es handelte sich um Rosalia Lombardo, die letzte Person, die in den Katakomben einbalsamiert worden war. Sie war 1920 im Alter von zwei Jahren gestorben. Viola erklärte, man habe das Kind viel später als die Klosterbrüder und die übrigen Stadtbewohner einbalsamiert und bei ihr eine andere Methode verwendet, wodurch sie besser erhalten blieb. Sie wirkte vollkommen menschlich, nur dass die Haut lila war. Im Haar hatte sie eine kleine Schleife. »Das ist … keine Kleinigkeit«, sagte ich und bewahrte die Haltung. Hundert Geschichten erblühten in meinem Kopf über ein lila Kind, das für immer in einem Glaskasten schläft.

Um die Ecke war eine Nische mit weiblichen Gestalten, die hoch oben an einer Wand mit Inschriften hingen. Viola übersetzte: »Dies sind Jungfrauen, sie folgen dem Lamm« – sie hatten sich rein erhalten für Gott. Wir grinsten beide. »Warum müssen es immer die Frauen sein, die jungfräulich bleiben?«, sagte ich. »Ohne Sex für immer und ewig, das finde ich wirklich nicht fair.« Ich dachte an diese Werbekampagne, an die nicht mehr ganz junge Frau mit der Hand auf dem Bauch, vor deren Nase der Sand der Zeit stetig verrinnt. Ganz kurz wurde ich sehr traurig und müde angesichts dieses endlosen Kreislaufs, in dem Männer eben Männer sind und Frauen sich damit abfinden müssen. Wir können nicht gewinnen.

Es war sechs Jahre her, dass ich in New Hampshire den Geist gesehen hatte. Seither hatte sich mein Leben ziemlich verändert. Ich ging durch die verbleibenden Winkel der Katakomben und dachte: Ich war nie an einem so heimgesuchten Ort. Ich spürte all die Geschichten, die sich vor mir zusammendrängten. Ich war ganz überwältigt von ihnen, ich wusste nicht, was ich mit ihnen machen sollte.

Aber Viola war in ihrem Element – sie kannte die Räume schon.

Als ich sie später fragte, was sie bei all den Knochen empfunden hatte, antwortete sie seelenruhig. »Ich habe ehrlich gesagt nicht viel empfunden. Für mich ist es im Grunde so, als würde ich zwischen lauter lebenden Menschen umhergehen. Ich empfinde diesen Unterschied nicht, dank dem man sich angeblich so unwohl fühlt.« Es stimmte, sie war ganz souverän durch die Katakomben gegangen und hatte direkt nach Rosalia gesucht. »Stille, einbalsamierte Körper faszinieren mich viel mehr als gewöhnliche lebende Wesen. Weil sie an einen anderen Ort gehören.«

Bevor wir gingen, kaufte ich eine Postkarte von den Jungfrauen, damit ich immer an sie denken konnte, an sie denken um ihrer Knochen willen. »Jetzt gehen wir mal was Gutes essen«, sagte Viola. Dann schlängelten wir uns durch die Gässchen, unter Wäscheleinen hindurch und vorbei an einem kleinen Welpen, der in einem sonnigen Fenster der Welt beim Vorübergehen zusah, bis wir die Pasticceria Cappello fanden, eine grandiose Bäckerei mit Blick über Palermo. Wir nahmen draußen Platz und aßen ein Stück *setteveli*, ein aus sieben Schichten bestehender und angeblich in dieser *pasticceria* erfundener Schoko-Haselnusskuchen.

Autos schossen gefährlich nahe an uns vorbei und wir blickten auf die krummen, düsteren Häuserfassaden dieser Stadt. Das Chaos eines Gemäldes von Pollock, dachte ich. Ich aß einen Bissen *setteveli*. Unsere Freundschaft war für immer besiegelt. Überrasch mich und dann gib mir zu essen, mehr wünsche ich mir nicht.

Das Schreiben hatte dazu geführt, dass ich nun hier war, mit diesem Menschen. Meiner Freundin. Dass ich den Geistern nah gewesen war und Rosalia gesehen hatte. Hier waren wir, zusammen, mitten im großartigen Durcheinander der Stadt. Zwei Frauen, zwei Autorinnen, keine Lämmer, keine Engel, einfach wir selbst, einfach Frauen, frei.

Ein Augenblick, in dem ich glücklich war. Ich hatte ein paar Jahre gebraucht, um so weit zu kommen. Auf dieses Licht hin hatte ich geschrieben.

10
Die falsche Seite des Flusses

Vierzehn Jahre habe ich am East River in Brooklyn gewohnt. 2002–2016, ruhe in Frieden, mein Brooklyn-Ich.

Ich bewohnte damals ein bröckliges altes Loft aus Beton mit vier Meter hohen Fenstern, roten Rohren, die über die gesamte Decke liefen, und Blick auf eine Mädchen-Jeschiwa sowie eine Spur des Ufers von South Williamsburg. Ich konnte aus dem Haus über die Straße und am von chassidischen Juden geführten Holzlager entlang durch eine kleine

Sackgasse gehen, und da war er, der Fluss, verwirbelt und verdreckt.

Damals wollte kein Mensch draußen in Williamsburg wohnen – das war die falsche Seite des Flusses. Taxis wollten nicht hinfahren; ich lernte schnell, mich schon ins Taxi zu setzen, bevor ich dem Fahrer sagte, dass ich nach Brooklyn musste. (Wenn man das durchs vordere Fenster sagte, fuhr das Taxi oft weg, ehe man einsteigen konnte.) Niemand aus meinem Freundeskreis besuchte mich dort, es sei denn, es ging um meine Geburtstagsparty oder so – Spaß musste garantiert sein. Williamsburg war anscheinend zu weit weg, aber wovon? Vom Vertrauten.

Aber ich fand es super dort. Es gab in der Gegend zwei perfekte Spelunken, ein paar Bodegas, freundliche, lebensrettende Geschäfte, wo Katzen eingerollt im Regal zwischen Kartoffelchips lagen, und einen trostlosen C-Town-Supermarkt mit gesprungenen Bodenfliesen und krabbelndem Ungeziefer in den Ecken. Es war einfach ein Viertel, wo allerhand Leute wohnten, eine Mischung aus Chassidim, Menschen aus Puerto Rico oder der Dominikanischen Republik und Künstlerinnengestalten wie mir, die bezahlbaren Wohnraum suchten (und dabei gentrifizierten, was ich nicht leichtfertig sage). Lagerhäuser, Sozialwohnungen, zahllose Apartmentblocks in chassidischer Hand. Ab und zu veranstaltete jemand ein Rockkonzert auf einem leeren Parkplatz oder in einem abgeranzten Loft. Die Hold Steadys, die Yeah Yeah Yeahs. »It's always entertaining when you're hanging out with entertainers«, sang Craig Finn. »They don't love you like I love you«, sang Karen O. Doch meist war es ruhig im Viertel, schmucklose, leere Straßen verglichen mit dem Union Square, wo ich zuvor gewohnt hatte. Ich war glücklich und fühlte mich zu Hause – ich hatte das Gefühl, dass ich dort endlich hingehörte und lange bleiben würde, auch wenn ich mir im Grunde nicht leisten konnte, für immer dort zu wohnen.

Ich weiß, ich habe es romantisiert. Vieles war eher schwierig, wenn man in diesem Gebäude wohnte. In meinem Apartment fielen stündlich große, schartige Farbbrocken von der Decke. Irgendein anscheinend giftiger Staub wehte vom East River herein und überzog mein gesamtes Apartment im Lauf des Tages mit einer Art Film, wenn ich die Fenster offen ließ. In meinem ersten Monat dort gab es im Foyer drei Raubüberfälle. Einige Male kam ich auf der Straße an Autokarosserien vorbei, gestohlen, abgestellt und dann in Brand gesetzt. Man sagte mir immer wieder, es sei dort wie in New York während der Achtziger, und dann sagte ich jedes Mal: »Es sind aber nicht die Achtziger, es ist jetzt.«

In diesem Gebäude waren die Wände so dünn, dass man jede Kleinigkeit hörte, das morgendliche Husten, die Sexgeräusche, die Streitereien. Rechts von mir wohnten junge Kunstschaffende (beziehungsweise Art Handler), die gern tranken und Drogen nahmen und am Wochenende lange aufblieben, und zwar jedes Wochenende, und donnerstags auch, und manchmal auch mittwochs. Mein Nachbar zur Linken, der war ruhiger, aber ich bekam trotzdem viel von ihm mit. Wir waren im Messengerdienst befreundet und er war immer online. Er spielte Videospiele und ich hörte die Schussgeräusche, die aus seinem Computer kamen. Manchmal borgte ich Zigaretten bei ihm. Er war ein sehr starker Raucher. Er hustete oft, vor allem morgens. Er rauchte Camel ohne Filter. Mir reichte eine davon für Stunden. Ich wollte gar nicht anfangen, die zu rauchen – ich rauchte Lights –, denn dann wäre ich wie er gewesen, eine echte Süchtige. Aber wenn ich unbedingt rauchen wollte, wenn es spät war oder kalt oder regnete, dann schickte ich ihm eine Nachricht und er lud mich zu sich ein und ich setzte mich in sein verqualmtes Apartment und rauchte seine starken Zigaretten. Er verließ nicht oft das Haus, aber Besuch hatte er gern. Er machte irgendwas mit Computern, ich habe nie verstanden, was. Er war freundlich. Wir waren befreundet. Er war älter als ich, vielleicht sah er sich als eine Art Bruder. Er wollte nichts von mir, das wusste ich. Ein Mann, der nichts von mir wollte. Und er trank nicht. Meines Wissens war Rauchen sein einziges regelmäßiges Laster. Manchmal kam ich vorbei, wenn ich betrunken oder high war. Dann war er höflich zu mir, nahm das einfach so hin. Er hatte pockennarbige Haut und lange Haare und war blass und übergewichtig. Er fuhr Motorrad, und wenn ich ihn außerhalb des Gebäudes sah, trug er immer seine Lederkluft.

Eines Winters hatte er einen Motorradunfall. Ich sah ihn eine Weile nicht, vielleicht einen Monat lang – ich nehme an, er war im Krankenhaus oder bettlägerig. Ich erinnere mich an eine Beinschiene. Er blieb auf dem Flur nicht mehr stehen, um mit mir zu quatschen, also bat ich ihn auch nicht mehr um Zigaretten. Ich dachte, er wollte in Ruhe gelassen werden. Ab und zu schrieb ich ihm, aber seine Antworten fielen sehr knapp aus. Ich wusste, dass er da war. Ich konnte ihn hören. Ich konnte sehen, dass er online war.

Im Frühling wurde sein Apartment überschwemmt. Das Wasser drang unter seiner Wand hindurch in meins und ich klopfte an seine Tür, und er stand einfach da, zentimetertief im Wasser. Dann erzählte er mir was über den Kampf zwischen Gut und Böse. Ich fragte ihn, ob er denn etwas unternehmen werde. Es war schwer, seine Aufmerksamkeit zu bekommen. Aber er sagte, er werde sich kümmern. Ich wandte mich an die Hausverwaltung. Ich kannte niemanden aus seinem Freundeskreis.

Im selben Sommer wurde er tot aufgefunden, mit dem Gesicht nach unten, während sein Körper schon in der Sommerhitze verweste. Niemand wusste, dass er gestorben war. Nur durch den Geruch war überhaupt aufgefallen, dass etwas nicht stimmte. Monate danach war er immer noch online auf meinem Messengerbildschirm.

Wir passten aufeinander auf, aber manchmal fiel jemand durchs Raster.

Wenn mir in South Williamsburg trotzdem mal etwas Unangenehmes passierte, lag es nicht am Viertel. Mir gefiel es dort am Fluss. Es kam mir so luxuriös vor, in der Nähe eines Gewässers zu wohnen. Ich hatte gar nicht gewusst, wie Manhattan aussah, bis ich nach Brooklyn gezogen war und darauf zurückblicken konnte. Mir war, als könnte ich eine Weile bleiben, dort, wo niemand aus meiner Bekanntschaft wohnen wollte.

Und dann wollten doch alle dort wohnen, nach 2005, als man das Ufer für zwanzigstöckige Häuser mit Eigentumswohnungen umwidmete und die Leute von den Preisen aus Manhattan vertrieben beziehungsweise von (relativ) billigen Lofträumen angelockt wurden, deren (gewissen) Glamour Arschlöcher wie ich hergestellt hatten, indem sie ständig darüber schrieben und darüber sprachen und Bilder davon ins Internet stellten und das Ganze generell dokumentierten. Plötzlich musste ich ständig Touristen den Weg erklären. Gehen Sie da lang, sagte ich dann, und zeigte nach Norden. Wir waren ziemlich angesagt da unten am Fluss, kurz vor dem Knotenpunkt von Expressway und Navy Yard. Ich durfte nicht sauer sein auf die Touristen. Es war meine Schuld, und die Schuld von Leuten wie mir. Wenn man will, dass etwas geheim bleibt, schreibt man nicht zehn

Jahre lang Tweets darüber. Wenn man ein Viertel nicht ruinieren will, hält man eben die Klappe. (Oder zieht erst gar nicht dorthin.) Aber wir hatten das sowieso nicht unter Kontrolle. Man kann das Monster nicht stoppen, die Stadt New York, den hungrigen Riesen auf der Suche nach Land und Himmel und Raum. Wann immer es möglich war, etwas zu zerstören und dann auf den Trümmern zu bauen, würde New York City das tun.

Ich zog ein Jahr nach 9/11 in das Gebäude, aus dem bis dahin bewohnten Apartment am Union Square, der hübschen Einzimmerwohnung mit Kamin, die ich mir durch meinen Job in einer Eventagentur endlich hatte leisten können – ein Apartment, das ich in jeder anderen Lebensphase geschätzt hätte, das zu dem Zeitpunkt aber Sinnbild einer Falle war. Das haben viele Leute nach 9/11 erlebt – nicht das mit dem Umzug nach Brooklyn, auch wenn massenhaft Leute nach 9/11 umgezogen sind. Aber das mit diesem Verlangen, sofort zu tun, worauf man schon länger wartete. Worauf warteten wir noch? Es hätte jede und jeden von uns treffen können in einem der beiden Gebäude, von denen wir auf diese Stadt hatten blicken können, die uns gesegnet hatte und dann verflucht. Alle kannten jemanden oder kannten jemanden, der jemanden kannte. Überall waren Fotos von Vermissten, mit Klebeband an Mauern befestigt oder in U-Bahn-Stationen, und es gab Mahnwachen vor Ort, Kerzen, deren Tropfen sich aufhäuften, und Blumen und Briefe aller Art, alles einfach hingestreut, unsere hingestreuten Gefühle.

Es war das Unvorstellbare, das da geschehen war und von dem wir eine Weile glaubten, dass es wieder geschehen konnte, und dann fraß diese Stadt sich selbst und fraß sich selbst noch mal, und neue Leute zogen her und es gab neue

Probleme und einen neuen Bürgermeister, und ein Gebäude wurde errichtet, das wir alle besuchen konnten, um das alles niemals zu vergessen, und jedes Jahr gibt es eine Lightshow, um uns daran zu erinnern, und jahrelang hatten sie Plakate und Schilder, auf denen stand, NIEMALS VERGESSEN, aber ich kann dir sagen, es gibt eine Menge Leute, die es vergessen haben. Selbst ich vergesse es manchmal – nur nicht, wie es aussah, als ich auf dem Dach meines Wohnblocks stand und zusah, wie ein Gebäude brannte und dann zusammenfiel. Ebenso wenig kann ich den unangenehmen verschmorten Plastikgeruch der Stadt noch Tage danach vergessen, und dass ich meinen Ausweis zeigen musste, um in mein Viertel zu gelangen, dass plötzlich alle verdächtig waren, und auch, wie traurig alle waren, eine ganze Stadt, so versehrt und traurig und wütend und voller Angst.

Ich wollte nicht mehr in Manhattan wohnen, wo ich vier Jahre lang gelebt hatte. Manhattan kam mir wie eine Sackgasse vor, denn reich sein würde ich nie, ich würde immer nur arbeiten, arbeiten ohne Ende, und ich wusste nicht, ob man irgendwie reich werden konnte, außer man heiratete jemanden mit Geld, als wäre das Leben ein Roman von Jane Austen, obwohl die Leute tatsächlich ganz offen darüber sprachen, im Scherz, aber irgendwie auch im Ernst, doch das schien mir unwahrscheinlich aufgrund meiner Vorliebe für Schluffis. Ich fand sie furchtbar, die Arbeit in der amerikanischen Businesswelt. Ich war gerade einunddreißig geworden. Immer wieder bekam ich einen Job und eine Gehaltserhöhung und dann kündigte ich den Job. Wenn ich nun meinen festen Job kündigte, würde ich mir mein Apartment am Union Square nicht mehr leisten können. Ich hatte ungefähr zwanzig Kilo Übergewicht und am Wochenende kokste ich und manchmal auch unter der Woche und ich machte Überstunden und aß auswärts und trank Martinis, also, mehrere Martinis, jeden Abend, ohne mit der Wimper zu zucken. Ich verbrachte sechzig Stunden pro Woche im Büro, mindestens. Ich arbeitete wirklich hart, aber nichts, was ich machte, gehörte mir. Ich wusste, ich wollte mich in Brooklyn verstecken und künstlerisch arbeiten, auch wenn ich noch nicht wusste, was, ich glaubte nämlich nicht recht daran, dass ich ein ganzes Buch schreiben konnte. Ich wusste nur, die Zeichen deuteten über diesen Fluss.

Ich habe in Brooklyn niemals über den Fluss zurück nach Manhattan geblickt und gedacht: Nimm mich zurück, Manhattan. Ich dachte immer nur: Ich bin lebend rausgekommen.

Mit Manhattan hatte es noch etwas anderes auf sich: In dem Jahr nach 9/11 litt ich an Klaustrophobie, die sich in Panikattacken niederschlug. Ich begriff gar nicht, dass es das war, was mit mir geschah, ich hatte nämlich nie zuvor welche gehabt. Ich wusste nur, in Zügen und Bars und Kinos hatte ich jetzt Schwierigkeiten. So nannte ich das: »Schwierigkeiten«. Ich schaute immer nach, wo der Ausgang war, ich brauchte immer einen Platz am Gang. Ich musste immer wissen, dass ich rauskonnte. Wo war der Fluchtweg? Andernfalls raste mein Herz. Monatelang ging ich zu Fuß zur Arbeit, außer es regnete. Ich wollte nicht in die U-Bahn. Zufällig hatte ich nur einen Monat vor 9/11 Murakamis *Untergrundkrieg* gelesen, und das Buch, ein Bericht in Interviewform über den Giftgasanschlag auf die Tokioter U-Bahn 1995, ging mir nicht aus dem Kopf – im Stillen glaubte ich, dass es uns als nächste in dieser Weise treffen würde. Irgendwann überwand ich das, aber in Wirklichkeit stellte ich die Angst einfach nur auf Wiedervorlage zurück.

Für ein weiteres Ereignis in der Zukunft. Suchte ich denn nicht schon mein ganzes Erwachsenenleben lang nach einem Fluchtweg?

Ein Weg, mit der Angst zurechtzukommen, war der Umzug in die Nähe des Flusses. Ich hätte es damals nicht ausdrücken können, aber ich fühlte mich sicherer, als ich am Wasser wohnte. Die Gebäude konnten nicht auf mich stürzen, wenn es einen Fluss gab, zu dem ich entkommen konnte, dachte ich. Ich konnte vor Feuer fliehen.

Einmal kam Lauren geschäftlich in die Stadt und übernachtete bei mir im Loft. Sie hatte gerade ein neues Buch abgeschlossen, hatte eine gewisse Selbstsicherheit und so ein Strahlen, in ihren roten Cowboystiefeln. Am nächsten Morgen gingen wir über die Straße zum Fährterminal, und während wir warteten, blinzelte sie auf den Fluss, vermaß ihn und sagte: »Da könnte ich rüberschwimmen.« Auf dem College war sie ein Star des Schwimmteams gewesen; wenn sie auf den Fluss blickte, nahm sie ihn als Herausforderung wahr, als etwas, das sie überwinden konnte. Und ich betrachtete ihn nur als Sicherheitsabstand zwischen mir und Manhattan. Inzwischen war ich seit zwölf Jahren da und sah ihn immer noch so.

Mein Wohnhaus in Brooklyn erwies sich als einer der Orte, die all meine Bekannten in New York durch mindestens eine Party kannten: im Sommer auf dem Dach mit den vielen Graffiti, am Unabhängigkeitstag, bei der monatlichen Essenseinladung des berühmten Fotografen im zweiten Stock, eine Silvesterparty im fünften. Selbst ich war auf einer Party gewesen, ehe ich in das Gebäude zog: Ich weiß noch, an diesem Abend lernte ich einen Mann kennen, der mit einer für die späten Neunziger ausgesprochen typischen Großmäuligkeit behauptete, er habe in der Nacht zuvor in einem Club mit Cameron Diaz getanzt. Und wie war sie? Total *süß*.

In meinen ersten drei Jahren dort zahlte ich monatlich 1150 Dollar inklusive Nebenkosten – ich glaube, für die Eigentümer des Gebäudes war ich ein so kleiner Fisch, dass sie vergaßen, meine Miete zu erhöhen. Das Gebäude gehörte einem missgelaunten alten Chassiden unbestimmten Alters (er war entweder hundert oder tausend Jahre alt), der beim Sprechen so murmelte, dass einem nie ganz klar war, wohin das Gespräch geführt hatte, wenn man wieder ging; manchmal fragte ich mich, ob seine Sprechweise ein vorsätzlicher Akt der Täuschung war. Nichts in dem Gebäude wurde irgendwie rechtzeitig repariert, wenn überhaupt. Dem Vernehmen nach war es einmal eine Nudelfabrik gewesen und danach ein Lager für komischen Krempel, Elektronik, Kleidung, Billiglimonade. Draußen strichen Prostituierte und Junkies herum. Ändern sollte sich das erst Mitte der Nullerjahre.

Eine gewitzte rothaarige Frau namens Marla verwaltete das Gebäude von einem Büro im Foyer aus – ich schenkte ihr Leseexemplare von all meinen Büchern, weil sie so gern las und ich eine Leserin zu schätzen wusste und weil ich von ihr gemocht werden wollte, ich mag es nämlich, von älteren jüdischen Menschen gemocht zu werden, und außerdem wurden dann Reparaturen gemacht oder es wurde zumindest versucht. Für ein gutes Jahr hatte ich Kakerlaken in meinem Apartment, und egal, wie viel ich putzte oder wie viel Gift der Kammerjäger allmonatlich versprühte, ich wurde sie einfach nicht los. Marla und ich kratzten uns beide am Kopf. Dann zogen meine jüngsten Nachbarn von nebenan – die ein Baby hatten – irgendwann aus, und Marla teilte mir mit, dass die Wohnung verdreckt und voller Ungeziefer gewesen war. Danach hatte ich keine Kakerlaken mehr.

Im Januar 2008 wurden wir alle von der Feuerwehr ausquartiert, weil das Gebäude nicht den Bauvorschriften entsprach. Im Untergeschoss war seit Jahren eine Mazze-Bäckerei. Die Getreidespeicher dort waren ein Brandrisiko. Und wie sich erwies, hatten all die rustikalen roten Rohre, die mein Apartment durchzogen, keine bestimmte Funktion außer charmant zu sein. So etwas wie eine funktionierende Sprinkleranlage gab es anscheinend nicht. Das Gebäude konnte jeden Moment in die Luft gehen, so die Feuerwehr. Zweihundert Leute wurden aus ihren Wohnungen getrieben, sonntagabends vor einem Staatsfeiertag in einer der kältesten Nächte des Jahres.

Und trotzdem, als das Gebäude ein halbes Jahr später (zumindest halbwegs) den Bauvorschriften entsprach, zogen viele von uns wieder ein. Wir liebten nämlich unsere Räumlichkeiten. Sie waren unser Zuhause.

Jeden Winter schneite es einige Male und es wurde so kalt, dass der East River am Ufer teilweise zufror, und wenn dann ein sonniger Tag kam, ging ich zum Fluss hinunter und sah zu, wie sich glitzernde Brocken aus Eis und Schnee lösten und der Fluss sie mit sich nahm, während das Eis gleißendes Sonnenlicht reflektierte, das Wasser, die ganze Stadt. Als ich gerade nach Brooklyn gezogen war, ging ich abends noch auf Rockkonzerte, ich trank zu viel, ich nahm Drogen, ich schlief mit Fremden. So lief es, bis ich ungefähr Mitte dreißig war. Ich traf schlechte Entscheidungen, doch nach einer Weile wusste ich gar nicht mehr, wie man andere trifft, also waren es irgendwann einfach Entscheidungen. Eisbrocken, die im Sonnenschein zerbrachen.

Ich habe in diesem Gebäude Thanksgiving gefeiert und Pessach und Halloween und Geburtstag, ich hatte Liebschaften, ich hatte Freundschaften. Ich ging mehrfach pleite. Ich adoptierte einen Hund. Ich hörte in diesem Gebäude auf zu rauchen.

Ich habe dort gewohnt, als ich mit vierunddreißig mein erstes Buch verkaufte, und auch mein zweites, drittes, viertes und fünftes. Fünf Bücher in einem Jahrzehnt, in einem Wohnhaus.

Die Adresse war 475 Kent Avenue. Das Gebäude gibt es noch, aber es ist nicht mehr das, was es einmal war.

2015 ein Auftrag vom *Wall Street Journal* für einen Essay. Eine Destillerie schickte mir vier gewaltige Whiskeyflaschen, eine Flasche Double Cask Rye, zwei Flaschen Aged Bourbon und eine Single Malt. Mir war sofort klar, dass ich diesen Segen mit meinen Nachbarinnen und Nachbarn teilen würde, denn sie hatten über die letzten zwölf Jahre hinweg immer wieder mit mir geteilt. Als ich in das Gebäude zog, hätte ich nie damit gerechnet, dass wir uns anfreunden würden. Nach vier Jahren in kleinen Apartments in Manhattan hatte ich mich an den Gedanken gewöhnt, dass zu Hause einfach der Ort war, wo man schlief. Aber hier hatte ich es mit lieben, kreativen, exzentrischen, brillanten Leuten zu tun, die mich zu sich nach Hause einluden und auf Partys und zu sonntagabendlichen Treffen auf dem Dach. Dem herrlichen Dach mit den vielen Graffiti und diesem Blick über ganz Manhattan, die Brücken, den East River. Dorthin würde ich den Whiskey mitbringen.

Auf dem Dach warteten allerhand Leute. Ich stellte die Flaschen auf einen der Klapptische, die ein Nachbar ein paar Jahre zuvor für seine Freundin an deren Geburtstag gebaut hatte. Dann schenkte ich ein. Bald erschienen auch Alison und Rob. Sie wohnten schon seit 1998 in dem Gebäude und sind heute immer noch dort – Rob war der Erste, der darin übernachtete, denn man hatte ihn eines Nachts versehentlich eingeschlossen, als es noch eine Baustelle war.

Nach vielen Jahren Studium und Arbeit haben beide nun Professuren inne – Rob für Kunst, Alison für Biologie. Bis vor Kurzem stand in ihrem Apartment eine Zweieinhalb-Tonnen-Druckerpresse. Sie schmeißen jedes Jahr eine ganztägige Neujahrsparty. Die beiden trugen erheblich zum Charme des Gebäudes bei.

Alison war meine Lieblingsnachbarin – eine Woche vor der Whiskeyprobe hatten wir unsere Schuhe vom Fuß weg getauscht. Wir priesen die Vorteile des Kleiderhaufens im Foyer, der nach dem Prinzip Geben und Nehmen funktionierte und aus dem wir beide einen beträchtlichen Teil unserer Garderobe von unseren gut gekleideten Nachbarinnen übernommen hatten. Sie war auch Künstlerin und erschuf überhaupt ständig etwas. Sie war an der Entwicklung des – inzwischen fünf Jahre alten – Programms »Art in the Lab« am St. Francis College beteiligt, das kostenlose öffentliche Workshops in Laboren anbietet, in denen man von Wissenschaft inspirierte Kunst schaffen kann. Ich habe gesehen, wie sie den Inhalt eines augenscheinlich leeren Schranks wie durch Zauberei in eine schöne Charcuterie-Platte verwandelte, und ich habe nie erlebt, dass sie irgendwo ohne einen Teller mit Essbarem für alle aufgetaucht wäre. An diesem Abend war es nicht anders: Sie setzte sich mit zwei Birnen an den Picknicktisch und machte sich gelassen daran, sie in Scheiben zu schneiden.

Ein paar Wochen zuvor hatte Alison mir ein winziges Notizbuch geschenkt, kaum größer als zehn Zentimeter, und ich musste lachen – was ich schreibe, ist natürlich lang. Was sollte ich dort unterbringen?

Doch eines Abends hatte ich es trotzdem dabei, hatte es geschnappt, als ich aus dem Haus ging, um mich mit Courtney zum Abendessen in Manhattan zu treffen. Ich ging über die Bedford Avenue und bewunderte die Outfits der stolzen und stylischen jungen Männer und Frauen von Williamsburg – in diesem Sommer trugen alle Mädchen Vintage-Kleider und solche Sandalen wie die alten Polinnen in Greenpoint, Wörishofer, Schuhe, die der *New Yorker* in einem Beitrag über Birkenstocks mit dem Titel »Happy Ugly Feet« erwähnt –, fuhr dann mit der Bahn bis Union Square, von wo ich in der Kühle der Abenddämmerung zur West Side laufen wollte. Doch vorher blieb ich bei Barnes and Noble stehen, dem großen Laden gleich am Platz. Jahrelang war es mein Traum gewesen, dass meine Bücher dort auslagen, und nun war das schon mehrmals vorgekommen. Früher war mir der Laden einschüchternd und sowieso unerreichbar erschienen, aber nun sah ich ihn einfach als Freund, bei dem ich vorbeischauen musste, um die neuesten Neuigkeiten zu hören.

Es lagen reichlich Bücher im Fenster, die auf Frauen im Sommer abzielten, sie richteten sich, korrekt oder nicht, an den Typ Frau, der täglich am Union Square vorbeikommt: hier der Bauernmarkt, dort Sephora, aus der U-Bahn steigen, um nach der Arbeit Freundinnen auf einen Drink zu treffen, im East Village wohnen, in Midtown arbeiten, durchs Leben stapfen oder spazieren oder auch powerwalken. An ihrer statt fällte ich harsche, wenn auch äußerliche Urteile über die Bücher. Gute Ratschläge, sonnige Lösungen, die Vorwegnahme konventioneller Wünsche. Ich stellte mir um mich herum lauter Frauen vor, die alle dachten: Und das bietet ihr mir an? Wonach sie auch immer suchten – danach sicherlich nicht. Jedenfalls nicht die Figur, die rasch in meinem Kopf entstand.

Ich brauchte eine neue Idee für ein Buch und ich hatte das Gefühl, fruchtbar und mutig zu sein. Ich dachte viel über das Alleinsein nach. Ich war lange für mich gewesen. Ich wusste nicht, wie die Frauen lebten, die vor diesem Schaufenster standen und die Bücher betrachteten, aber ich konnte mir vorstellen, sie zu sein, ich konnte mir vorstellen, wie sie sich darüber ärgerten, dass man sie so ansprach, dass man ihnen sagte, durch diese Bücher würden sie definiert, wo sie doch voll und ganz mit dem Versuch beschäftigt waren, sich selbst zu definieren. Ich zückte das kleine Notizbuch und fing an, im Gehen hineinzuschreiben, blieb an den Straßenecken stehen und entwarf die Stimme einer neuen Person, während all die Frauen in Riemchensandalen und fließenden Sommerkleidern an mir vorübergingen – Frauen aus Manhattan, die definitiv anders aussahen als die Weiber, die ich aus dem Norden von Brooklyn kannte –, und der letzte Rest Sonnencreme auf ihrer Haut schmolz und sich mischte mit irgendeinem neuen Duft, den sie aufgelegt hatten, als sie durch ihre Bürotür in den Abend gegangen waren, um einen besonderen Menschen zu treffen, hoffte ich, wenn auch vielleicht nur einen Freund oder eine Freundin. Diese New Yorkerinnen sind umwerfend. Ich war nie in meinem Leben so hübsch wie in meiner Zeit in New York.

Als ich bei Courtney in Chelsea ankam – wir aßen am Hudson, an jenem anderen Fluss –, hatte ich das erste Kapitel meines nächsten Romans geschrieben, über eine Frau, die in Brooklyn lebt, am Wasser, und versucht, ein Buch über das Singledasein nicht zu lesen. Es stand in diesem winzigen Notizbuch. Lachend las ich es Courtney vor. Meiner hübschen, lustigen Autorinnenfreundin mit den strahlenden Augen. Einer, die ich die ganze Zeit hatte halten können. Es klang gut, für uns beide. Es klang nach einem Buch.

Mir gingen nie die Ideen aus, ich wohnte ja in New York.

Während die Sonne unterging und wir auf dem Dach weiter tranken, unterhielt ich mich eine Weile mit Rob. Er ist ein bärtiger, ungestümer, lustiger Mann, der großformatige Drucke und Holzinstallationen macht. »Ich bin der wählerischste, am wenigsten pingelige Mensch, den du je gesehen hast«, sagte er. »Was soll das heißen?«, sagte ich. »Mein Gaumen ist anspruchsvoll, aber schlussendlich trinke ich es doch.« Er schenkte sich selbst ein Glas ein; irgendwann trank er dann direkt aus der Flasche.

Ich begriff, dass ich genug intus hatte, als mir die Unlesbarkeit meiner Notizen auffiel. Der Fluss lag mittlerweile im Dunkeln, die Nacht war klar, und wir sahen Sterne über Manhattan. Hallo, New York, dachte ich. Hallo von hier drüben. Den Rest des Double Cask – die schwerste Flasche – überließ ich einem Nachbarn, dem er sehr gut geschmeckt hatte. Zuvor hatte er angeboten, auf meinen Hund aufzupassen, wenn ich über den Unabhängigkeitstag verreiste, also war das wohl ein fairer Handel. Noch einer. Handel konnten wir ewig miteinander treiben. Es war immer etwas übrig, das man geben konnte.

Ein paar Jahre später wurde das Haus verkauft. Dem Vernehmen nach waren die neuen Eigentümer mit Jared Kushner verbandelt, der neben seinen anderen Verbrechen gegen die Menschlichkeit als schlimmster Vermieter der Stadt verschrien war und aggressive Taktiken einsetzte, um Langzeitmieter einzuschüchtern oder zu vertreiben. So gut wie sofort suchten die Leute sich Rechtsbeistand. Ich erspare dir die Feinheiten der Loft-Gesetzgebung des Staates, aber Bewohner, die nur einen Teil des Jahres dort lebten und ihr Apartment ansonsten vermieteten, waren die erste Zielgruppe der Räumungen. Und wenn man nicht namentlich im Mietvertrag stand und zur Untermiete dort wohnte, auch wenn es seit Jahren war, dann hatte man ein Problem. Im ganzen Gebäude wurden Kameras installiert. Räumungsbescheide wurden an Türen geklebt. Und trotzdem wurde immer noch nichts repariert, das repariert werden musste. Manche zogen aus – rausgeworfen oder rausgekauft –, und die Mieten stiegen. Alle waren gestresst und beklommen – die ganze Zeit. In diesem Jahr begriff ich, dass ich nicht mehr gern dort wohnte. Die Sonnenuntergänge oder den Fluss vor meiner Haustür genoss ich nicht mehr. Überall gab es neue, große Gebäude mit Eigentumswohnungen. Das Viertel hatte sich verändert, und nun ist es nicht mehr, was es mal war – eine typische Klage in dieser Stadt, aber es stimmte, die Landschaft war tatsächlich physisch verändert.

Doch an dem Abend, als wir alle zusammen Whiskey tranken, existierten all diese Gebäude noch nicht. Der Himmel war blau geädert mit einem Hauch Pfirsich. Baustellen gab es reichlich, manchmal sprachen wir auf dem Dach davon und manchmal beschlossen wir, sie zu ignorieren. Wir wussten, dass sich die Aussicht sehr bald verändern würde. Ich wurde allmählich wehmütig und sagte mir dann aber: Wir hatten es hier richtig gut.

Ich dachte inzwischen darüber nach, wie mein Leben aussehen würde, wenn ich fünfzig war. Dass solche Überlegungen aufkamen, überraschte mich ebenso sehr wie alle anderen auch. In den Tag hineinzuleben hatte mir immer als Vorgehensweise der Wahl gegolten. Allmählich begriff ich, dass mein Leben auch anders aussehen konnte. Stiller und ruhiger. Ich wollte, dass alles leichter und sonniger war. Und ich wollte nicht alt werden in New York. Ich war dort jung gewesen, und das reichte. Freundinnen und Freunde verloren sich langsam. Oft sahen wir einander nur auf einem Bildschirm flimmern. Ich dachte, dass ich traurig wäre, würde ich für immer dort bleiben.

Das war, bevor ein neuer Präsident ins Weiße Haus einzog, und ich empfand zumindest ein bisschen anders in Hinblick auf das Leben in Amerika. Der Wunsch, glücklich zu sein, kam mir nicht so maßlos vor wie heute vielleicht. Ich wollte ein besseres Leben als das, was ich hatte, und für mich hieß das, in eine andere Stadt zu ziehen. Nach New Orleans, wo ich schon ein paar Winter verbracht hatte. Ich dachte nicht darüber nach, wie es mir gehen würde nach dem dramatischen, dauerhaften Wechsel von einer Acht-Millionen-Stadt zu einer von vierhunderttausend. Ich hatte überhaupt keine Ahnung, was ich da tat oder wie so etwas ging oder was ein Neuanfang für mich bedeuten würde – ich wusste nur, dass es Zeit war zu gehen.

DRITTER TEIL
EINE ART LANDUNG

11
Risikofaktoren

1.

Einmal bin ich auf dem Eis gestürzt.

Als ich jünger war, habe ich mir öfter etwas gebrochen, hatte viele Verletzungen, habe mir selbst allerhand Schaden zugefügt. Das Handgelenk habe ich mir dreimal gebrochen, bevor ich sieben wurde. Zweimal das linke, einmal das rechte. Für eine Weile war ich Beidhänderin, eine Fähigkeit, die ich mir gern bewahrt hätte, wenn auch nur, um in körperlicher Hinsicht besonders zu sein, nicht bloß intellektuell. Die Schmerzen oder der Heilungsprozess gefielen mir nicht, doch ich begriff, dass man aus all dem Geschichten ziehen konnte. Geschichten zum Erzählen.

Auf dem Eis bin ich gestürzt, als ich in der dritten Klasse war. Dieser Unfall sollte mich im Leben am stärksten prägen – diese Narbe, mit der ich mich hin und wieder noch immer befasse, die ich aufrufe und mich dabei geradezu sehne nach dem, was ich nicht kenne. Nach einem alternativen Zeitstrahl vielleicht, auf dem mir das nicht passiert war, und nach demselben Lebensabschnitt ohne die äußere Erscheinung, die ich davongetragen hatte.

Es geschah eines Winters während meiner Grundschulzeit auf der Joyce Kilmer Elementary in Buffalo Grove, Illinois, wo wir alle Kilmers berühmtestes Werk auswendig lernen mussten, das folgendermaßen beginnt: »I think that I shall never see / a poem lovely as a tree.« Ich lernte es gern auswendig. Gebt meinem Hirn, diesem damals taufrischen

Schwamm, etwas zu tun. Besonders gern mochte ich die Zeile: »Poems are made by fools like me.« Gebt dem kleinen Dummkopf eine Aufgabe. Gebt ihr ein Gedicht zu lernen.

Während der Pause rutschten und schlitterten alle anderen aus meiner Klasse über die gefrorene Fläche auf dem abgesenkten Basketballplatz, während ich wehmütig am Rand des verschneiten Grasabhangs stand, der ihn umgab, und zusah, wie alle schrien und lachten und stürzten. Ich hatte inzwischen gelernt, körperliche Risiken zu meiden. Meine Knochen waren schwach, ich war unbeholfen, ich war übergewichtig, ich war unkoordiniert. All das hatte ich verinnerlicht durch die Art, wie man in der Turnstunde mit mir sprach und zum Teil auch in der Familie, und dadurch, wie andere aus meiner Klasse mich sahen, ob sie nun vorsätzlich grausam waren oder nicht, oder einfach nur dadurch, dass ich sah, wie sich andere Kinder im Unterschied zu mir bewegten, wie sie frei und ungehemmt rannten und lachten und die Welt umarmten. Ich wollte mir nicht wehtun. Und war es nicht auch in Ordnung, wenn man nur zusah? Die anderen beim Spielen beobachtete? Wie sie schnatterten und lachten und einander neckten, diese Mädchen und Jungen, denn das waren sie noch. Mich erwartete ein Leben, in dem ich andere beobachten würde, und vielleicht wusste ich das schon, denn ich fühlte mich wohl mit diesem Verhalten, auch wenn etwas in mir wusste, dass es auch schön gewesen wäre, selbst so viel Spaß zu haben.

Ich stand also da und schaute zu. Jetzt gerade, an meinem Schreibtisch, sehe ich noch vor mir, wie die Kinder rutschten – kurz vor dem Moment des Aufpralls. Ein anderes Mädchen – etwas schwerer, etwas linkischer vielleicht, aber nicht willens, die Freuden der Körperlichkeit zugunsten der Sicherheit aufzugeben – stürzte vom Eis und auf mich drauf. Ich war nicht vorbereitet; meine Abwehrmechanismen versagten. Im Sturz biss ich mir mit aller Kraft die Lippe durch. Ich schrie. Eine Lehrerin kam angerannt und führte mich rasch weg von dem Auflauf, der sich um mich bildete. Überall war Blut, auf dem Eis, auf dem Schnee, auf meiner gelben wattierten Winterjacke mit dem Besatz aus Pelzimitat, ich sah es am Ärmel. Man brachte mich eilig in die Krankenstation, während die Assistentin der Schulleitung einen Aktenschrank nach den Kontaktdaten meiner Eltern durchsuchte. Alle waren ganz zittrig. Die Schwester sagte, ich solle mir das Gesicht waschen, und ich stand am Waschbecken und blickte in den Spiegel, die gerissene Lippe und das blutverschmierte Gesicht, und ich schrie wieder und schrie weiter, ohne wegschauen zu können – nie kann ich wegschauen, obwohl ich es eigentlich besser weiß, als wollte ich vorsätzlich aufgewühlt werden –, bis schließlich die Schwester hereinkam und mich wegzog, mich zu einem Einzelbett in der Ecke führte, auf dem eine kratzige Militärdecke lag, ein Platz, an dem Kinder kurz ausruhen, aber nicht verweilen sollten.

Ein paar Stunden später lag ich auf dem Operationstisch. Der Chirurg plauderte vergnügt, während er meine Lippe von innen nähte. Ich vertraue darauf, dass er sein Bestes tat. Die Heilung würde zwei Wochen dauern und bis auf Weiteres würde ich entstellt sein, weil ein Teil meiner Oberlippe über die Unterlippe hing. Ich war im Wachstum, eine plastische Operation war also noch nicht möglich. Tatsächlich dann erst vier Jahre später. Für eine Weile sollte ich also pummelig und intelligent sein und merkwürdig aussehen.

An dieser Stelle der Geschichte lache ich immer, wenn ich sie jemandem erzähle. Lustig ist das nicht, und es war auch damals nicht lustig. Aber so viel zermürbend Schlimmes, so viel gesellschaftliches Übel hatte auf mir gelastet.

Mein Unglück hatte lange gedauert, aber nun, endlich, ist es lustig. Was für ein Unmaß! Wenn man lange genug wartet, wird alles lustig.

Wer weiß, wie mein Leben verlaufen wäre, hätte ich als Jugendliche Vertrauen in meine Erscheinung gehabt. Stattdessen fand ich meine Freude im Hirn und überall dort, wo es mich hinführte. In der Fantasie war ich so furchtlos, wie ich es mir wünschte. Mein Verhältnis zu meinem Hirn würde ich gegen nichts eintauschen – es hat mir immer bestens gedient, es ist wahrhaftig, zuverlässig, kraftvoll, es löst Probleme, es erschafft Kunst; es hilft mir, im Universum von Nutzen zu sein. Es ist mein Daseinsgrund. Außerdem war ich sowieso nicht zur großen Schönheit bestimmt, denn ich sah immer nur angenehm aus, braunhaarig, braunäugig, eine Frau mit nettem Lächeln, nicht gerade kleiner Nase, großen Brüsten, großem Hintern, ein tröstlicher Körper, keine besondere Herausforderung. Ich bin ein Trost durch meine Erscheinung. Ich wirke vertraut. Ich höre oft, dass ich aussehe wie jemandes Cousine oder die Mitbewohnerin aus dem College oder so, und diese Vergleiche klingen doch recht liebevoll. Trotzdem frage ich mich, wie es gewesen wäre, hätte ich mich in diesen prägenden Jahren hübsch gefühlt, oder einigermaßen hübsch, oder wenigstens nicht wie ein Freak.

Im April 2020 spreche ich auf Zoom mit ein paar Freundinnen aus Brooklyn und erzähle ihnen, dass ich über diesen Teil meines Lebens schreibe. Wir unterhalten uns alle zwei Wochen. Wir trinken. Wir vermissen einander. Wir versuchen, keine Angst zu haben. Meine stets pragmatische Freundin Emily spottet über die Frage, ob mein Leben anders verlaufen wäre, erklärt mir, dass das gar keine Rolle spielt, Hübschsein. Die Augen meiner Freundin Alice,

Autorin spekulativer Prosa, leuchten auf bei diesem Gedanken – ein alternativer Weg in der Fiktion, was eine interessante Übung sein könnte. Das finde ich auch, obwohl ich nicht weiß, ob es unbedingt *hilfreich* wäre, sich so etwas vorzustellen. Ich bin ganz bei Emily: Was spielt das für eine Rolle? Wir sind, wie wir sind.

»Wenn du hübsch gewesen wärst, hätten dir viel mehr Laientheaterregisseure langsam über den Rücken gestrichen«, sagt Emily, schlau und weise. Und hübsch.

Ein kluges Mädchen zu sein ist immer besser. Das weiß ich und das kann ich unterschreiben. Ein kluges Mädchen sein heißt, du kannst immer für dich selbst sorgen. Ein kluges Mädchen sein heißt, du kannst die Dinge durchschauen. Ein kluges Mädchen sein heißt, dein Selbstwert ändert sich nicht mit der Zeit.

Nach diesem Sturz investiere ich sehr lange stark in das Projekt, ein kluges Mädchen zu sein. Und tue es noch.

2.

Einmal bin ich einen Berghang hinuntergerutscht.

Das war mit Mitte zwanzig, als ich risikofreudig geworden war, als ich so viele schlimme Dinge erlebt hatte, dass es mir scheißegal war, man konnte sich nämlich verhalten, wie es von einem erwartet wurde, und war trotzdem ein Angriffsziel. Eine Frau, ein Angriffsziel. Eine neue Dekadenz drang in mein Leben ein. Fast hätte sie mich platt gewalzt. Ich wollte alles auf einmal. Alles ausprobieren. Nachdem ich mich viele Jahre lang gut benommen hatte, schwer gearbeitet im Studium, alles niedergeschrieben, aus dem Impuls heraus, dass es so sein sollte, dass Arbeit – wie amerikanisch! Wie typisch für den Mittleren Westen! – etwas Gutes war, eine gute Idee. Ein Sinn, das war es, was ich brauchte. Und war ich nicht ohnehin längst Autorin? Konnte ich das nicht am besten? Such dir etwas, das du gut kannst, und dann mach einfach weiter damit – also machte ich das, bis ich es mit Mitte zwanzig für eine Weile lassen musste, um herauszufinden, wer ich war, wenn nicht das, auch wenn sich die Antwort schließlich verlor.

Damals ging ich ziemlich viele Risiken ein. Alle möglichen Drogen, aber wohl nur ein paar, die mich tatsächlich hätten umbringen können. Ich hätte mir selbst anderweitig schaden können, emotional zum Beispiel. Ich hätte Beziehungen zerstören können, verhaftet werden, auf Leute reinfallen, die mich ausnutzten. Ich hätte mir alle Chancen verderben können, die sich je aufgetan haben. Meine Erinnerung an gewisse Zeiten, aus denen ich leider keine Aufzeichnungen habe, ist miserabel, aber vielleicht ist es auch besser so. Ich habe in Autos und Bahnhöfen geschlafen. Ich bin getrampt. Ich bin in seltsame Apartments gegangen und habe dort allerhand dummes Zeug gemacht. Ich bin zu Leuten ins Auto gestiegen, die betrunken fuhren. Ich bin nachts allein an gefährlichen Orten herumgelaufen, obwohl ich ganz genau wusste, dass ich längst zu Hause sein sollte.

Ich bereue nichts davon, nur, dass ich so viel Geld für Drogen ausgegeben habe. Und dass ich manchmal ein Arschloch war. Also: Tut mir leid, tut mir leid, tut mir leid.

Wenn ich mich bis jetzt noch nicht persönlich bei dir entschuldigt habe, dann nur, weil ich weiß, es wäre dir ohnehin egal.

Den Berg bin ich hinuntergerutscht, als ich in Seattle wohnte. In meiner Erinnerung war es so: Mit drei Freundinnen hatte ich mich morgens auf den Weg zum Stevens Pass gemacht. Ich fuhr. Alle gaben ein paar Scheine fürs Benzin. Es muss Ende 1996 gewesen sein, und wir waren alle Mitte zwanzig und noch nicht besonders gewieft. Alle hatten Jobs in der Dienstleistungsbranche, außer mir – ich arbeitete in einem Pflegeheim. Eine von uns hatte Dreadlocks. Wir kurbelten die Fenster hinunter, wenn wir uns Zigaretten ansteckten, und bliesen den Rauch ins Freie. Wir hörten Radio, bis wir in die Berge kamen und es nur noch rauschte. Ich legte stattdessen eine Kassette von einer Band aus der Gegend ein, die wir liebten, und wir sangen mit, bis wir den Ausgangspunkt des Wanderwegs fanden. Wir waren auf der Suche nach heißen Quellen, vor allem nach einer bestimmten, von der wir gehört hatten, dass dort die echte Party stieg. Eine von uns war schon dort gewesen, und sie führte uns den Berghang hinauf. Unterwegs blieben wir einmal stehen und rauchten Gras. Eine hatte Pilze, die wir essen wollten, wenn unser Ziel erreicht war. Auf dem Berg lag mehr Schnee, als wir erwartet hatten, und keine war entsprechend gekleidet. Mehrmals rutschten wir aus und fielen hin. Unsere Hosen wurden schnell feucht. Beim Wandern hat man manchmal das Gefühl, dass man in die Irre steigt, dass man nie den Weg zu der Stelle finden wird, die man sucht, und das war so ein Tag, an dem ich ein bisschen den Mut verlor. Ich war bedröhnt und mir war kalt, aber ich wollte cool wirken, als würde ich es einfach so nehmen, wie es kam. Ich hatte uns dorthin gefahren. Ich hatte alle lebendig dorthin gebracht. Ich war die Fahrerin. Ich musste weitermachen – ich hatte die Karre. So gingen wir für eine gefühlte Stunde.

Und dann hörten wir Stimmen, in einer Baumgruppe auf einer Plattform unterhalb von uns stand ein nackter Mann und winkte einladend, und dann waren wir bei den heißen Quellen, die sich an den Berghang schmiegten. Um die Quellen herum waren allerhand Terrassen gebaut, sodass es leicht war, von einem extrem heißen Becken in ein nur heißes und schließlich in ein kaltes zu gleiten, wenn die Hitze nicht mehr zu ertragen war. Wer sich da oben an den Becken aufhielt, war das ganze Jahr über nackt, das merkten wir schnell, sogar im Winter. All das war sehr befreiend – an einem Berghang sitzen, zwischen Bäumen, und in diese lithiumhaltigen Bäder tauchen. Wir aßen die Pilze, was ich im Rückblick überflüssig finde. Viel bedröhnter konnten wir nicht mehr werden. Doch andererseits – damals konnte ich gar nicht bedröhnt genug sein. Wir waren im Taumel, wir waren glücklich. Wir waren jung, wir waren nackt. Ich hatte keine Zukunftspläne, keinerlei Träume, was ich mit meinem Leben anfangen wollte. Außer, im Hier und Jetzt zu sein.

Ich wünschte, ich könnte diese Fähigkeit, im Moment zu leben, heute umsetzen. Wahrscheinlich setzte ich sie ein bisschen um, während ich das hier schreibe, während ich das hier tippe, denn wir sind alle ans Haus gefesselt in diesem Land. Ich kann mir nicht vorstellen, wie die Welt in einem Jahr aussehen wird. Zurück zum Althergebrachten können wir nicht, doch ob vorwärts notwendigerweise unsere Richtung ist, weiß ich auch nicht. Irgendwie geht es seitwärts. Und so empfand ich auch damals, als meine Zukunft so unklar war. Es gab keinen Berufsweg, den ich unbedingt einschlagen wollte, keinen großen Traum, auf den ich zuging. Ich hatte keinen Zehn-, Fünf- oder Einjahresplan. Ich hing einfach mit meinen Freundinnen ab, hoch oben an einem Berghang.

Wir lernten den Mann kennen, der uns vom Wanderweg heruntergewunken hatte. Er nannte sich »Der nackte Koch«, und wie sich erweis, war er sozusagen der Gastgeber. Er wanderte jedes Wochenende mit kiloweise Lebensmitteln im Rucksack dort hinauf, richtete eine kleine Kochstelle ein und bereitete vegetarische Gerichte für alle zu, die wollten. In den Achtziger- und Neunzigerjahren hatte ihm das ein wenig Ruhm eingebracht – irgendwann zeigte er uns eine Mappe mit laminierten Artikeln über ihn. Er flitzte zwischen den Becken und seinen Töpfen und Pfannen hin und her und drückte kleine Schalen mit Pasta und Tomatensoße in unsere schrumpligen, roten, aufgeweichten Hände. Er hatte – auch in schlaffem Zustand – einen beachtlichen Penis, der dunkler war als der übrige Körper. Das Essen, das er servierte, war in Ordnung, vielleicht etwas salzig.

So vergingen ein paar Stunden. Essen, Gras rauchen, in die Becken hüpfen, heiß, kalt, wieder heiß. All die Farben bestaunen. Wie viele Grüntöne man sah in diesen Bäumen. Der Wechsel des Lichts auf den sonnenfleckigen Gipfeln der gegenüberliegenden Berge. Es wurde spät; bald würde die Sonne untergehen. Die Wirkung der Drogen ließ allmählich nach. Wir konnten mehr nehmen, doch dann würden wir über Nacht bleiben müssen. Wollten wir über Nacht bleiben? Aufbleiben bis zum Morgen in diesen Becken. Ein neuer Schwung Leute tauchte auf. Leute, die die ganze Nacht mit uns aufbleiben würden. Sie arbeiteten alle in einem Restaurant und rückten nun nach ihrer Mittagsschicht an, mit Bier und noch mehr Gras. Sie waren älter als wir. Sie waren Stammgäste. Sie machten das schon länger, das alles. Dieses Leben.

Wir konnten einfach so weitermachen, die restlichen Drogen nehmen. Wir drucksten herum. Wir mussten uns bald entscheiden. Wir waren zu schlaff und zu bedröhnt, um eine Entscheidung zu treffen. Ich glaube, es lief dann so: Eine von uns hatte einen Hund. Sie hatte Mitbewohnerinnen, die sich um den Hund kümmern konnten, aber trotzdem – sie sollte wohl besser nach Hause gehen und sich selbst um ihn kümmern. Das war die Entscheidung – der Hund. Wir hatten ziemlich viel Zeit mit Entscheiden verbracht und es war noch später geworden. So war das eben mit »spät«. Es würde immer später und später werden, bis es irgendwann früh war, aber früh konnten wir nicht abwarten. Nun hatten wir also entschieden zu gehen. Einer der Stammgäste schlug eine Abkürzung vor. Der Weg, den wir beim Aufstieg genommen hatten, würde zu lange dauern, wir würden in die Dunkelheit geraten. Wo die Abkürzung war? Sie zeigten in die entgegengesetzte Richtung. Sie selbst gingen ständig dort entlang, alles total ungefährlich. Ob wir das machen sollten? Wir machen das. Wir zogen uns an, packten unseren Kram zusammen und schlugen die Abkürzung ein.

Die Abkürzung war der Berghang. Es gab keinen ausgetretenen Pfad. »Sollen wir einfach … rutschen?«, fragten wir uns. Die Antwort lautete Ja. Unsere Kleidung war längst nass. Unsere Haare, unsere Haut, unsere Rucksäcke, alles war völlig durchnässt und verdreckt. Es gab nichts zu verlieren. Und die Stammgäste hatten gesagt, es sei kein Problem. Die Sonne stand tief über dem gegenüberliegenden Berg und sank schnell. Sofort, wir mussten sofort los. Wir setzten uns in den Schnee, und dann rutschten wir los. Zuerst schoben wir uns mit den Händen an, doch bald übernahm die Schwerkraft, und wir rutschten schnell und bremsten nur ab, wenn wir auf Bäume zuglitten. Manchmal bremsten uns auch die Bäume. Ich lachte die ganze Zeit, zum Teil, weil ich einen heftigen Adrenalinstoß erlebte, aber auch, weil ich die Hosen voll hatte. Wenn wir richtig losrutschten, waren wir ziemlich schnell. Ich kann mir nicht vorstellen, dass es länger als zehn Minuten gedauert hat. Zehn Minuten einen Berghang hinunterrutschen. Während der letzten Minuten standen keine Bäume mehr im Weg, und wir flogen förmlich und hätten uns bei einem Aufprall wahrscheinlich etwas gebrochen. Es war bescheuert, es war richtig bescheuert, was wir da machten. Ich war so lange so klug gewesen, und jetzt war ich so dumm. Es hätte alles Mögliche passieren können, aber es passierte nichts – warum sich also Gedanken machen, ich weiß. Als ich unten ankam, war ich bedröhnt wie nie – jede einzelne Körperzelle oszillierte. Ich dachte: So was mache ich nie wieder. Ich gehe nie wieder bewusst so ein Risiko ein. Keins, bei dem man sich etwas brechen kann.

Ein paar Monate später sollte ich wieder in den Osten ziehen, nach New York City. Ein neues Risiko. Im Westen würde nicht mehr viel passieren.

3.

Einmal bin ich von einer Klippe gesprungen.

Kein Grund, beeindruckt zu sein. Es war in Guatemala, in einem Naturschutzgebiet, über einem See, wo man Schlange stehen musste für den Sprung – viele Tausend Leute hatten das schon gemacht. Trotzdem fühlte es sich riskant an. Meine wildere Jugend war längst vergessen. Mit achtunddreißig hatte ich mir den Knöchel gebrochen, und die Genesung war so langwierig gewesen, dass ich aus meinem Körper hinausgetreten war und nicht wieder hereinwollte. Je tiefer ich in mein Schreiben und die fiktionalen Welten im Kopf eintauchte, desto weniger wichtig erschien mir die Verbindung zu meinem Körper. Ich hatte einen Ausweg gewählt. Doch nun sprang ich auf einmal mit sechsundvierzig Jahren von einer Klippe. Als ich gerade zu begreifen begann, dass ich wieder Risiken eingehen musste.

Ich war am Atitlán-See, einem erstaunlichen, satt funkelnden See am Fuß dreier Vulkane, im Mayadorf San Marcos und beauftragt von einem Reisemagazin namens *Afar*. Am Morgen zuvor war ich mit der Fähre dort angekommen. In diesem Dorf hatten sich allerhand Heiler zusammengefunden, und für mich als mittelalte weiße Frau aus der Mittelschicht besaß so etwas natürlich eine gewisse Anziehungskraft. Und tatsächlich gab es in diesem Dorf zahllose New-Age-Angebote, Yogastudios, Meditationszentren und Stätten für ganzheitliche Heilung. Im unteren Teil war es voller gewundener, entzückender kleiner Gässchen, die Zugang zu diesen Heilungszentren boten, wie auch zu Hostels, Restaurants und Hotels. Gegenüber von einem Hostel sah ich eine gerahmte Schiefertafel mit einer Liste der Meditationszeiten des Tages und anderer spiritueller Betätigungen. Überall gab es Flyer mit Angeboten für Kurse über Pilze und Kakao, Klangreisen, Massagen, Heilungszeremonien, Tarot. Das meiste boten Gringos an. »Auf aggressive Weise hippiemäßig«, schrieb ich damals in mein Notizbuch.

Reisereportagen sind manchmal Müll. Man soll losfahren und einfach man selbst sein in einer Welt, die einen gar nicht eingeladen hat. Man ist nicht erwünscht, im Gegensatz zu den mitgebrachten Dollars. Also fährt man und drängt sich auf. Da sind wir, wir nutzen eure Ressourcen, trampeln über euer Land, hinterlassen Fußabdrücke. Auf Reisen denke ich oft an diese Geschichte von Ray Bradbury, »Ferner Donner«, in der ein zeitreisender Safarigast die Zukunft zerstört, indem er vom vorgeschriebenen, schwebend angelegten Weg abweicht. Wie zerstöre ich die Zukunft, indem ich auf diesem Land herumlaufe? Sehr viele von uns weichen planlos vom Weg ab. Meine mickrigen Touristendollars kompensieren die Kosten ganz sicher nicht. Das Honorar, das ich verdiene, ist ganz sicher keine Rechtfertigung dafür, dass ich dort bin.

Trotzdem fahre ich, ich bin aufmerksam, ich höre zu.

An jenem Abend in San Marcos ging ich aufs Geratewohl spazieren. Sonst gab es nicht viel zu tun. Ein paar Bars in den Hostels, Tanz, Meditation. Die meisten Restaurants schlossen zeitig. Nirgendwo sah ich ein Fernsehgerät, weder in meiner Unterkunft noch in Bars oder Restaurants, aber ich nehme an, dass es irgendwo welche gab. Alle, denen ich begegnete, grüßten mich. Ich kam an einem winzigen Fitnessstudio vorbei, und die Einheimischen lächelten beim Pumpen. Es war ruhig, aber es gab auch jede Menge Geräusche. Die Motoren der winzigen Tuk-Tuk-Taxis, die darauf warteten, Passagiere über die Hügelketten zu fahren. Hunde, die fast die ganze Nacht über unablässig bellten, meist in der Ferne, aber ein paar wohnten auch auf dem Grundstück neben dem Hotel, und als ich aus dem Fenster nach ihnen schaute, sah ich darunter einen Mann in die Bäume pinkeln. Seelenruhig sah ich ihm zu. Ein ganz eigenes Geräusch.

Am nächsten Morgen stand ich früh auf, diesmal wegen einer Yogastunde in einem Studio, das zwanzig Minuten zu Fuß vom Ufer entfernt lag. Der Pfad machte allerhand Schlenker und war steil. Ich ging durch die Barrios, wodurch ich wahrscheinlich überflüssige Umwege machte, vorbei an dem Ziegenhirten, der immer wieder »la leche« sang, und den faulen Hunden und den gackernden Hühnern und den Wandbildern und dem einzelnen entschlossenen Welpen, der trinken wollte und seine Mutter drangsalierte, bis ich schließlich auf lange, gewundene Straßen zwischen Bäumen traf, während die Sonne hinter mir immer höher stieg.

Dort, an diesem wunderschönen, mit tropischen Pflanzen und Wasserfällen prunkenden Ort, traf ich eine andere Reisende, eine Frau aus Alaska, ein paar Jahre älter als ich, locker und vergnügt, eine Designerin, die verheiratet war und ein Kind hatte und es trotzdem schaffte, zumindest einen Monat im Jahr allein zu reisen. Ich bewunderte sie sofort. Wir freundeten uns rasch an, wie es unter allein reisenden Frauen oft geschieht. Die Yogastunde war in Ordnung, die Gesellschaft war besser. Wir verabredeten uns für später zu einem Besuch des Cerro Tzankujil Nature Reserve. Irgendwo in dem Naturschutzgebiet gab es eine Sprungplattform am Rand einer Klippe, und ich hatte vor zu springen.

Sehr bald erzählte mir die Frau aus Alaska von ihrer Reisephilosophie, dass sie gern Länder im Übergang besuchte, wie Guatemala, wo alles im Fluss war und es ein Davor und Danach geben würde. Europa besucht sie nie – dort ist alles erstarrt, findet sie, die Geschichte festgeschrieben, die Gegenwart ausgerichtet auf die Zukunft. Ich gestand, dass ich mir als Reisende faul vorkam. Ich fuhr eben, wohin man mich schickte, im Rahmen eines Auftrags, für Verlage, zu Literaturfestivals und so weiter. Ich dachte kaum darüber nach, wo ich selbst hinwollte, was ich sehen wollte. In diesem Moment überkam mich schlagartig eine Erkenntnis.

Ich hatte mich versteckt, obwohl ich ein viel öffentlicheres Leben führte. Je mehr ich mich der Welt dort draußen aussetzte – tourend, redend, Leute treffend, interviewt werdend –, desto weniger hatte ich das Gefühl, in meinem Körper zu Hause zu sein. Wenn ich zu viel reise, fahre ich mich fest. Im Flugzeug sitzen, auf dem Rücksitz des Taxis, packen und auspacken, Gepäck schleppen, immer wieder das Telefon checken, tief einsinken in mich selbst. Am Zielort ankommen, aber nie etwas sehen. Ich verbrauchte mein ganzes Adrenalin dafür, dorthin zu gelangen. Irgendwie war ich sowohl in Bewegung als auch im Stillstand.

Wir fanden die Sprungplattform mühelos, um uns herum der See und die Vulkane, Sonnenschein, ein paar Wolken, die rasch über den Himmel zogen, während der Spätnachmittagswind – bekannt als Xocomil – allmählich auffrischte. Es gab eine Schlange. Hastig zog ich mich aus bis auf den Badeanzug. Ich konnte es kaum erwarten, es zu tun, einfach nur, weil ich so etwas noch nie getan hatte.

Die Frau aus Alaska hatte nicht vor, dabei mitzumachen, bot aber an, mich zu filmen. Sie erzählte mir eine Geschichte von sich, darüber, wie es kam, dass sie Risiken eher scheute. In ihrer Jugend war sie in Afrika beim Friedenscorps gewesen und hatte beim Fallschirmspringen einen schrecklichen Unfall gehabt, sich das Bein gebrochen, sodass sie ihren Einsatz aufgeben und zurück nach Amerika musste. Wieder zu ihren Eltern ziehen, in eine Kleinstadt, in eine religiöse Gemeinde. Und von genau dort hatte sie eigentlich fliehen wollen. Sie war so weit gekommen, und dann ... »Dein Leben kann sich jeden Moment ändern«, sagte sie.

Mir war das egal. Ich wollte springen. In meinem Unverstand warf ich mich von der Klippe, ohne mir auch nur zu überlegen, was ich da tat, oder wenigstens eine Strategie zu haben, zum Beispiel, mich zu strecken. Stattdessen fiel mein Körper unkontrolliert und planlos, mein Hintern knallte zuerst aufs Wasser und es war, als würden mir tausend Hände gleichzeitig den Arsch versohlen, ein heftiger, nachhallender Schmerz, alles auf einmal.

Entsprechend gab es auf dieser Reise die Zeit vor dem Sprung und die danach. Es sah mir gar nicht ähnlich, so blind zu springen, und ich wurde dafür bestraft, und trotzdem würde ich es sofort wieder tun. Ich fühlte mich verwandelt: Ich war nicht mehr einfach die Beobachterin, ich war die Macherin. Als ich mich abtrocknete, sah ich, dass auf meinem Rücken und an den Oberschenkeln schon schwere Prellungen entstanden waren, Prellungen, die mich noch tagelang plagen sollten. Ich war aufgedreht und selig und fühlte mich etwas lädiert. Das gefiel mir.

Später tranken die Frau aus Alaska und ich Mezcal in einer leeren Bar. Zwei Frauen mittleren Alters mit Sonnenbrand, die an einem stillen See starke Drinks zu sich nahmen.

Meine Prellungen waren den Rücken hinaufgekrochen, also trank ich, um den Schmerz ein bisschen zu betäuben. Eine Million Sterne am Himmel über Guatemala. Ich erzählte ihr von einem Mann, mit dem ich in New Orleans zusammen war, der attraktiv war und mich gut behandelte und der wirkte wie der Typ Mensch, der auf mich aufpassen würde, ohne dass ich ihn darum bat. Ich mochte ihn, auch wenn wir in vielerlei Hinsicht sehr verschieden waren. Auch da dachte ich sehr entschieden: »Warum nicht?« Wir trafen uns erst seit ein paar Monaten. Eine Liebelei, die immer weiterging. Warum nicht. Warum nicht die Liebe ausprobieren, oder so? Wir waren uns einig, einen Versuch war es wert. Noch ein Risiko.

Wenn man Romane schreibt – oder im Grunde bei jedem künstlerischen Unterfangen –, geht es darum, dass man willentlich zulässt, etwas nicht zu wissen. Wir müssen die Tatsache annehmen, dass unzählige Nuancen entfaltet werden wollen. Figuren, die wir noch nicht kennen, Handlungen, die wir nicht erfunden haben. Abertausende Wörter, die darauf warten, ausgesucht zu werden. Wenn ich anfange, ein Buch zu schreiben, und schon weiß, wie die Geschichte endet, lasse ich es sein. Man braucht es nicht zu schreiben, wenn es keine Überraschungen gibt. Wenn man einen Berghang hinunterrutscht oder von einer Klippe springt, akzeptiert man das Nichtwissen. Erzähl mir nicht, wie es endet – lass es mich selbst herausfinden. Die Kunst im Leben ist, dass man versteht: Auch wenn wir nur am Rand stehen wie ich als Kind und anderen zusehen, wie sie Risiken eingehen, lassen wir uns auf das Nichtwissen ein. Alles ist ein Risiko. Genau das trifft viele Menschen so hart im Moment, jetzt, wo wir auf den Mai 2020 zugehen. Sie wussten nicht, dass sie keine Ahnung hatten.

12
Die Knochenkapelle

Ich habe einmal allein einen Ausflug an die sizilianische Küste gemacht. Ich war fünfundvierzig Jahre alt. Es war am Ende einer Lesereise im Zusammenhang mit meinem fünften Buch, und ich hängte ein paar Tage für Besichtigungen dran. Ich wohnte in einem Hotel in einer kleinen Stadt, die meine Freundin Cynthia empfohlen hatte, sie hat nämlich die ganze Welt bereist und einen hervorragenden Geschmack. »Genau das solltest du machen«, sagte sie, also machte ich das. (Ich habe viele Schwächen, kann aber ganz gut einschätzen, welchen Rat ich annehmen sollte.) Das Internet befragte ich zu meiner Sorge, was das Autofahren in Italien betraf, doch genügend Leute meinten, das sei kein Problem, also hörte ich auf sie. Ich mietete einen Kleinwagen, ich schlängelte mich die Hügel hinauf und hinunter, und das war wild und beängstigend und eine neue Erfahrung, und ich fand es toll. Ich sah mir den Tempel von Segesta an, ging hindurch, schritt hindurch, dachte über die Vergangenheit nach, darüber, dass wir im Grunde nur eine Sekunde am Leben sind, ein Wimpernschlag, dann ist es aus und vorbei. Ich machte Fotos. Ich stellte sie ins Internet, damit alle wussten, dass ich nicht tot war, und auch als Beweis einer irgendwie neuen Existenz. Wenn man etwas Neues sieht, ist man verändert, ein wenig zumindest. Am wärmsten Tag dieses Ausflugs tauchte ich ein ins Mittelmeer. Das Wasser fühlte sich auf der Haut wie Seide an. Ich setzte mich allein an einen kleinen, felsigen Strand gleich vor dem Hotel. Es war romantisch und es war einsam. Ich war froh und ich war traurig. Ich wünschte mir jemanden zum Vögeln. Überall um mich herum schossen Leute auf Motorrädern vorbei, die viel jünger waren als ich und viel attraktiver. Ich hatte mir so sehr gewünscht, diesen Ausflug zu machen, diesen neuen Ort zu sehen. Ich reiste schon viele Jahre allein. Es gehörte zu meiner Identität. Ich war stolz, dass ich es dorthin geschafft hatte. All das empfand ich, und dann blickte ich hinaus aufs Meer. Am Abend ging ich zum schicksten Restaurant der Stadt, oben auf einer Klippe, und fragte, ob ich dort zu Abend essen könne. Man sagte mir, Einzelpersonen würden nicht bedient. Man zuckte mit den Schultern und wies mich ab. Ich ging hungrig zurück zu meinem Hotel, und ich weinte. Ich wollte nichts ändern an meinem Leben – ich hatte sehr hart dafür gearbeitet –, aber in diesem Moment wollte ich auch nicht allein sein. Ich war erschöpft von all dieser Anstrengung, auf mich gestellt zu sein. Ich wollte jemanden haben, mit dem ich im schicksten Restaurant der Stadt zu Abend essen konnte.

Ich beschloss, nicht mehr allein zu reisen, jedenfalls nicht mehr so oft. Aber ich machte mir Gedanken, ob ich zu verwöhnt und egoistisch war. Und ich machte mir Gedanken, dass vielleicht niemand so viel Zeit mit mir verbringen wollte. Ich war schon so lange allein – acht Jahre zuvor hatte ich meine letzte ernsthafte Beziehung gehabt. Ich wünsche mir, dass für mich alles natürlich und einfach läuft, aber manchmal funktioniert das nicht. Ich verbringe zu viel Zeit allein, was ich toll finde, aber wenn ich dann wieder zum Vorschein komme, dauert es manchmal etwas, bis ich mich an andere Leute gewöhne. Ich schiebe es darauf, dass ich Autorin bin, aber im Grunde bin das einfach auch ich.

Es ist sowohl meine Lösung als auch mein Problem. Das Alleinsein.

Ein wichtiger Gedichtband in meinem Leben ist *Absolute Solitude*, »Unbedingtes Alleinsein« von Dulce María Loynaz. Ich habe es im Frühling 2018 entdeckt, als ich die Lyrikabteilung bei Dog Eared Books in San Francisco durchstöberte. Dort gehörte es damals zu den empfohlenen Büchern, und das Personal hatte es mit einem starken Statement versehen. »Sofort lesen!« stand da, glaube ich. Also kaufte ich es.

Durch *Absolute Solitude* kam ich ins Nachdenken über die Frage, inwiefern sich Einsamkeit wohl vom Alleinsein unterscheidet. In meinen Romanen schreibe ich viel über einsame Menschen. Für einige meiner Figuren stellt die Qualität des Alleinseins etwas – zumindest potenziell – Reiches und Stützendes dar, fast in dem Maße, dass es zur Weltanschauung oder Ästhetik wird. Loynaz' Werk bringt diese Anschauung sehr schön zum Ausdruck. Schließlich heißt das Buch nicht *Absolute Loneliness*, »Unbedingte Einsamkeit«. Es erweist sich, dass Einsamkeit und Alleinsein zwei völlig verschiedene Dinge sind.

»Vieles wurde mir in der Welt gegeben: Mein ist nur das unbedingte Alleinsein«, schreibt Loynaz in einem einzeiligen Gedicht aus ihrer Reihe »Gedichte ohne Namen«. Ein wunderbarer Gedanke, dass Alleinsein ein Geschenk ist. Ich glaube, wir können uns davor fürchten, einsam zu sein, aber wenn man einen Weg findet, sich das anzueignen und als Schatz und Vergnügen und Freude wahrzunehmen, dann kann es ganz tröstlich sein. Ich habe in meinem Kopf einen Ort, wo ich hingehen kann und der nur mir gehört, und niemand gelangt je an diesen Ort. Diese Zeit allein schätze ich sehr. Ich könnte niemals ich sein ohne sie.

Dennoch räumt Loynaz offenbar ein, dass zu viel Alleinsein auch isolieren kann, entfremden, vielleicht sogar gefährden. In einem nachfolgenden Gedicht schreibt sie: »Alleinsein, stets erträumtes Alleinsein … Ich liebe dich so sehr, dass ich manchmal fürchte, eines Tages könnte Gott mich strafen und mein Leben mit dir füllen.« Pass auf!, scheint sie beinahe zu sagen. Der Gedanke, dass man in Sachen Alleinsein aufpassen sollte, was man sich wünscht, beschäftigt mich ständig im Nachdenken und im Schreiben. So wie: Und wenn es nur dich gibt? Und wenn das Flugzeug abstürzt und nur du auf der Insel bist? Ich weiß nicht, wie froh ich darüber wäre. Da besteht eine gewisse Spannung. Alleinsein ist als Zeitabschnitt besser denn als gesamtes Dasein.

»Einsamkeit ist Alleinsein mit einem Problem«, schrieb Maggie Nelson in *Bluets*.

Nach dieser Sizilienreise begann ich, eine andere Spielart meiner selbst einzuüben. Ich fuhr übers Wochenende mit Freundinnen weg. Ich teilte Hotelzimmer. Ich reiste mit klugen Menschen, die mehr über meinen Weg wussten als ich. Ich stellte fest, dass ich es genoss, die Zügel schleifen zu lassen. Ich überließ es anderen, das Restaurant auszusuchen. Das nette, in dem wir zusammen aßen. Die Strategie wirkte sich auch auf meine beruflichen Reisen aus. Auf Lesereise verabredete ich mich in möglichst vielen Städten mit befreundeten Menschen zum Abendessen. Ich arbeitete hart an der Öffnung meiner Welt. Es ist nicht so einfach, das richtig auszudrücken, und wahrscheinlich weiß ich nicht mal, ob es stimmt, aber ich glaube: Ich wurde als Autorin geboren. Ich wusste, dass ich für immer mit einem gewissen Kummer leben würde, dass er irgendwie von Geburt an tief in mir verwurzelt war. Doch vielleicht konnte es Momente geben, in denen ich ihn stillte.

Schließlich lernte ich einen Mann kennen, der mit mir reisen wollte. Das Liebeswerben war, wie es sich gehört: Alle Körperteile waren am richtigen Platz und lösten entlang der gemeinsamen Schwelle kleine elektrische Fünkchen aus. Tagesausflüge aufs Land, Krebse auf dem Deich. Lange Textnachrichten. Eine Fahrt zum Flughafen. Mehr Sex, genüsslich. Ich schätzte es, wie großzügig er im Freundeskreis mit seiner Zeit umging. Ich neckte ihn gern. Keine Kinder, keinerlei Verlangen danach. Keine alten Ehen, vergangen und verrottet. Wir hatten beide ein eigenes Zuhause. Wir hatten beide flexible Kalender. Er tat sogar so, als würde er mir zuliebe das Rauchen aufgeben.

Wir beschlossen, zusammen zu verreisen. Nach Portugal. 2018. Ich hatte die Reise zunächst allein geplant – eine Lesetour in Italien mit ein paar privaten Stopps in der Toskana und auf Sizilien und dann ein Auftritt auf einem Festival bei Lissabon –, aber er wollte sich auf dem Festival zu mir gesellen und danach würden wir von dort aus starten. Wir hatten ein ganzes Land zu erkunden. Wir saßen nebeneinander auf der Couch, dicht an dicht, und scrollten durch Bilder von Hotels und Airbnbs und Sehenswürdigkeiten. Er erzählte mir, er habe eine Stadt mit einer Knochenkapelle gefunden, und mein Gesicht erhellte sich, so wie seins, als er meine Begeisterung sah. Dann zeigte ich auf eine Stelle auf der Karte, das sogenannte »Ende der Welt«. Auch das klang ansprechend.

Bald wurde unser Ehrgeiz beim Planen zu groß. Sollten wir hierhin fahren? Und dorthin? Wir gingen dilettantisch vor und waren außerdem im Frühstadium des Verliebens (auch wenn wir das nicht aussprachen, nicht in diesen Worten, und wenn man es nicht ausspricht, ist es dann überhaupt wahr?), sodass wir einander gefallen und gleichzeitig herausfinden wollten, wie Verhandlungen in unserer Beziehung liefen. Außerdem wollten wir einander beeindrucken, und unsere zahlreichen Autofahrten durch Louisiana und Mississippi hatten uns Mut gemacht. Das ganze Frühjahr über hatte er mir alles gezeigt, was er kannte in dieser Gegend, in der er seit mehr als zwanzig Jahren lebte. Also beschlossen wir, zusammen durch dieses neue Land zu fahren, dieses fremde Land, zur Knochenkapelle, ans Ende der Welt und weiter. Was immer jenseits davon lag, wir würden hinfahren.

Einen Haken gab es: Er wollte einen Schaltwagen mieten. Er habe gelernt, mit einer manuellen Schaltung umzugehen, sagte er, und das fehle ihm. Ich konnte nur Automatik fahren. »Willst du wirklich die ganze Zeit am Steuer sitzen?«, sagte ich. Es stimmte – bei jeder gemeinsamen Autofahrt saß er am Steuer und ich navigierte, doch nun ging es um viele Tage am Stück, und in einem anderen Land. Wir sprachen eine Weile darüber, aber vielleicht nicht lange genug. Vielleicht hätte ich später noch einmal auf das Thema zurückkommen sollen. Es war viel verlangt, wenn jemand ständig am Steuer saß – das sagte ich. Ich konnte nicht sagen: »Das ist eine ganz blöde Idee.« Oder auch nur: »Und wenn ich mal fahren will? Wenn ich mal kurz die Kontrolle will in dieser neuen, fremden Landschaft?« So viele Worte, die ich den ganzen Tag auf der Zunge und im Kopf hatte, jeden Tag, und ich konnte sie nicht aussprechen, warum auch immer. Er wirkte so sicher. Er wollte diese Gangschaltung.

Ein paar Monate später trafen wir uns im Städtchen Óbidos, wo das Literaturfestival stattfand. Seltsamerweise verlief die Veranstaltung ziemlich kontrovers. Eine der Personen auf dem Panel war nicht erschienen, und so kam es, dass das

Gespräch nur zwischen mir und einer Autorin stattfand, die viel älter und konservativer war als ich. Bei den meisten Literaturfestivals werden Beiträge der aus dem Ausland angereisten Autorinnen und Autoren übersetzt, sodass die Vermittlung zwischen ihnen, den anderen auf dem Panel und dem Publikum gewährleistet ist. Doch in diesem Fall stellte mir jemand Fragen und übersetzte meine Antworten grob für das Publikum, ohne jedoch für mich wörtlich zu übersetzen, was die andere Diskussionsteilnehmerin sagte, sodass ich nur eine kurze Zusammenfassung bekam. Zwei Beteiligte führten also ein Gespräch, erfuhren aber erst, wovon die andere sprach, wenn diese schon eine Weile ausgeredet hatte. Bis ich auf dem Stand der Dinge war, hatten wir bereits ein Problem.

Der größte Teil des Publikums verstand sowohl Englisch als (natürlich) auch Portugiesisch und fand den ganzen Austausch ziemlich spannend. Die Frau, mit der ich mich unterhielt, war eine extreme Antifeministin, was ich aber erst nach der dritten Runde in diesem Hin und Her begriff, und bis dahin hatte ich ständig genickt und gelächelt, als wäre ich einverstanden, nur um schließlich zu merken, dass wir komplett uneins waren. Ich erinnere mich, dass sie entschieden darauf beharrte, es sei Aufgabe des Mannes, einen platten Reifen zu wechseln, und an dieser Rollenverteilung solle sich auch niemals etwas ändern. Ich sagte, ich könne keinen Reifen wechseln, ginge aber davon aus, dass ich es ohne Weiteres lernen könne, und dass ich allermindestens hoffte, genauso bezahlt zu werden wie ein Mann, dann könne ich es mir nämlich leisten, jemanden mit dem Reifenwechsel zu beauftragen. Ich glaube, sie war wohl auch kein Fan von Homosexualität, aber es kann auch um das allgemeine Konzept von Genderfluidität gegangen sein, das ich positiv dargestellt hatte. Wir werden es nie erfahren.

Als mir klar wurde, dass ich eigentlich mit ihr streiten sollte, war sie schon ziemlich wütend, und ich glaube, ich bin ihr eher amüsiert begegnet. All das war ganz packend, wenn auch vollkommen sinnlos. Später erzählte mir jemand aus dem Organisationsteam, Kontroversen seien ungewohnt auf diesem Festival und man freue sich darüber. Das Publikum war zugänglich und schien sich gut zu unterhalten – die Leute hatten applaudiert und sich eingelassen auf dieses Duell unter Gestotter und Stopps und Aggressionen. Ich war froh, dass sie wenigstens ihren Spaß hatten. Auf einem Literaturfestival in Amerika hätte man so ein Gespräch wohl kaum geführt – mit einer älteren Romanautorin, die gegen den Feminismus argumentiert –, und ich fühlte mich während des ganzes Gesprächs, als würde ich träge Fliegen von meinem Gesicht verscheuchen. Ich weiß nicht, wovor sie solche Angst hatte. Allein gelassen zu werden, vielleicht. Nach der Runde kam eine lächelnde junge Frau auf mich zu und sagte, sie sei beim Militär gewesen und könne einen Reifen wechseln.

Mein Reisegefährte und ich waren beide ziemlich beschwingt durch die ganze Veranstaltung, ihre unkonventionelle Energie und die Begeisterung des Publikums. Ein gutes Zeichen, dachten wir. Wer erlebt auf Reisen nicht gern ein paar Seltsamkeiten? Am nächsten Morgen klaute ich einen Haufen Obst und Müsliriegel vom Frühstücksbüfett des Hotels, in dem wir untergebracht waren, und dann packten wir und fuhren los in unserem Schaltmietwagen. Es ging Richtung Osten.

Wir verfuhren uns so gut wie sofort – wie sich erwies, war das Navi des Autos außerhalb großer Städte kaum zu gebrauchen. Also nutzte ich stattdessen das Navi auf meinem Telefon, das irgendwie verzögert reagierte, sodass ich ihm immer erst sagte, wo er abbiegen musste, wenn es schon fast so weit war (oder auch kurz danach). Zudem trug ich eine neue Brille, Gleitsicht, zum ersten Mal in meinem Leben, und meine Augen hatten sich noch nicht daran gewöhnt.

Ich starrte während der Fahrt mit zusammengekniffenen Augen auf das Navi. Ich hob und senkte den Kopf in verschiedenen Winkeln. »Scheißbrille«, murmelte ich. Ich war voll und ganz auf das Telefon konzentriert. Wenn ich konnte, warf ich einen kurzen Blick auf die Landschaft: die Korkeichenwälder aus gerade von ihren Schichten befreiten Bäumen und den weiten Himmel darüber, wolkenverhangen, düster, aber mit lauter kleinen Inseln aus Licht. Ungefähr alle sechzig Meilen gab es Kleinstadtleben. Doch vor allem achtete ich auf die nächste Abzweigung. Wir hatten uns schon einmal verfahren, und ich wollte nicht dafür verantwortlich sein, dass es wieder so kam. Sehr bald ärgerte ich mich darüber, dass wir ein Auto gemietet hatten, das ich nicht fahren konnte. Vor solchen Sachen hatte ich mich gefürchtet beim Gedanken an eine Reise mit jemand anderem. Ich hatte ein Zugeständnis gemacht, und es erwies sich als falsch. Und davor, dass mir etwas missfallen würde und ich dann in eine Situation geriet, über die ich mich nicht erheben konnte, auch wenn ich eigentlich dazu in der Lage sein sollte. Aber das sollte ich tun, ich konnte das, ich war erwachsen, ich würde das schaffen. Ich atmete tief durch.

Wir schafften es an unser Ziel und kamen nur ein paar Stunden später an als geplant. Das Navi führte uns in ein Stadtzentrum mit zahllosen Sackgassen und Schildern mit Parkhinweisen, die wir nicht verstanden. Irgendwann riefen wir im Hotel an und man leitete uns zu einem Parkplatz, der zehn Euro am Tag kosten sollte, worauf mein Reisegefährte zuckte. Er hätte lieber kostenlos außerhalb des Zentrums geparkt und wäre mit dem Gepäck eine halbe

Meile zu Fuß zum Hotel gegangen. Mein Gedanke war eher, dass wir vielleicht einfach parken und aus dem gottverdammten Auto steigen sollten, was ich zwar nicht laut sagte, aber im Tonfall womöglich schon – will heißen, ich sagte laut: »Vielleicht parken wir einfach …«, und ließ »… und steigen aus dem gottverdammten Auto« im Ton mitschwingen. Wir parkten.

Er hatte ein entzückendes historisches Hotel ausgesucht mit gewölbten Steindecken und Parkettböden – sofort war der Schaltknüppel vergessen. Ein schönes Hotelzimmer bedeutet mir viel. (Ich bin in mancherlei Hinsicht nicht einfach, aber in dieser schon.) Doch zuerst mussten wir ins Zimmer gelangen. An der Rezeption bekamen wir den Schlüssel, und wir stiegen mit unserem Gepäck die Treppe hinauf, suchten unser Zimmer und schlossen die Tür auf, um festzustellen, dass es bereits belegt war – man hatte uns den falschen Zimmerschlüssel gegeben.

Wir platzten also bei einem älteren Paar herein, grauhaarige, schmale Menschen. Sie saßen in ihrer Nachtwäsche nebeneinander, unter der Decke, und er hatte sie im Arm. Sie sahen uns ganz ruhig an, nur ein klein wenig überrascht. Es ging nichts Sexuelles vor. Sie saßen einfach nur dicht beieinander. Nebeneinander im Bett. Sie sagten nichts. Ich fragte mich, ob sie schon lange verheiratet waren. Ich fand es süß, dass er sie so fest im Arm hielt. Ich fragte mich, ob mich mein Freund in zwanzig Jahren auch so festhalten würde. Bestimmt hatten sich diese beiden auf der Fahrt zu ihrem Ziel auch hin und wieder gezankt, und doch konnten sie dort jetzt nebeneinandersitzen, in so einer liebevollen Umarmung. War das jetzt irgendwie eine Zukunftsvision unserer selbst? Wir entschuldigten uns und schlossen die Tür.

Schließlich machten wir uns über das Kopfsteinpflaster

durchs Stadtzentrum auf den Weg zur Knochenkapelle. Touristenläden boten alle erdenklichen Gegenstände aus Kork aus den umliegenden Wäldern an: Handtaschen, Schuhe, Geldbörsen, Hüte, Notizbücher, Kork, Kork, Kork. So machen eben alle ihr Ding, dachte ich. Wir holten uns Gebäck aus einem Café und setzten uns auf die Stufen vor der Igreja de São Francisco, dem Gebäudekomplex, in dem sich auch die Knochenkapelle befindet, die Capela dos Ossos. Inzwischen war später Nachmittag, aber es war noch sonnig, und obwohl auf den Straßen noch Leute unterwegs waren, hatte ich nicht das Gefühl, von Touristen überrannt zu werden wie in Lissabon oder auch in Óbidos, das wegen des Festivals komplett überfüllt gewesen war. Wir trugen beide Shorts. Wir tranken Wasser. Zum ersten Mal an diesem Tag schien alles friedlich. Nun würden wir das Ding sehen, für das wir so weit gefahren waren. Das Ding, das er für mich gefunden hatte. Das Ding, von dem er gedacht hatte, dass es mir sehr gefallen würde. Es wurde Zeit, da waren wir uns einig.

Am Eingang zur Kapelle steht auf einer Säule zur Begrüßung ein Sonett, zugeschrieben dem Pater António da Ascenção Teles, der Mitte des neunzehnten Jahrhunderts Gemeindepfarrer des Dorfes war. Übersetzt liest es sich so:

Wohin gehst du so eilig, Reisender?
Halt inne … setz deine Reise nicht fort,
Eine wichtigere Sorge hast du nicht
Als diese: das, worauf dein Blick gerichtet ist.

Bedenke, wie viele aus dieser Welt gegangen sind,
Besinn dich auf dein ähnliches Ende,
Gute Gründe sprechen dafür, nachzusinnen,
Hielten es nur alle so.

Erwäge, der du so hingegeben bist
Den vielen Besorgungen in der Welt,
Wie selten du den Tod betrachtest.

Erhebst du hier jedoch den Blick,
Halt ein … um deiner Sorge dieser Größe willen,
Je länger du innehältst, desto weiter du gelangst.

Die Capela dos Ossos wurde im sechzehnten Jahrhundert von einem Franziskanermönch erbaut. Säulen aus bis zur Decke gestapelten Schädeln und Knochen stützen die kleine Kapelle, und auch die Wände bestehen aus zahllosen Knochen. An diesen Wänden hängen mehrere fast intakte Skelette, und auf der Gewölbedecke sind anmutige Gemälde von Schädeln zu sehen. Die ganze Gestaltung ist überaus kunstvoll und doch zurückhaltend. Insgesamt enthält die Kapelle die Überreste von mehr als fünftausend Menschen, die man zur Zeit des Baus aus den Friedhöfen der Stadt exhumiert hat, nicht nur für dieses Monument, sondern auch, um Platz zu schaffen für die Bestattung weiterer Toter.

Die Kapelle wurde nicht so geplant, um Besucherinnen und Besucher zu erschrecken – sie sollte ihnen vielmehr Anstoß sein, über ihr tägliches Leben nachzudenken, über dessen Vergänglichkeit nachzusinnen und die Eitelkeit des Irdischen zu erkennen. Sie ist die vollkommene Verbildlichung eines Memento Mori. Die Aufforderung, Leben und Tod zu betrachten und mich zu fragen, wofür ich lebte, woher ich kam und wohin ich im Anschluss gehen würde, kam mir inmitten der Stille Tausender, als Kunst und Ritus zugleich dargebotener Knochen vor wie ein Geschenk.

Eine unglaubliche Ruhe breitete sich in mir aus. Nie hatte ich etwas gesehen, das dem physischen Ausdruck kreativer Erfahrung so nahekam. Alles war tot – das wusste ich, ich konnte es mit eigenen Augen sehen, Knochen unter dem Staub von Jahrhunderten – und doch kam es mir gleichzeitig so lebendig vor. Es war gestaltet, um zum Nachdenken anzuregen. Lebendig und tot – überall Geschichten. Viele Tausend Möglichkeiten, viele Tausend Geschichten. Man hatte die Knochen in diesem Raum zusammengetragen, diese Knochen würden niemals allein sein. Sie haben einander, dachte ich. Und uns alle, die wir sie jeden Tag besuchen.

Ich hatte eine andere Form der Interaktion mit den Knochen erreicht: Mir war, als würde ich gegrüßt. Der Tod, so vertraut. Es lag nicht nur an der Botschaft beim Eintreten, auch wenn ich deren Förmlichkeit zu schätzen wusste. Ich behaupte auch nicht, irgendeine übersinnliche Sensibilität oder Empfänglichkeit zu besitzen. Doch wir hatten eindeutig ihren Bereich betreten. Sie präsentierten sich uns, gestatteten unserem Blick, sie zu berühren. Als Einladung, zu betrachten und zu bedenken, was von ihnen blieb, und uns ihre Vergangenheit vorzustellen, welchen Raum sie auch immer einnehmen mag im Universum. In ihrem Tod, in dessen Zurschaustellung, in dessen Andenken wurde uns ein bisschen mehr Leben geschenkt, ein bisschen mehr Anschub, etwas, das wir mitnehmen konnten auf dem Weg in unsere Zukunft.

Ich erlebte sozusagen das Gegenteil einer existenziellen Krise. Es war ein reiner und tiefer Moment der Erfüllung, wie beim Abschluss des letzten Satzes eines Buchs, aber auch wie beim Schreiben eines einzigen guten Satzes – dieser Moment direkt danach, beschleunigter Herzschlag, dröhnende Befriedigung, die bebend meinen Körper durchfährt, wenn ich begreife, ich habe das Richtige getan. Eine Fähigkeit, die wir alle teilen – so zu empfinden, wenn wir die eine kleine Sache erkennen, die uns Freude macht, in der wir gut sein können. Welch ein Glück für uns alle, wenn wir tatsächlich jenes Eine finden, das wir lieben. Auch wenn das die Kehrseite hat, dass wir es vermissen, wenn es nicht da ist, oder von uns selbst enttäuscht sind, wenn wir es nicht an jedem geschlagenen Tag erreichen. Aber Vergebung ist auch etwas, das gelernt werden will – uns selbst vergeben, dass wir nicht immer in Bestform sind, nicht immer alles schaffen. Vergebung gehört ins Arsenal an Eigenschaften, die wir erwerben müssen, um den Alltag zu überstehen. Uns selbst vergeben, dass wir menschlich sind.

Doch was war mit meinem Reisegefährten? Wir waren zusammen, erlebten die Situation aber getrennt. Wir waren nicht weit voneinander entfernt, doch ich war ganz absorbiert von den Knochen. Wir saßen nicht im Schlafanzug nebeneinander, während er mich im Arm hielt. Was ich empfand, war einzigartig. Aber ich weiß noch, als wir gingen, fragte er mich, ob ich glücklich sei, und das war ich, ich war aufgedreht und fröhlich, und ich glaube, das gefiel ihm. Ich sagte zu ihm: »Dieser Ort ist genau der richtige für mich.«

Eigentlich hätte ich ihm in diesem Augenblick sagen müssen, dass ich ihn liebte. Manchmal denke ich, wenn ich das gekonnt hätte, wäre der Rest der Reise womöglich anders verlaufen. Wenn ich der Typ Mensch hätte sein können, der im selben Moment, in dem er etwas fühlt, auch weiß, dass er es fühlt. Aber manchmal erstarre ich so sehr in meinen Gefühlen, oder vielleicht ist auch ein Gefühl stärker als die anderen und beherrscht mich dann. In mir sind immer mehrere Gefühle gleichzeitig unterwegs, den ganzen Tag. Deshalb kann ich auch einen Raum voll alter Knochen schätzen, die stumm zu mir sprechen. So ist meine Seele beschaffen. Ein Raum voller Knochen, eine Vielzahl von Stimmen, alle zugleich.

Doch ich hätte auf diese eine Stimme hören sollen, auf jene, die sagte: »Ich liebe dich.« (Ein halbes Jahr später tat ich das, aber da war es vielleicht schon zu spät.) Ich hätte ihm sagen sollen, dass sich noch nie jemand für mich so auf etwas eingelassen hatte, einen so fernen Ort für mich gefunden hatte, ein Ziel im Ausland, dorthin geflogen war, mich getroffen hatte in einer Stadt, die für ihn überhaupt nicht von Interesse war, abgesehen davon, dass ich dort sein würde, um mich anschließend durch ein ganzes Land zu kutschieren, in eine weitere Stadt, nur, damit wir dort eine bestimmte Sache anschauen konnten, diese bestimmte seltsame Sache, von der er wusste, sie würde mich glücklich machen. Dieser Moment war dafür geschaffen, etwas in mir zu erfüllen, und das hatte er getan. Doch damals konnte ich keinen Platz machen für meinen Reisegefährten. Sosehr ich es auch gewollt hatte, dieses gemeinsame Reisen – noch immer konnte ich nur für mich sein.

13
Gleiswechsel

Ich war gerade zwanzig geworden in jenem Winter, in dem ich als Mann durchging. Ich war allein auf Rucksackreise durch Europa. Amerika – und tausend meist nicht selbst gemachte Probleme – hatte ich hinter mir gelassen und in England ein Auslandsstudienprogramm für Kreatives Schreiben absolviert. Andere, die ich von meiner Uni in East Anglia kannte, hatten sich für ihre Reisen zusammengetan, aber ich hatte beschlossen, mich bewaffnet mit einer Netzkarte für die Bahn und ein bisschen Bargeld allein hinauszuwagen. Unterwegs würden sich meine Wege mit denen von Freundinnen und Freunden in verschiedenen Städten kreuzen, damit klar war, dass ich noch lebte. Meine Strategie war, im Nachtzug zu schlafen und dadurch Geld zu sparen. Ein sowohl kühner als auch dämlicher Plan. (Eher dämlich.) Im Vorfeld kam ich natürlich nicht auf die Idee, dass ich meine Erscheinung verändern musste.

Doch die Nachtzüge machten mit mir, was sie wollten. An meinem ersten Abend allein, bei Paris, fand ich ein Abteil, in dem ein älterer Herr saß. Wir unterhielten uns eine Weile auf Spanisch und Französisch, dann nahm er eine Seite des Abteils und ich die andere. Als ich aufwachte, stand er vor mir und befummelte meine Brüste.

In den Tagen darauf machten Männer Kussgeräusche, rempelten mich an und quatschten mich aggressiv voll, fragten nach Sex. In den zwei Jahren zuvor war ich auf amerikanischen Verbindungspartys gewesen – ich hatte Belästigungen erlebt. Doch Leute wegzujagen war schwieriger, wenn man ihre Sprache nicht sprach und kein eigenes Zuhause hatte.

Ich überlegte, was mich zur Zielscheibe machte. Zunächst meine Brüste. Und die Tatsache, dass ich Amerikanerin war. Am Rucksack erkannte jeder, dass ich woanders herkam, und wenn nicht, dann in dem Moment, wo ich etwas sagte. Welche Waffen hatte ich? Keine. Ich konnte meine Verletzlichkeit nur verstecken.

Ich schob meine Haare unter eine Baseballkappe. Auf einem Markt in Amsterdam kaufte ich eine riesige Motorradjacke, um meinen Körper zu verbergen. Ich war noch in dem Alter, in dem ich mich weigerte, mit meiner Gesichtsbehaarung zu kämpfen, also zog sich ein dünnes Bärtchen über meine Oberlippe. Meine vielleicht beste Geheimwaffe war, dass sich mein Aussehen schlagartig verändern kann: Ich habe Kurven und hübsche Augen, aber ich habe auch maskuline Züge, volle Lippen, dichte Augenbrauen, ein langes Gesicht, eine tiefe Stimme. Auch wenn ich vielleicht nicht unbedingt ein Mann war – eine Frau war ich definitiv nicht mehr.

Dass ich als Mann durchging, machte mir das Leben sofort leichter. Ich konnte unbehelligt an Bahnhöfen sitzen und nachts ruhig schlafen. Von Italien bis nach Deutschland wollte kein Mensch mit mir reden, weil kein Mensch etwas von mir wollte. Ich sah aus wie ein junger Alleinreisender, der kein Interesse an neuen Freundschaften hatte. Ich war in Sicherheit.

Gegen Ende meiner Reisen nahm ich in Hamburg einen Nachtzug, um eine Freundin in Stockholm zu besuchen. Als ich um drei Uhr früh in den Zug stieg, waren alle Abteile knallvoll bis auf eines – darin ein junger blonder Mann, der nach Alkohol roch, und eine ältere Frau, die nach Parfüm roch. Damals hätte ich noch nicht die Ahnung gehabt, dir sagen zu können, ob der Duft billig oder teuer war, aber sie hatte so viel davon aufgelegt, dass es schien, als wollte sie etwas übertünchen.

Der Mann allerdings wollte gar nichts verstecken. Er war Schwede und arbeitete als Skipper in Trinidad und Tobago. Er war nach Paris geflogen, hatte eine Kiste zollfreien Rum mitgebracht und saß seitdem in diesem Zug. Er trank schon seit Stunden. Die Frau sagte sehr wenig. Der Skipper sprach Deutsch mit ihr und sie antwortet mit leiser Stimme. Dann zwinkerte er mir zu – meinem männlichen Ich – und fing an, Englisch mit ihr zu reden.

Er fragte sie, warum sie so spät in der Nacht nach Hause fahre. Sie sagte, sie wohne an der nächsten Station und habe ihren Onkel in Hamburg besucht. Ihr Lippenstift war verblasst, die Haare strähnig. Dann sprach er sie wieder auf Deutsch an, grob, und sie antwortete nicht. Ich versuchte, mitfühlenden Blickkontakt mit ihr aufzunehmen, doch sie war entweder zu erschöpft oder zu beschämt, um darauf einzugehen. Ich wusste, er war nicht nett zu ihr. Wie konnte ich diese Belästigung stoppen?

Ich tat das Einzige, was mir übrig blieb: Ich nahm die Mütze ab und zog die Jacke aus. Ich wusste nicht, ob ihn das peinlich berühren oder erschrecken würde – ich hoffte nur, es würde den Gesprächsverlauf ändern. Und das geschah. Die Dynamik im Abteil verschob sich. Er wandte den Blick zu mir. Er bot uns beiden Rum an, doch wir lehnten ab. Die Frau stieg in der nächsten Stadt aus. Der Skipper sagte: »Kein Mensch reist so spät in der Nacht, weil er in Hamburg den Onkel besucht hat. Die Frau war eine Prostituierte.« Er redete eine Weile über Prostituierte. Zu Prostituierten fiel ihm eine Menge ein. Dann fasste er mich genauer ins Auge: Er fragte, ob ich einen Freund hätte – hatte ich – und ob er mich befriedige. Ich sagte Ja und nochmal Ja.

Nicht, dass ihn das etwas anging.

Irgendwann schlief er ein und ich daraufhin auch. Als wir aufwachten, waren wir kurz vor Stockholm. Ausgenüchtert veränderte er sich wieder: Nun war er der perfekte Gentleman. Er half mir, einen Pendlerzug zur Uni meiner Freundin herauszusuchen, hielt mir die Türen auf und trug sogar mein Gepäck. Es war, als wäre das alles nicht passiert. Hier in seinem Heimatland, außerhalb der Züge, fiel ihm wieder ein, wie man sich benahm.

Als ich von ihm wegging, war ich plötzlich ganz klar im Kopf. Im Lauf der vergangenen Wochen hatte ich die Freiheit genossen, ein Mann zu sein. Doch jetzt, als ich meinen Rucksack aufsetzte und mich auf den Weg zu meiner Freundin machte, würde ich wieder ich selbst sein. Mit einem gewissen Neid dachte ich, wie einfach es für ihn war, diese Art Mann zu werden. Wie einfach für ihn, zu sein, was immer er sein wollte.

14
Eine Reise ans »Ende der Welt«

Mein sechstes Buch wird veröffentlicht. Es ist 2018. Ich gehe in Italien auf Lesereise. Ich fahre nach Mailand und Rovereto und Pordenone und Palermo und Catania und ich spreche in Buchhandlungen und auf Festivals und gebe Interviews für Zeitschriften und Zeitungen und Blogs und Radio und Fernsehen. Ich trage ein gelbes Kleid, das zufällig zu meinem Buchumschlag passt, und ein Kameramann macht ein Foto, auf dem ich das Buch hochhalte, und das poste ich im Internet und ich habe Jetlag, sehe aber hübsch aus. Eine reife, schöne, vollbusige, sonnengebräunte Frau im gelben Kleid in einem fremden Land.

Viola und ich treffen uns in Palermo, zum zweiten Mal in unserem Leben. Sie hat das Buch ins Italienische übersetzt und wir werden dort in der Buchhandlung ein Gespräch darüber führen, und noch eins in Catania, ein paar Tage später. In der Woche darauf werde ich in Portugal sein, mein Freund kommt auch dorthin, und dann reisen wir mit dem Auto zusammen durchs Land. Aber zunächst fahre ich mit Viola im Bus durch Sizilien. Wir sind müde, fühlen uns aber sehr wohl miteinander. Zwei Freundinnen auf einer Reise. Sie hat dramatisch geschminkte Cat Eyes und lange blonde Haare und ist ganz schwarz gekleidet und lacht wie ein Kind. Sie erzählt mir Klatschgeschichten über Leute, mit denen sie befreundet ist und die ich gar nicht kenne, und zwar so pikant und köstlich, dass ich ewig in diesem Bus sitzen könnte, solange sie mir weiter Geschichten erzählt.

In Catania miete ich ein Airbnb im Stadtzentrum, das für den Preis verdächtig groß und prachtvoll ist. Es kommt mir vor, als hätte man den wahren Eigentümer entführt und würde die Wohnung an mich vermieten, während man noch überlegt, was mit dem Opfer passieren soll. Es sind zahllose Zimmer mit gemalten Fresken an der Decke und riesigen Fenstern und drei Balkonen und ausgeblichenen türkischen Teppichen und verblassenden Samtsofas, ein makelloses Bad für jedes der beiden Schlafzimmer, eins mit riesiger, klauenfüßiger Wanne, und das Ganze kostet siebzig Dollar pro Nacht und ich mache mir Sorgen um den Zustand von Catania.

Morgens spaziere ich zum Markt auf der Piazza Carlo Alberto, etwa zehn Blocks entfernt.

Im ersten Moment drehe ich fast durch vor diesem prachtvollen Angebot. Ich will alles. Gebt mir alles. Ich kaufe gegrillte rote Paprika und Kartoffeln und Tintenfisch, und auch diese köstlichen Oliven und frisches Gemüse, endlich, endlich, denn wochenlang hat es Pasta und Fleisch gegeben. Und ich stehe eine Weile herum und trinke einen Espresso und schaue mir den Markt an, die dargebotenen Lebensmittel, ja, und die Leute, die so schnell unterwegs sind und ihre Bedürfnisse absolut unter Kontrolle haben. Ich betrachte auch die anderen Dinge, die Berge aus gebrauchter Kleidung zum Verkauf, zerrissene Jeans und Polyesterröcke und Kunstlederjacken, Kinderspielzeug, alte, ramponierte Bücher, und all das im strahlenden Sonnenschein. Solche Märkte gibt es auf der ganzen Welt. Dorthin kommen Menschen, um ihre Waren loszuwerden, statt sie wegzuschmeißen. Wo sollen all diese Dinge bloß hin?

Satt, erfrischt, lebendig bin ich bereit für das, was als Nächstes kommt. Ich gehe zurück zum Airbnb – immer noch kopfschüttelnd angesichts der Deckenfresken! Und wie das helle Sonnenlicht durch die Vorhänge strömt! – und mache es mir für den Rest des Tages gemütlich, ausgetreckt auf dem Bett mit meinem Laptop daneben auf einem Stuhl. Ich muss mir online etwas anschauen, das gerade in Amerika passiert. Christine Blasey Ford wird gleich vor dem Kongress darüber aussagen, wie sie als Fünfzehnjährige vom damals für den Supreme Court nominierten Brett Kavanaugh sexuell missbraucht worden ist.

Inzwischen war ich seit fast zwei Wochen weg von zu Hause. Normalerweise vergesse ich Amerika, wenn ich ins Ausland reise. Ich hatte geglaubt, es würde mir besser gehen, weit weg von den Belastungen der Trump-Präsidentschaft und vom Zustand Amerikas, der mir im Vorfeld der Kavanaugh-Anhörungen zunehmend instabil und deprimierend vorgekommen war. Doch all das hatte mich auf Schritt und Tritt verfolgt. Bei meinen öffentlichen Veranstaltungen und Presseinterviews kam fast immer mindestens eine Frage zum Thema #metoo, auch wenn ich mein Buch in den USA geschrieben und veröffentlicht hatte, bevor es #metoo in der gegenwärtigen Erscheinungsform überhaupt gab. (Aber natürlich nicht sehr lange. Außerdem könnte man sagen, dass wir immer in einem #metoo-Zustand gewesen sind, der nur nicht so hieß. Revolutionen dieser Art haben wir schon erlebt, die Wellen des Feminismus, die anrollten und sich dann am Ufer brachen. Zentimeterweise vorankrochen und dann zurückgerissen wurden ins Meer.) In Amerika war ich nur irgendeine Feministin, und eine weiße, heterosexuelle mittleren Alters dazu. In Amerika kam ich mir nicht radikal vor. Ich kam mir normal vor, und wenn ich »normal« sage, dann meine ich das im umgangssprachlichen Sinn, so wie langweilig, farblos, etabliert. Aber eins habe ich gelernt, im Trial-and-Error-Verfahren: Dass mein normaler Feminismus auf der ganzen Welt Unterschiedliches bedeuten kann. Mal ist er gut für ein hilfreiches Gespräch, und mal bin ich in gewisser Weise auch nur eine Unterdrückerin. Doch in Italien, in diesem Moment, interessierten sich Leute anscheinend für meinen Feminismus. So etwas wurde diskutiert.

Und ich diskutierte es gern, sprach gern über Revolution, zumal ich wusste, was in Sachen Supreme Court bevorstand, zumal ich jeden Tag in einem Amerika unter diesem Präsidenten lebte. Ob wir aktuell als Nation in irgendeiner Weise Vorbild waren? Das hätte ich gern gesagt, sagte es aber nicht. Stattdessen hielt ich es für das Beste, Frauen darin zu bestärken, sich ihren Raum zu nehmen, zu erkennen, dass sie respektvollen Umgang verdienten, dass sie sich sicher fühlen sollten in der Welt. Ich hatte nur einen Moment ihrer Zeit. Mir war es lieber, wenn sie eine Veranstaltung eher beschwingt verließen als deprimiert. Ich hinterließ lieber eine Spur aus Wörtern, die empowernd wirkten, statt angereichert zu sein mit jenem existenziellen Unwohlsein, das ich die meiste Zeit empfand. Nichts ändert sich, wenn wir nicht zumindest unsere Wünsche und Bedürfnisse erkennen. Wir müssen sie öffentlich artikulieren, damit wir überhaupt anfangen können, sie für uns zu reklamieren.

Ich durchforste das Internet in dieser absurd großen Mietwohnung. Ich finde einen Livestream. Ich öffne ein neues Fenster für Twitter, und noch eins für Facebook, und noch eins für den *New York Times*-Liveblog zur Anhörung. Es fühlte sich schon an wie Arbeit. Sie sprechen zu sehen. Alle anderen sprechen zu sehen. Jedes Gefühl zu fühlen. Ich wäre lieber vor all dem weggelaufen, aber ich fühle mich verantwortlich gegenüber dieser Frau, dafür, ihre

Wahrheit zu hören. Während dieser gegenwärtigen Erscheinungsform von #metoo habe ich immer die starke Verpflichtung empfunden, mir anzuhören, was alle zu sagen haben, so anstrengend das auch ist. Ich habe sehr hart gearbeitet, um stark zu sein im Leben. Als ich die Kavanaugh-Anhörung sah, kam alles zurück, wie bei jedem Bekenntnis, das ich je gelesen habe.

Ich bin es so leid, über dieselben schrecklichen Dinge zu reden und nachzudenken, die mir immer wieder passiert sind. All das, was mir passiert ist, kann ich nicht mal überblicken. Zu berücksichtigen wären dreißig Jahre Belästigung seit meiner Pubertät. Jedes Hupen, jeder Kommentar eines Fremden, wenn ich die Straße entlanggehe, all die unangemessenen Blicke von Bekannten und Fremden, tatsächliche physische Übergriffe sexueller und nicht sexueller Natur, ganz zu schweigen von Herablassung im Beruf und Beschränkungen infolge meines Geschlechts. Ganz zu schweigen von, ganz zu schweigen von, ganz zu schweigen von. Es ist ermüdend, all dem gegenüber immer noch Gefühle haben zu müssen. Ich wünschte, ich könnte das alles auslöschen und müsste nie wieder irgendwie daran denken. Ich werde für immer wütend darüber sein, aber ich denke fast nie an meine Vergangenheit. Doch Christine Blasey Ford spricht und ich bin gezwungen, mich damit zu beschäftigen. Wieder mal.

Als ich siebzehn Jahre alt und im ersten Jahr an einer kleinen, renommierten Privatuni an der Ostküste war, belegte ich einen Kurs in Kreativem Schreiben, Prosaliteratur. Prosa für Anfängerinnen. Ich hatte das Studium mit Schwerpunkt Lyrik begonnen, doch mein Dozent in diesem Kurs vermittelte mir, dass ich Fähigkeiten für den Bereich Prosa besaß und dass Gedichte schreiben zwar nicht unbedingt Zeitverschwendung, aber in Sachen Lebensunterhalt noch viel schlimmer war als Prosaliteratur. Ich fand ihn unglaublich glamourös mit seiner Hornbrille und der weich wirkenden Haut und dem Jackett und diesem ganzen WASP-mäßigen Ostküstenhabitus. Ich war eine Kleinstadtjüdin aus der unteren Mittelschicht und dem Mittleren Wesen. Ich war unter Menschen aufgewachsen, die bequeme, lässige Kleidung trugen, ohne besonderen Chic. Eine Gemeinschaft in Jogginghosen. So wie er sah man als Schriftsteller aus, meiner Meinung nach. Was er sagte, war sofort Gesetz für mich. Wenn das Semester gut lief und ich noch mehr Lob einheimste, würde ich noch einmal nachdenken über die Konzentration auf Prosa.

Gut möglich, dass nur der halbe Kurs echte Fähigkeiten besaß, aber man konnte ihn belegen, ob man das Schreiben nun zum Beruf machen wollte oder nicht. Ein anderer Autor hob sich in meinen Augen von den anderen ab, nicht nur, weil er begabt war, sondern auch, weil alle sich einig waren, dass er begabt war. Ein dreister, lustiger, lauter, unbelehrbarer, kühner, muskulöser junger Mann namens Brendan. (Hier habe ich den Namen verändert.) Er spielte im Rugbyteam und gehörte einer Studentenverbindung an, aber er war auch einer, der las und schrieb wie wir alle.

In seinen Geschichten passierte etwas. Seine Figuren waren körperbetont und oft gewaltbereit. Sie führten scharfe Dialoge und sagten Dinge, die sie bereuen würden. Sie tranken viel. Seine Geschichten waren anders als meine, die innerlicher waren und empfundener, auch aktueller und umgangssprachlicher. Wir freundeten uns sofort an und betrachteten einander als vertraute Kuriositäten. Er war auf eine gehobene Jungenschule gegangen, ich hatte eine öffentliche Schule in der Vorstadt besucht. Wir beide hatten Zugang zu Dingen gehabt, aber zu unterschiedlichen

Dingen. Zum Beispiel hatten wir beide Joyce gelesen, nur dass seiner James hieß und meine Joyce Carol, obwohl ich James natürlich auch gelesen hatte, während er sich mit meiner Joyce nie aufgehalten hätte. Er war mit Geld aufgewachsen, ich war mit Ehrgeiz aufgewachsen. Und doch waren wir beide am selben Ort angekommen. Im selben Studiengang, im selben Kurs.

In den ersten Wochen am College blieben wir nachts einige Male auf und unterhielten uns im Studierendenwohnheim. Ich war nicht verknallt in ihn, und ich denke, er auch nicht in mich. Ich wollte glauben, dass wir eine echte Verbindung herstellten, wie man das eben macht, wenn man schreibt, auch wenn man erst anfängt. Männliche Autoren waren schon wie Brüder für mich, blutsverwandt, mit gemeinsamen Neurosen und Verschrobenheiten. Ich konnte sie immer durchschauen, denn ich bin wie sie: auf genau dieselbe Weise der absolute lebende Albtraum, nur etwas erträglicher, denn ich bin eine Frau.

Zudem war ich sexuell unerfahren, noch Jungfrau, und das hatte ich ihm in einer dieser Nächte anvertraut. Wahrscheinlich wartete ich darauf, mich zu verlieben. Darüber stritten wir – er fand, dass es egal war, wer es schließlich tat, aber er hatte eine Jungenschule besucht, wo viel mehr Druck unterwegs war. Ich hingegen glaubte damals nun einmal daran, dass man auf den Richtigen warten musste. Auf der Highschool hatten das alle meine Freundinnen getan. Und dass ich ihn noch nicht gefunden hatte, hieß ja nicht, dass es ihn nicht gab.

Vielleicht war es komisch, ihn nicht körperlich zu begehren – wir verbrachten Zeit miteinander, wir waren jung und triebgesteuert –, aber er war überhaupt nicht mein Typ. Er war so eine Art verschlampter Popper. Schweißfleckige Polohemden, ungewaschene beige Cordhosen. Arroganter

Mund, schmale, spitze Nase, zusammengekniffene Augen. Er hatte generell so etwas Gefräßiges an sich, das seine Kameraden vermutlich ansprach, und er lachte viel und wild, auch wenn er in seiner Arbeit sehr konzentriert war. Er trank viel, aber das taten schließlich alle. (Und tun es noch.) Ich schätzte seine Freundschaft, weil ich mich von ihm verstanden fühlte. In meinem Leben hatte ich mich so oft unverstanden gefühlt. Nur beim Schreiben hatte ich das Gefühl, wirklich erfolgreich zu sein und die Kontrolle zu haben. Ich wusste genau, wer ich war, solange ich mich damit beschäftigte. Und da war ich nun, bekam Unterricht im Schreiben. Ich besuchte einen Kurs mit Leuten, die fast alle dasselbe machen wollten wie ich. Und dieser Mensch, den eine Menge Leute für den besten Autor im Kurs hielten, wollte mein Freund sein. Nicht so schlimm, dass ich mich selbst für die beste Autorin im Kurs hielt. (War ich das nicht immer gewesen? Hatte ich nicht auf der Highschool jeden erdenklichen Preis gewonnen, der das belegte?) In meiner Vorstellung teilten wir uns diesen Titel. Jedenfalls – wir waren gleichgestellt, das wusste ich. Und deshalb vertraute ich ihm und fühlte mich wohl mit ihm.

Während des Herbstsemesters ging ich zum Lernen in die Bibliothek. Ich trug ein grün-schwarz-blau kariertes Sommerkleid mit einem weißen T Shirt darunter und weiße Converse-Low-Tops. Ich hatte ein Buch und ein Notizbuch dabei. Mein Zimmerschlüssel hing an einem Gummiband, das ich ums Handgelenk trug. Damals hatte man keine Handys, trug keine Laptops mit sich herum. Seinerzeit kam man mit relativ leichtem Gepäck aus. 1989 brauchte man das alles nicht auf einem Collegecampus. Man brauchte nur sein Hirn, vielleicht einen Texteditor oder eine Schreibmaschine oder man setzte sich in den Computerraum, wenn man so arbeiten wollte, doch der

Wechsel zwischen Wohnheimzimmer und Bibliothek war an einem warmen Herbstabend sehr unkompliziert. Je nachdem, wozu man studierte. Je nachdem, wofür man sich am brennendsten interessierte.

Mein Weg führte vom unteren Bereich des Campusgeländes zum oberen. In der Nähe war das Wohnheim von einem Typen, mit dem ich mich traf. Wir hatten nichts gemeinsam, aber er war richtig lieb zu mir und ich schätzte seine Begeisterung für das Leben im Allgemeinen. Ich hatte seit dem Studienbeginn mit ein paar Leuten rumgemacht. Nichts hatte gehalten. Anscheinend suchte niemand etwas Bestimmtes, oder jedenfalls nicht bei mir, die sich seit der Highschool nicht groß verändert hatte, auch wenn ich gern so tun wollte, als könnte jetzt alles auch anders laufen. Einer, mit dem ich in der ersten Studienwoche geknutscht hatte, log irgendwelchen Leuten vor, wir hätten Sex gehabt und ich hätte mittendrin Yeats zitiert. (Jahre später wollte er mein Freund auf Myspace werden.) Eines Abends brachte mich ein Typ von einer Bar nach Hause – wir waren beide betrunken –, und wir schliefen im selben Bett ein. Als ich aufwachte, merkte ich, dass er neben mir im Bett masturbierte, und ich schubste ihn auf den Boden. (Jahre später wollte er mein Freund auf Facebook werden.) All das war mir bereits passiert. Ich war siebzehn Jahre alt und würde bald achtzehn werden.

Und an jenem Abend auf dem Campusgelände kam Brendan des Wegs. Den Rucksack schwingend, betrunken, aufgekratzt, mit imaginären Feinden rangelnd und lachend, bevor er auch nur bei mir angekommen war. Ich blieb stehen, um mit ihm zu sprechen, meinem Freund. Er knallte mir seinen Rucksack an den Kopf, richtig fest. Ich war benommen und lachte nervös. Ich verstand nicht, was da gerade vorging. Er rang mich mühelos nieder und fing an, mich an einer Hand über den Boden zu schleifen, als wäre er ein Höhlenmensch und ich seine Beute, allein seine, bis er irgendwann stehen blieb und sich auf mich setzte. Er gackerte. Ein Paar kam vorbei und ich rief um Hilfe, aber sie gingen weiter, vielleicht, weil es sie verwirrte, was sie da sahen, vielleicht hörten sie mich auch nicht richtig, denn meine Stimme war heiser und brüchig von dem Herumgezerre. Ich werde nie erfahren, warum sie nicht stehen geblieben sind. Er sagte: »Anscheinend kümmert es keinen, wenn du jetzt entjungfert wirst.« Er hielt meine Hände fest. Ich schrie ihn an, er solle mich loslassen. Wir waren nicht weit von einer riesigen Eiche entfernt, die wahrscheinlich schon viele Hundert Jahre dort stand. Tagsüber saßen Leute darunter und lernten, während in der Nähe konzentrierte junge Männer mit Bandanas als Stirnband Ultimate Frisbee spielten. Wenn ich an diese Uni denke, denke ich immer an diesen Baum.

Während ich das nun schreibe, wird mir eng um den Brustkorb und ganz heiß mittendrin. Dreißig Jahre ist es her, ohne dass diese Empfindung je abgekühlt wäre. So gut ich meine Tragödien, Traumata und Ängste inzwischen in Schubladen packen kann, beiseitelegen, auf Eis – dieser Moment bleibt ein glühendes Stück Kohle in meiner Brust.

Er ließ mich los. Meine Kleidung war zerrissen und voller Grasflecken. Ich hatte tagelang Prellungen. Ich weinte im Weggehen. Was war das? Was war mir gerade passiert? Eine Vergewaltigung war es nicht, aber ich wusste, ich war attackiert worden. Misshandelt. Ich ging zurück zum Wohnheim und erzählte dem für das Haus zuständigen Studenten sofort davon. Sicher konnte er sehen, wie verstört ich war. Die zerrissene Kleidung. Er sagte: »Wir können das melden, aber … bist du sicher, dass du das willst?«

Ich verstand nicht ganz, was er da sagte. Ich kapierte nicht, wie es auf dem College lief. Ich kapierte noch nicht, wie es auf der Welt lief. Ich wusste nur, wenn einem jemand etwas antat, musste man das melden. Aber er wusste mehr als ich. Er sah wohl schon vor sich, was passieren würde. Vielleicht dachte er auch einfach, es würde schwierig werden für ihn. Das war es sicherlich auch. Diese ganze Geschichte war sicherlich furchtbar für alle, die damit in Berührung kamen. Diese Geschichte, die ich mir bildlich vorstellen kann, als wäre sie gestern passiert, diese Vision, niedergehalten zu werden und zu hören, dass mir über meinen Körper und meine Sexualität keine Kontrolle zustand, ging ihm sicherlich ungemein auf den Sack.

Ich meldete es.

Was folgte, war natürlich viel schlimmer als der Übergriff selbst. Falls es irgendwie der Polizei gemeldet wurde, erfuhr ich nichts davon. Man kümmerte sich vielmehr innerhalb des Unisystems darum, und zwar so langsam, dass Gerüchte aufkommen konnten, zum einen, dass er mich vergewaltigt hatte, und zum anderen, dass ich behauptet hatte, er habe mich vergewaltigt, und dass ich log. Er und ich wohnten in benachbarten Wohnheimen. Und natürlich hatten wir unseren Schreibkurs zusammen, auch wenn ich mich erinnere, dass er die nächste Sitzung schwänzte. Ich erfuhr, dass seine Freunde – alle Mitglieder derselben Verbindung – eine Lagebesprechung in jemandes Wohnheimzimmer veranstaltet hatten, und ein junger Mann hatte gesagt: »Selbst wenn er sie vergewaltigt hat, wir sollten zu ihm halten.« Seine Freunde klopften spätabends an meine Tür, stießen wüste Beschimpfungen aus und rannten weg. Die Sache polarisierte. In der Cafeteria flüsterten Leute über mich. Ich weinte viel. Ich fühlte mich durch die Wahrheit ruiniert. Als ich endlich mit dem Dekan sprechen konnte, war ich fertig mit den Nerven und völlig verängstigt. Der Dekan präsentierte mir zwei Optionen: Ich konnte Brendan von der Uni verweisen lassen, oder er konnte weiter studieren und stattdessen eine verpflichtende Therapie machen. In diesem Gespräch, so wie ich es erinnere, schwang mit, dass ich durch einen Verweis sein Leben ruinieren würde. Dass es mein Leben ruinieren würde, wenn er blieb, war hingegen kein Thema. Ich hatte keinen Fürsprecher. Ich war noch keine achtzehn. Ich entschied, dass er weiter studieren und auf dem Campus Therapiesitzungen besuchen sollte. Ich gehe davon aus, dass diese Therapiesitzungen nichts brachten und wahrscheinlich nicht einmal strikt durchgesetzt wurden. Ich sage das aufgrund der Tatsache, dass ich ein Jahr später meinerseits Therapiesitzungen besuchen musste, die auf dem Campus angeboten wurden. Und zwar, nachdem ich einen Selbstmordversuch unternommen hatte. Ein Jahr lang baute sich eine Depression auf, und schon war es passiert. Ein frühmorgendlicher Besuch im Krankenhaus. Ich redete mich heraus, damit ich nicht über Nacht bleiben musste. Die Uni schickte mich zur selben Stelle wie ihn. Aber ich fand die Sitzungen wenig hilfreich und ging nach ein paar Terminen nicht mehr hin, ohne dass sich jemand die Mühe machte, anschließend nach mir zu sehen.

Ich schloss diese Uni mit 25 000 Dollar Schulden ab. Ich bin so oft umgezogen, so weit wie möglich weg von meiner Vergangenheit, dass die Alumni-Fundraiser keine Telefonnummer mehr von mir haben. Meine Bücher wurden in der Unizeitschrift mehrfach besprochen, aber man hat mich nie eingeladen, noch einmal dorthin zu kommen und zu sprechen, auch wenn ich mehr Romane veröffentlicht habe als die meisten anderen Absolventinnen und Absolventen dieses Schreibstudiengangs. Wenn sie mich jetzt einladen würden, würde ich dort dieses Kapitel lesen.

Was immer ich mir ausgemalt hatte für das College, für diesen Neustart, den ich hinlegen würde mit den vielen anderen klugen Leuten – es war vorbei. Nun war ich diese Person, der so etwas passiert war, und ich würde noch vier weitere Jahre dort bleiben. Das Wort *Ruf* arbeitet selten zugunsten von Frauen. Und das eine, was ich am besten konnte, mein sicherster Raum von allen, meine Welt des Schreibens, mein Seinsgrund, war nun für immer verknüpft mit ihm.

Ich studierte drei weitere Jahre Kreatives Schreiben mit der Person, die mich angegriffen hatte. In dieser Zeit sprachen wir nur zweimal miteinander. Einmal gegen Ende des ersten Studienjahrs, als ich ihn betrunken auf einer Verbindungsparty traf und er mich in die Ecke drängte und sagte, ich hätte sein Leben ruiniert. »Du hast *mein* Leben ruiniert«, konterte ich. Das zweite Mal in einer Bar nach unserem letzten Seminar in Kreativem Schreiben, in der er mir sagte, bei allem, was passiert sei, sei am schlimmsten, dass ich eine seiner engsten Freundinnen gewesen sei, und er finde es furchtbar, mich zu verlieren, worauf ich sagte, dass es für mich genauso sei. Gute Freunde sind nämlich schwer zu finden. Aber er war nicht mein Freund.

Während der Zeit auf dem College hörte ich immer wieder Gerüchte darüber, dass er Alkohol missbrauchte, dass er zu Gewaltausbrüchen neigte, dass er ein schrecklicher Mitbewohner war, dass er nachlässig war, ein richtig unflätiger Mensch. Wer weiß, was davon stimmte? In unserem Schreibstudiengang galt er noch immer als Star.

Jahre später gründete er dann eine Literaturzeitschrift mit unserem Professor für Kreatives Schreiben aus dem ersten Studienjahr. Die Zeitschrift ging nach zwei Ausgaben ein. Zudem begann er einen prominenten Schreibstudiengang für Graduierte, stieg aber vorzeitig aus. Er veröffentlichte ein Buch, das kam und ging. Online kann man es noch bestellen. Ich habe es nie gelesen. Es bekam eine ganz gute Kritik in der *Washington Post*, von einem berühmten Romanautor. Er heiratete, er hatte einen Beruf, Kinder. Er zog einige Male um. All das erfuhr ich zunächst durch die Gerüchteküche und dann aus dem Internet, wenn ich ihn ab und zu googelte. Manchmal gab er Schreibkurse. Ohne jedes aktuelle Wissen über seine Wahrheit, sein Leben, wusste ich einfach immer, dass er nach wie vor trank, dass er schwerer Alkoholiker war, und dass sein Leben womöglich anders verlaufen wäre, hätte man ihn gezwungen, sich ernsthaft mit seinem ersten Studienjahr auseinanderzusetzen. Das spürte ich tief im Inneren.

Eines Tages wachte ich auf und sah online die Nachricht: Er hatte sich umgebracht. Mit einundvierzig Jahren. Ich wusste nicht, was ich empfinden sollte. Vorläufig entschied ich mich für Trauer. Leute aus seiner Clique schrieben im Internet über ihn. Für mich klang das, als wäre er nach wie vor erfüllt gewesen von seiner eigenen Männlichkeit, und zwar volle Kanne. Ich las in einem Blogbeitrag, er habe einmal in einer Bar einen Tisch umgeworfen, in einem anderen, er sei so ein brillanter Autor gewesen. Ich las in einem Blogbeitrag, er sei ein toller Lehrer gewesen, und in einem anderen schrieb eine junge Frau, sie habe einmal Rat fürs Schreiben gesucht und mit ihm zu Mittag gegessen, und da habe er sie angeschrien und ziemlich terrorisiert, aber das sei schon okay, beim Thema Schreiben sei er nun mal leidenschaftlich gewesen. Ich las Blogbeiträge, in denen ihn Freunde als »Bruder« bezeichneten. Ich las dies und das über seine Frau und ich betete für sie. Ich las, dass er lieber im Auto geschlafen hatte, als betrunken nach Hause zu fahren. Ich stellte mir das Auto vor, die Sachen darin, ein Notizbuch, Zigaretten, Kleidung zum Wechseln, Bücher, vielleicht dieselben Bücher, die er schon seit Jahren las. Dads Auto. Dann las ich ein Status-Update auf Facebook von jemandem aus unserem Schreibstudiengang, und der betrauerte ihn und schrieb: »Er war der beste Autor in unserem Kurs«, und verdammt, ich hätte am liebsten geschrien, die beste Autorin in unserem Kurs war nämlich ich. Ich war diejenige, die sich für die Arbeit den Arsch aufgerissen und regelmäßig teilgenommen und sich für das Schreiben engagiert hatte, die reichlich Talent besaß und das immer wieder bewiesen hatte. Wieso hielt noch irgendwer ihn für den besten Autor in unserem Kurs? Wieso halten wir diese Männer für die Besten, wo sie doch die Schlimmsten sind? Wieso halten wir an ihnen fest?

Die Zeit verging auch für mich. Ich schloss das College ab. Ich kellnerte die Ostküste hinauf und hinunter. Ich wusste nicht, wie man Autorin wird – ich konnte mir nicht zugestehen, das in Angriff zu nehmen, denke ich inzwischen, weil ich so traumatisiert war von all dem, was mit dem Schreibstudiengang zusammenhing –, aber was ich sonst mit meinem Leben anfangen sollte, wusste ich auch nicht. Ich lebte eine Weile in Seattle. Ich zog irgendwann nach New York. Mir passierten weitere schreckliche Dinge, aber wunderbare Dinge passierten auch. Ich machte Zines. Ich startete ein Blog. Ich veröffentlichte Essays. Ich verliebte mich zweimal. Ich bekam ein Drogenproblem. Ich zog nach Brooklyn. Ich schrieb ein Chapbook. Ich schrieb einen Band Kurzgeschichten. Ich verkaufte ihn. Ich schrieb fünf weitere Bücher. Ich verkaufte auch die. Irgendwann zwischendrin werde ich vierzig und dann fünfundvierzig. Ich ziehe nach New Orleans. Ich lerne dort einen Mann kennen. Ich gehe auf eine weitere Lesereise, nach Italien. Ich sitze in einem überdimensionierten Airbnb in Sizilien und schaue die Kavanaugh-Anhörungen. Ich denke an die schrecklichen Dinge, die Männer mir angetan haben, was all meine Erfolge im Leben nicht tilgt und auch nicht das Glück, an dem ich täglich festhalte, doch es wächst in diesem Moment wie ein ausgetrockneter Schwamm, der Wasser aufsaugt und sich in mir ausdehnt. Ich halte ihm stand. Es hält mir stand. Ich verlasse Italien und fahre nach Portugal. Der Mann aus New Orleans kommt zu mir. Dieser Mann, der meiner ist.

Wir beschließen, durchs ganze Land zu fahren, ein dummer Fehler. Wir streiten über so vieles auf dieser Reise, schaffen aber bemerkenswerterweise alles, was wir uns vorgenommen haben. Dazu gehört auch eine Fahrt ans »Ende der Welt« in Sagres, dem südlichsten Punkt von Portugal. Dass ich es nicht gut habe, will ich mir nicht eingestehen. Ich will es gut haben. Wirklich. Aber ich kann nicht, und ich weiß nicht warum. Kurz vor dem »Ende der Welt« reden wir über die Kavanaugh-Anhörungen. Ich erzähle ihm die Geschichte aus meiner Vergangenheit. Was unter dem Baum passiert ist. Als ich meine Stimme höre, denke ich, ich klinge nicht traurig, sondern genervt. Genervt, dass das passiert ist und dass ich immer noch daran denken muss, darüber reden muss. Dass ich gezwungen bin, es wieder aufzurufen. Es geht mir gar nicht um sein Mitleid oder Verständnis, aber ich weiß, ich muss ihm diese Dinge von mir erzählen, wenn er mich kennen soll, wenn wir einander kennen sollen. Dieser Teil meiner Vergangenheit ist mir egal, will ich ihm sagen, aber das stimmt nun auch wieder nicht. Es hat mich in vielerlei Hinsicht geformt. Wer weiß, wer ich sonst geworden wäre. Eine Autorin auf jeden Fall, aber irgendwie habe ich das Gefühl, ein Teil meines Antriebs kommt aus der Wut. Und damit habe ich kein Problem. Völlig in Ordnung, wenn wütend sein meine Entstehungsgeschichte ist. Und wenn Brendan das nicht getan hätte, wäre es jemand anders gewesen, und andere hat es ja auch gegeben, auf andere Weise, und auch schlimmere. Doch er war mein Freund gewesen. Darum geht es, deswegen war es so hart. Er war ein Freund, und sein Verrat bestand darin, einfach irgendein Mann gewesen zu sein.

Doch davon kann ich dem Mann in meinem Leben nichts erzählen, ich überwinde nämlich gerade die Hürde, ihm überhaupt zu sagen, dass dieser Vorfall stattgefunden hat, dass in meinem Leben so vieles passiert ist, und ich bin es leid – leid, das als Teil meiner Lebensgeschichte erzählen zu müssen, wo es doch so viel anderes gibt, woran ich lieber denken würde, und dieser gute Mann tut das Einzige, was er kann, nämlich die Hand ausstrecken und mir sagen, es tue ihm leid, dass das passiert sei, und mir die Hand zum Trost aufs Knie legen. Ich schlage sie sofort weg, instinktiv, ohne nachzudenken – ich will nicht berührt werden. Ich will seinen Trost nicht. Es gibt keinen Trost für diese Geschichte. »Nein«, sage ich und schüttele den Kopf.

Ich bin erschrocken über mein Verhalten und er ist es auch, aber darüber reden wir nicht. Mein Akt der Gewalt als Reaktion auf seinen Akt des Trostes. Nichts, was er mir geben kann, wird mich heilen können. Diese Zeit ist vorbei, wenn es sie denn je gegeben hat. So bin ich jetzt nun einmal.

Wir erreichten das »Ende der Welt«. Es ist so romantisch und unermesslich, wie ich es wollte, blauer Himmel, ein Hauch kühler Luft, wie er Ende September weht. Unter uns donnert das Wasser in stürmischem Blaugrün. Wilde Klippen, fast achtzig Meter hoch. Klippen, von denen man springen und in den Tod stürzen könnte, und für diese Inspiration würde einem sicherlich niemand Vorwürfe machen.

In diesem Moment liebe ich nichts mehr, als weit in den blauen Horizont zu blicken. Ich strebe danach, nichts zu sehen, nichts zu fühlen. Ganz auf null zu sein. Trotzdem würde ich nicht all jenes Wissen aufgeben, das ich unterwegs erworben habe. Das Leben ist nicht fair, aber schau dir diese Klippen an, dieses Wasser, die Sonne, die Erde, die es immer noch gibt. Die Römer nannten diesen Ort Promontorium Sacrum – das Heilige Vorgebirge. Sie glaubten, dass die Sonne hier versank, vom Wasser ausgelöscht wurde. Für sie war es ein magischer Ort. Aber sie glaubten auch, dass jenseits davon nichts Gutes lag.

Im Internet poste ich ein Bild von der Aussicht, damit jeder weiß, ich habe es gut.

15
Hongkong

Es war im Frühjahr 2019. Die Karnevalssaison war vorbei und das Leben in New Orleans irgendwie etwas öde. Wochenlang hatte ich nichts anderes getan, als mein Kostüm zu planen, und nun war es auf dem Dachboden deponiert, bei anderen ehemaligen Mardi-Gras-Gewändern und einer Sammlung alter Notizbücher aus einer Zeit, in der meine Handschrift viel besser gewesen war. Schluss mit lustig. Ich ging jetzt zu einer neuen Therapeutin, einer jungen Frau – der ersten in wohl sechs Jahren –, fand die Erfahrung aber etwas glanzlos, wie meistens, wenn ich so etwas ausprobierte und jeweils nur ein paar Monate blieb.

(Mir war immer, als würde ich versuchen, sie zu unterhalten – was natürlich an mir lag, nicht an ihnen –, aber würde mich die richtige Therapeutin nicht irgendwann darauf ansprechen?) Wieso konnte ich nicht einfach still sitzen und sein, wie ich war? Ich weiß es nicht. Eines Abends zählte ich meine sämtlichen Vielfliegermeilen zusammen und kaufte aus einem Impuls heraus ein Flugticket nach Hongkong, mit anschließendem Besuch in Thailand.

Ich hatte zuvor nicht oft daran gedacht, diese Stadt zu besuchen, aber hin und wieder mit meinem Freund Sunil darüber gesprochen, der dort inzwischen seit knapp zehn Jahren lebte. Doch nun hatte ich die vielen Meilen von meinen zahllosen Lesereisen, und es juckte mich in den Fingern, sie zu verwenden. Und ich fand, ich sollte einen neuen Ort bereisen, irgendeinen, der eine Herausforderung war. Außerdem vermisste ich Sunil, der zu meinen ältesten Freunden gehörte. Ich vermisste sein Gesicht, das ziemlich hübsch war, glatt und jugendlich selbst jetzt, wo wir Mitte vierzig waren, und sein strahlendes, überraschendes Lachen, und dass er so klug war, wie er Wörter und Ideen sorgfältig abwog, nicht nur die eigenen, sondern wie er den anderen zuhörte, überlegte, ehe er sprach – immer blieb ich aufmerksam, während ich auf seine Antwort wartete. Innerhalb einer Stunde hatte ich mir ein Flugticket gesichert und machte meinen Reiseplan für einen Monat in diesem fremden Land, den ich nur mit Sunil besprach. Nicht einmal dem Mann in meinem Leben erzählte ich gleich davon. Ich würde weg sein, da würde er nichts machen können. Brauchte ich eine Erlaubnis, um meine Vielfliegermeilen zu nutzen? Musste ich jemandem außer Sunil erzählen, dass ich nach Hongkong fuhr? Wollte ich jenem anderen Mann zeigen, dass mir egal war, was er dachte? Wer weiß, vielleicht war es ihm ja egal? So weit waren wir damals. Flugtickets kaufen und Reisen planen ohne ein Wort zu dem Menschen, mit dem man jeden Tag sprach. Ich verschwieg es für ein paar Tage. Ich brauchte ein Geheimnis, warum auch immer.

Sunil schien sich zu freuen, dass ich endlich kam. Er lud mich schon seit Jahren ein, ihn zu besuchen. Aber ich hatte das Geld nicht gehabt, und auch wenn er mir angeboten hatte, mein Ticket zu bezahlen, konnte ich mir schwer vorstellen, pleite in einer teuren Stadt im Ausland zu erscheinen, nicht in diesem Alter, nicht mehr. Ich hatte mir geschworen, ich würde ihn erst besuchen, wenn ich mir das leisten konnte.

Und ich hatte nicht genug Neugier besessen, um nach Asien zu reisen. Diese ewig langen Flüge – das war alles, was mir dazu eingefallen war. Doch nun hatte ich einen Punkt in meinem Leben erreicht, an dem ich begriff, dass ich neugierig auf alles sein sollte. Ich wollte die Perspektive wechseln. Ich wollte an einem Ort sein, den ich nicht kannte. Ich wollte dieses Gefühl, das sich einstellt, wenn man eine Sprache nicht fließend spricht und gezwungen ist, mit sich selbst zu reden, mit sich selbst Freundschaft zu schließen, sich selbst zu kennen. Außerdem fand ich, dass Sunil meinen Respekt und meine Aufmerksamkeit verdiente. Ich hatte ihn seit zwei Jahren nicht gesehen, und immer nahm er den langen Weg auf sich dorthin, wo ich war, zunächst, als ich noch in New York lebte, und sogar einmal nach New Orleans. Er hatte sich die Mühe gemacht, und ich nicht.

In absehbarer Zeit würde er nicht zurück nach Amerika ziehen, ein Wunsch, an dem ich festgehalten hatte, auch wenn ich respektierte, dass er unbedingt dort bleiben wollte. Wann immer ich mit ihm sprach, erzählte er mir, dass er Hongkong liebte; er bewunderte die Effizienz dort, die Logik, die Modernität, das Essen, die sonderbare Vermischung der Kulturen, und auch, dass er von dort so einfach in andere Städte kam. Er würde alles tun, um dort zu bleiben. Er liebte einen bestimmten Ort – ich verstand das Gefühl. Wenn ich ihn sehen wollte, musste ich ihn besuchen. Manchmal verlangt eine Freundschaft, dass man sich Zeit für sie nimmt. Also schluckte ich die Furcht vor dem Langstreckenflug hinunter, zählte dann all meine Meilen zusammen, warf sie in einen großen Airline-Topf und klickte mich durch. In sieben Wochen würde es losgehen.

Fünf Wochen später gingen der Mann in meinem Leben und ich getrennte Wege. Die Mühe, die notwendig war, um unsere Beziehung zu reparieren, wollten wir beide nicht auf uns nehmen. Und da war noch etwas: Ich hatte mein siebtes Buch abgeschlossen, und als ich es ihm gab, las er es nicht. All die Ausflüge, die wir gemacht hatten, zur Pekannussfarm, in den Botanischen Garten, der Bummel durch das French Quarter zum Fluss – all die Recherchen, die ich unternommen hatte, um diese Schauplätze detailliert beschreiben zu können, hatte ich mit ihm gemacht. Es kam so selten vor, dass ich meinen kreativen Raum mit jemandem teilte. Und als ich ihm nun die Ergebnisse dieser Momente und meiner Bemühungen zeigte, ließ er das Buch einen Monat lang links liegen. Eine Begründung dafür nannte er mir nicht. Ob er es irgendwann lesen würde oder nicht (was er tat, wesentlich später), spielte in diesem Moment keine Rolle. Ich fühlte mich komplett zurückgewiesen.

Später sprach ich mit Lauren darüber, einer, bei der Ehemann, Familie, Leben stabil und sicher waren. »Bücher sind deine Sprache der Liebe«, sagte sie. Und wenn er die nicht sprach?

Ich gerate in einen Tunnel, wenn ich arbeite. Ich war seit Jahren an das Leben dort gewöhnt: die angenehm schummrige Umgebung, abgesehen von einer zu mir gekippten Lampe, die das Blatt perfekt beleuchtet; die temperierte Luft im Tunnel, eine leichte, kühlende Brise; Licht hinten, Licht vorne, damit ich rauskann, wenn ich flüchten muss. Aber es gibt auch Wände um mich, sie halten mich aufrecht, sie halten mich auf Linie, während ich mich auf meine Arbeit konzentriere.

Ich gehe einfach zurück in den Tunnel, dachte ich. Da ist es sicher.

Als ich zwölf Jahre alt war, war ich auf einer schlimmen Hochzeit. Meine ältere Cousine Betsy heiratete, und alle waren froh darüber, aber der Mann war geschieden und hatte schon ein Kind. Niemand kannte ihn richtig. Es ging schnell mit der Hochzeit. Am Vorabend brüllte er nach dem gemeinsamen Abendessen sein Kind auf dem Parkplatz an, und wir standen alle dabei und sahen zu. Ich dachte: Kann man das noch verhindern? Ich sah die Erwachsenen an. Niemand sagte ein Wort.

Die älteren Verwandten hielten diese Verbindung trotz allem für eine gute Sache. Betsy war eine, die ihren Weg nie so richtig gefunden hatte, es gab Probleme in der Schule und in Beziehungen, und nach dem College bekam sie nur schwer Arbeit. Sie war immer emotional gewesen, unverhohlen und auf extreme Art und Weise emotional. Ich weiß noch, ich dachte über sie, dass sie alles so intensiv empfand. Sie nahm auf unmäßige Weise zu und wieder ab. Ich sehe ihr ein bisschen ähnlich, wenn ich zunehme, um die Wangen. Aber ich wusste, ich war nicht wie sie, und das wäre auch nicht erstrebenswert gewesen.

Bei der Hochzeit waren alle einfach erleichtert, dass Betsy jemanden gefunden hatte. *Endlich*, das war der Unterton dieser Hochzeit: Fast hätte ich erwartet, dass die Tafelaufsätze aus diesem Wort bestanden, mit Rosenblättern geschrieben. Nun hatte sie so viel abgenommen, und es hatte geklappt! Sie hatte einen Mann kennengelernt. Und was könnte schlimmer sein, als unverheiratet zu bleiben? Für mich würde es kein »endlich« geben, dachte ich. Lieber sterben, als sich mit so einem Mann begnügen.

Mein »endlich« würde für etwas gelten, das ich gemacht hatte, nicht für jemanden, den ich heirate würde.

Betsy blieb über Jahrzehnte mit diesem Mann zusammen. Es war keine gute Ehe, aber eine lange.

Zehn Tage nach der Trennung stieg ich ins Flugzeug. Auch wenn man alles bis ins letzte Detail durchstrukturiert, kann man sich nicht aussuchen, was für einen Urlaub man macht. Ich hatte jedenfalls nicht geplant, dass es ein Trennungsurlaub werden würde. Ich hatte mir nicht vorgestellt, dass er diese Grundstimmung haben, so voller komplizierter Gefühle sein würde. Sobald sich mein Leben in irgendein Klischee verwandelt, werde ich wütend. Ich nicht, möchte ich schreien. Ich nicht, ich bin besonders und ungewöhnlich. Aber niemand von uns ist besonders und ungewöhnlich. Unsere Geschichten sind alle gleich. Ob sie es wert sind, noch einmal gehört zu werden, hängt davon ab, wie man sie erzählt.

Als ich mit verquollenen Augen und geradezu aufgeweicht vor Erschöpfung ankam, wartete Sunil am Flughafen auf mich. So stelle ich mir Freundschaft vor: im Ausland vom Flughafen abgeholt werden. Partner müssen einen vom Flughafen abholen. Freunde wollen einen vom Flughafen abholen. Ich war dankbar, ihn zu sehen, meinen Freund mit den dunklen Augen. Schlank, aber muskulös in seiner gut sitzenden Kleidung. Mit dem entspannten Lachen, dem verschmitzten Lächeln. Immer da, wo er sein sollte.

Sunil gehört zu den klügsten Menschen, die ich kenne. Er kam mit sechzehn an unsere Uni und ich war siebzehn und wir fanden uns über unsere Jugend, und er hätte nicht freundlicher sein können, vielleicht eine Überkompensation des Daseins als Wunderkind, aber er ist auch sonst ein äußerst großzügiger Mensch. Vielleicht liegt es an seiner Erziehung, oder das Geben entspricht einfach seinem Temperament. Doch ich weiß, ich werde niemals allein sein oder wirklich leiden, solange er zu meinem Leben gehört. Ich werde nie vergessen, wie er mir Geld geliehen hat, als ich vierzig und pleite war und von einem Café zum anderen zog. Ich habe angeboten, es ihm zurückzuzahlen, aber er lacht mich nur aus. Ich werde einen Weg finden, ihm zu danken, wenn er es am wenigsten erwartet. Vielleicht mit einem inneren Organ, das würde ich ihm mit Freuden geben – und viele andere Menschen wahrscheinlich auch, so sehr liebt man ihn. Doch natürlich wünsche ich meinem Freund kein Organversagen.

Nach jenem ersten Abend in Hongkong verschwand Sunil für ein paar Tage – man hatte ihn in letzter Minute beruflich nach China beordert. Bevor er fuhr, gab er mir einen Gefrierbeutel mit Hongkong-Bargeld, eine aufladbare Chipkarte, Hausschlüssel und einen Zettel mit sachdienlichen Details, Adressen, Telefonnummern, Sicherheitscodes. So hatte ich alle Informationen und war gut ausgerüstet, um in Hongkong zu überleben, jedenfalls für eine Weile. Aber ich hatte Jetlag und fühlte mich außerdem elend wegen der Trennung, auch wenn ich das nicht zugeben wollte. Ich war sowohl in der Phase »Es ist das Beste so« als auch in der Phase »Ich konzentriere mich auf die Zukunft«, die noch einherging mit der Phase »Ich trinke jetzt, um zu feiern (eigentlich aber, um zu vergessen)«. Das hieß, meine Reise nach Hongkong hatte plötzlich so etwas Dringliches und

Vielversprechendes – statt einfach nur einen Freund zu besuchen, stand ich nun vor einem neuen Leben, allein, ohne meinen Ex. Also würde ich mich auf dieser Reise großartig amüsieren, denn ich weigerte mich, daran zu scheitern.

Wie auch immer – die Dichte Hongkongs überwältigte mich so gut wie sofort. Eine richtige Stadt, mit vollen Gehwegen, wo Menschen rasch auf ihr Ziel zustrebten, mit Gebäuden, die so hoch waren, dass man teils den Himmel nicht sah. Ich konnte die Stadt gar nicht als das erkennen, was sie war, einfach aus Platzmangel. Sie war klaustrophobisch, sogar im Freien. Ganz zu schweigen davon, dass mich noch nie ein Jetlag so heftig erwischt hatte. Und ich stellte fest, dass ich ständig an Google Maps hing, um mich zurechtzufinden, was der Effizienz des Lebens eher schadete als nutzte. Ich stellte fest, dass ich den beschäftigten Bürgern Hongkongs immer wieder aus dem Weg gehen musste. Es nervte, nach unten zu blicken statt nach oben. Es war, als wäre mein Telefon mein Urlaubsbegleiter.

Einer der Orte, die auf Google Maps ständig auftauchten, nannte sich »Fassade der Alten Nervenklinik«. (Wenn man in den USA auf die Karte schaut, steht dort auch »Altes Irrenhaus«.) Obwohl ich inzwischen begriffen hatte, dass ich mich zu heimgesuchten, jenseitigen Zielen hingezogen fühlte, missfiel mir der Gedanke, vorsätzlich ein Gebäude aufzusuchen, in dem Schwerkranke untergebracht gewesen waren. Ich hatte den Eindruck, dass es dort womöglich spukte – etwas, das mich immer interessierte –, aber die näheren Umstände machten mich traurig. Es war nicht sehr weit dorthin von der Wohnung meines Freundes aus, vielleicht eine Viertelstunde zu Fuß. Trotzdem wollte ich damit nichts zu tun haben – aber es wurde jedes Mal angezeigt, wenn ich aus der Haustür trat und die Karte auf dem Handy öffnete. Ich fand es furchtbar, dass es irgendwo einen Algorithmus gab, der mich zwang, mich mit diesem Ort zu befassen, sobald ich irgendwohin gehen wollte, aber da war er, jedes Mal. Fassade der Alten Nervenklinik.

Einmal war ich zu Besuch in einer psychiatrischen Klinik gewesen. Als Kind. Man hatte meine Cousine Betsy dort eingewiesen, fast zehn Jahre vor ihrer Hochzeit.

Sie war bei einem Familientreffen ausgerastet, bei einem Sonntagsessen im Haus einer Großtante und eines Großonkels. Ich war vielleicht fünf Jahre alt, höchstens – klein genug, um überall mit hingeschleppt zu werden, ohne dass ich begriff, wo ich war und warum. In meiner Erinnerung wurde sie während des Essens wütend, irgendwas mit ihren Eltern, und so ging es weiter bis zum Nachtisch. Man schickte mich zum Schlafen nach oben in eins der Gästezimmer, aber ich konnte durch den Fußboden hören, wie sie weinte und schrie. Sie konnte sich nicht beruhigen. Ich kenne dieses Gefühl, wenn man sich nicht beruhigen kann. Was ist los mit mir, denke ich, wenn das passiert. Warum werde ich so verzehrt?

Ein paar Wochen nach Betsys Zusammenbruch fuhren meine Eltern mit mir zu dem Krankenhaus, in dem sie untergebracht war. Sie hatte nach mir gefragt. Vielleicht mochte sie mich am liebsten. Meine Eltern dachten, es würde ihr helfen, gesund zu werden. Als ich erwachsen war und meine Mutter danach fragte, antwortete sie: »Wir waren so jung. Wir wussten es nicht besser.« Betsy gehörte zur Familie, und meine Eltern machten sich Sorgen um sie. Vielleicht wussten sie nicht, was sie dort erwartete. Vielleicht dachten sie einfach, es wäre ein Krankenhaus wie jedes andere. Beide waren unerschütterlich loyal gegenüber dem Konzept Familie. Das gehört dazu, wenn man als Jüdin in einer Welt unmittelbar nach dem Holocaust aufwächst. Die

Familie konnte einem jeden Moment genommen werden. Hast du *Schindlers Liste* gesehen? Ist dir bewusst, was sie acht Millionen Juden angetan haben? Eine Sprache kultureller Verknüpfungen, die uns verkettete durch Angst. Eine Frau sitzt auf einer psychiatrischen Station und sehnt sich nach Verbindung zur Außenwelt. Eine Jüdin, die Familie. Wer sind wir, ihr diese Verbindung zu verweigern?

Betsy entschuldigte sich an diesem Tag. Ich weiß noch, sie schenkte mir ein Lächeln, das unbestimmt war, kaum merklich, und dann bröckelte wie der Schutt bei einem alten abrissreifen Haus. Sie stand eindeutig unter Medikamenten. An viel mehr erinnere ich mich nicht. Außer, dass dort Leute herumschlurften und in einer Ecke vielleicht jemand weinte, und die Beleuchtung kam mir trüb vor, aber vielleicht funktioniert Erinnerung einfach so, womöglich ist sie eines Tages ganz eingetrübt, nur noch ein Flüstern oder ein Wehlaut in den fahlen Winkeln meines Geistes. Doch eine Lektion nahm ich mit aus all dem, als Kind: Es war sowohl okay als auch nicht okay, eine Szene zu machen. Sie würde Aufmerksamkeit bringen, aber man konnte auch weggeschickt werden.

Ich konnte die Fassade der Alten Nervenklinik auf Google Maps nicht blockieren. Warum haben wir diese Option nicht? Zu blockieren, was wir lieber nicht sehen möchten.

Nach einem Tag in Hongkong wollte ich schon den Massen entfliehen. In der Wohnung meines Freundes zu sitzen war eine blöde Idee, das wusste ich. So würde ich meinen Jetlag nie überwinden. Doch wenn ich die großen Touri-Hits besuchte – den Peak, den Buddha, die Nachtmärkte, die Star-Ferry-Boote –, würden dort einfach noch mehr Menschen sein. Ich starrte in meinen Laptop und tippte dann: »Geister

Hongkong«. Ich würde einen anderen heimgesuchten Ort finden, den ich erkunden konnte, eine Alternative zur Fassade der Alten Nervenklinik. Ich fand etwas, das mich besonders neugierig machte, etwa eine Stunde südlich vom Sheung-Wan-Viertel, wo ich gerade saß. Ich würde einen Bus nehmen müssen, um dorthin zu kommen. Der Ort hieß Waterfall Park.

Am nächsten Tag stieg ich in einen Bus, eher einen Transporter mit nur sechzehn Sitzen. Ich saß stumm im Heck, zwischen Leuten aus Hongkong mit Einkaufstüten. Ein gottverdammtes Abenteuer. Komisch, was ich hier mache, dachte ich. Ich bin schon so weit weg von zu Hause. Und jetzt musste ich sogar noch weiter fahren, warum auch immer.

Eine Stunde später kam ich in dem Städtchen Wah Fu an, wo abgenutzte Sozialwohnungen aus den späten Sechzigerjahren standen, eine Schule, vor der Kinder umherschwirrten, und ein kleiner Restaurantkomplex. Ich folgte der Karte hinunter zum Wasser. Leichter Regen setzte ein und hörte wieder auf und fing wieder an, und der Himmel war von einem tristen Grau, bis ich schließlich den Park erreichte und sich das Grau als dramatischer Hintergrund für das Meer und die nahe gelegene Insel Lamma erwies. Die Luft war klar und ich konnte weit blicken, ein ganz anderer Eindruck als Hongkong mit seiner beachtlichen Skyline, wo sich die ganze Stadt manchmal wie ein Tunnel anfühlt. Frische Seeluft wehte gegen meinen Jetlag an, als ich den gewundenen Pfad entlang auf mein Ziel am anderen Ende des Parks zuging.

Unter einem Schleier aus Bäumen standen auf niedrigen, zerklüfteten Kalksteinklippen viele Tausend religiöse Statuen ohne erkennbares Muster aufgereiht. Durch die Reihen zogen sich schmale Gehwege aus Beton und hier und da gewundene Stufenpfade. Es war eine Vielzahl von

Religionen vertreten: chinesische Gottheiten und Buddhas und sogar hier und da eine Jungfrau Maria. Dutzende Ausführungen von Kwun Yam – einer Göttin der Gnade und des Mitgefühls, in weiße Gewänder gehüllt, der man die Macht zuschreibt, den Schmerz leidender Seelen zu lindern. Dicke rotgesichtige Kwan-Tai-Statuen mit glitzernder Goldbemalung – die Röte der Haut als Ausdruck maskuliner Energie. Friedliche vielarmige Bodhisattvas, deren Hände Mudras bildeten oder Gegenstände hielten, Edelsteine, Perlen, Blumen und dergleichen. Drei identische Frauen in roten Gewändern und mit blauen Kopfbedeckungen in einer Reihe, weiße Körper auf einem rosa Sockel. Eine vergnügte Kombi aus Ehemann und Ehefrau, größer als die anderen, mit hohen Goldringen um die Köpfe. In der Nähe wuchs roter Korallenhibiskus, rote Papierlampions hingen in den Bäumen. In einen der Steine, die den Pfad begrenzten, war ein geflügeltes rosa Schwein aus Ton eingebettet. Es gab eine lässige honigbraune Affenstatue mit gekreuzten Beinen, zu deren Füßen weitere Affenstatuen lehnten. Bambusbündel. Ein Hinduschrein. Glückskatzen. Ein kahler Buddha mit weißem Bart und freudig verzücktem, lobpreisendem Gesicht, der die Hände zum Himmel reckte. Halleluja, dachte ich.

Am Wasser flatterte eine ramponierte chinesische Flagge im Wind, deren Ränder zerfetzt waren wie Papier, und daneben angelte ein Mann. Vier Frachtschiffe tuckerten langsam vor kleineren Inseln entlang, die ich auf der Karte nicht finden konnte. Wenn ich mir heute die Fotos anschaue, die ich von den religiösen Figuren gemacht habe, kommt es mir vor, als würde ich in ein Konzertpublikum blicken. Als wären sie das Publikum dieser Schiffe und dieser Inseln und dieses Manns, von dem ich mir vorstellte, dass er sein Abendessen fangen wollte.

Dem Vernehmen nach ist der Park seit Ende der Neunzigerjahre so, und die ersten Statuen hatten womöglich Familien dorthin gestellt, weil sie die Gemeinschaft verließen, oder Leute, die die Häuser verstorbener Verwandter ausräumten. Langsam wuchs der Park. Wer kann schon genau den einen Grund benennen, aus dem die spontanen Altäre eingerichtet wurden? Schließlich brauchen die Menschen einen Ort für ihre Gefühle. Oder sie müssen sich etwas einrichten, das sie leitet. Viele von uns brauchen schließlich etwas, an das sie glauben können – denn die andere Option ist das Nichts.

Einzeln betrachtet waren die Statuen allerdings nur mittelmäßig, alt, ramponiert, irgendwo angestoßen und schartig durch das Küstenklima. Sie waren der Ausschuss, vor dem Müll gerettet durch ein jahrhundertealtes Glaubenssystem. Allein hätte man keine davon ein zweites Mal angesehen. Alle zusammen wirkten wie eine Revolution.

Ein Mann ging vorbei und verbeugte sich mit einer Gebetsgeste leicht vor den Figuren. Ich spürte, dass mich die Geister Tausender Gebete umgaben. Bei jedem dieser Objekte hatte sich jemand etwas gewünscht, täglich, nächtlich, bei besonderen Gelegenheiten, in medizinischen Notfällen, finanziellen Krisen, rauem Wetter, bei Geburten, Todesfällen, Hochzeiten, Hoffnungen, Träumen, Misserfolgen, geschäftlichen Transaktionen, bitte lass das bald vorbei sein, bitte lass das ewig dauern, bitte gib uns allen Kraft, so gut zu sein, wie wir können, und dieses Leben mit Anstand zu überstehen.

Bevor ich ging, verbeugte ich mich auch vor den Figuren. Wofür ich gebetet habe? Für Besserung.

Da war ich nun, an einem Gewässer, an einem heimgesuchten Ort, und ich ehrte ihn, respektierte ihn, aber ich wollte auch mitnehmen, was ich konnte.

Auf dem Rückweg zum Bus sah ich im Dunst eine ältere Frau stehen, die sich die Wangen massierte, den Hals, die Stirn. Ihre Haut war straff, abgesehen von tiefen Falten um den Mund. Wieder ein Gebet. Ich tastete nach meinem Hals, der in letzter Zeit anfing, ein ganz klein wenig zu erschlaffen. Ich würde nicht bald sterben. Aber irgendwann schon.

Wo warst du, als dir zum ersten Mal klar wurde, dass du eines Tages sterben wirst? Sie kommt in Wellen, diese Erkenntnis. Ich rufe sie mir immer wieder ins Gedächtnis. Jedes Mal macht sie mir weniger Angst.

Als ich wieder in der Stadt war, schrieb Sunil, er werde am kommenden Abend zurück sein. Schön, dachte ich. Ich schaffte es auch allein. Ich konnte diese ganze riesige Stadt allein erkunden. Ich war bereit. Ich hatte eine Karte, ich hatte Informationen, ich hatte mir in der Seeluft einen klaren Kopf verschafft. Doch am frühen Abend schlief ich ein. Ich ließ eine weitere Mahlzeit aus. Irgendwie kam ich nicht wieder aus dem Bett. In der abgedunkelten Wohnung.

Wir haben in unserem Leben mehrmals zusammengewohnt, Sunil und ich. Einmal während des Colleges – er hatte damals ein kleines Zimmer in der Wohnung gemietet, die ich in unserem vierten Studienjahr mit unserer Freundin Mara teilte. Er nahm sich nach seinem vorgezogenen Abschluss ein Jahr frei und lehnte die Aufnahme in einen Promotionsstudiengang ab, um stattdessen zu kellnern, eine völlig unerwartete Wendung für jene von uns, die wussten, wie lerneifrig und konzentriert er war. Und dann wohnten wir noch einmal kurz in Tampa, Florida zusammen, in den frühen Neunzigern, als er einen IT-Job hatte und ich nach meinem Abschluss orientierungslos war, sodass ich ihm für eine Weile dorthin folgte, um in einer Lesbenbar am Pass-A-Grille-Strand zu jobben und ehrenamtlich einen von der National Organization for Women gesponserten Bürgerrechtsmarsch mit zu organisieren. Eines Nachts, nach einem schlechten Drogentrip infolge zu vieler Haschkekse auf einer Party (sie waren mundgerecht und köstlich, woher sollte ich das wissen?), erschien mir meine verstorbene Stiefgroßmutter im Traum und teilte mir mit, ich müsse sofort weg aus Tampa, falls du das glaubst (macht kein Mensch), also war ich innerhalb weniger Tage fort, zurück im Norden. Ich hinterließ bei Sunil am Empfang eine Nachricht, dass ich umzog. Ich glaube, eine Matratze habe ich dagelassen.

Irgendwie verzieh er mir und ließ mich noch einmal bei sich wohnen, diesmal im East Village in New York City, von 1998 bis fast unmittelbar nach dem 11. September 2001. Nachdem die Türme eingestürzt waren, zog ich kurz entschlossen aus, vorübergehend nach Hell's Kitchen für ein paar Monate, zur Untermiete, bis ich downtown ein anderes Apartment fand. So machten es viele nach den Angriffen, sie zogen um, radikaler Ortwechsel, jene von uns, die es sich leisten konnten und auch manche, die das nicht konnten. Heute, 2020, tun die Menschen das auch, wie ich höre. Verlassen die Stadt und kommen nie wieder zurück.

Ein paar Monate später ging ich noch einmal in das Apartment, das ich mit ihm im East Village geteilt hatte, um ein paar Sachen zu holen, die in der Eile dort zurückgeblieben waren. Er war nicht da. Die Stimmung zwischen uns war etwas kühl und seltsam, aber nur für kurze Zeit. Wieder war ich ganz plötzlich verschwunden. So etwas machte ich. So etwas mache ich manchmal immer noch, wenn auch seltener. Sobald ich das Gefühl habe, dass ich gehen muss, mache ich das. Ich verweile nur mit meinen Worten. An diesem Tag saß ich in meinem alten Wohnzimmer und war außerordentlich deprimiert. Nicht niedergeschlagen, sondern tief versunken in Traurigkeit. Warum? Es lag nicht nur am Zimmer. Es lag an den Wänden. Zuvor war mir das nie aufgefallen: Es war das fehlende Licht. Dieses Apartment hatte kein Licht. Aus dem einzigen Zimmer hatte man zwei gemacht, jedes mit nur einem Fenster zur Gasse dahinter. So ging das ständig in New York. Die Leute hockten aufeinander. Das Wohnzimmer war nur eine Schachtel mit rot gestrichenen Wänden und einer skulpturalen Lampe aus Papier, die bis zur Decke reichte. Minimalistisch und schick, ohne Licht. Sunil war eben immer beschäftigt – und er hatte sich ein Beschäftigter-Mensch-Apartment ausgesucht. Anscheinend befand er sich immer in einer anderen Zeitzone, auch wenn er in New York war. Er hatte Jobs in anderen Ländern, arbeitete etwas, das ich nie verstand, auch wenn ich ihn hundertmal bat, es mir zu erklären. (Unternehmensberatung, der große moderne Geheimnisberuf.) Sein Apartment war zum Schlafen da und für spätabendliche Aktivitäten und wenn er kurz in der Stadt war, auf dem Weg woandershin. Wer brauchte schon Sonnenlicht?

Doch wenn ich damals zu Hause war, in diesem Apartment, saß ich immer an meinem Schreibtisch. Ich versuchte noch herauszufinden, wie man Autorin wird, hatte aber zugleich einen Brotjob. Damals war mir das noch nicht klar, aber ich brauchte Licht, ich brauchte Luft, um meine Arbeit zu tun.

Nachdem ich ausgezogen war, schwor ich mir, nie wieder irgendwo zu wohnen, wo es derart dunkel ist, und dabei bin ich geblieben.

In jener Nacht in Hongkong, als Sunil noch verschwunden war, wachte ich um drei Uhr auf und merkte, dass ich schluchzte in diesem Apartment im obersten Stock des stillen Gebäudes. Ich ging in die Dusche – ich machte mir Sorgen, dass ich seine Nachbarn wecken würde. Ich schloss die Tür, ich stellte das Wasser an, und ich schluchzte weiter. Warum konnte es mir nicht besser gehen? Das fragte ich mich. Warum ging es mir nur so schlecht? Was war los mit mir? Ob es mir jemals wieder gut gehen würde? Ich schluchzte und betete, dass niemand mich hörte. Ich kam mir vor wie ein heulender Geist, der in den Rohren des Gebäudes spukte. Ich konnte nicht aufhören. Ich war sicher, ich würde verrückt.

Die Verrücktheit erinnerte mich an jenen Winter meines zweiten Studienjahres im College, als ich versucht hatte, mich umzubringen. Inzwischen ist es mir peinlich, darüber zu sprechen, weil es so naheliegend wirkt – die junge, depressive Autorin. Am Beginn des besagten Abends stand ein Gespräch mit ein paar männlichen Kommilitonen auf einer Party, eine lebhafte politische Diskussion, die hitzig wurde, bis einer der Studenten zu mir sagte, ich sei »das fieseste Mädchen, das er je gesehen hatte«. Ich trank zu viel danach. Ich stritt mich mit einer Freundin. Ich schluckte Tabletten. Ich fuhr ins Krankenhaus und ein Arzt gab mir Kohle, bis ich mich übergab. Irgendwie beschwatzte ich ihn, dass er mich nach Hause gehen ließ. Ich weiß noch, wie ich frühmorgens allein durch die Straßen von Baltimore ging, blauer Himmel, das rund um die Uhr geöffnete Wawa-Deli an der St. Paul Street unterhalb des Verbindungshauses, in dem die ganzen Lacrosse-Spieler wohnten. Die Sorgen, die sich meine Mitbewohnerinnen machten. Wie albern ich mir vorkam. Ich schlief den ganzen Tag. Ich wusste noch nicht, dass Bücher mich immer wieder retten würden. Ich wusste nicht, dass ein Buch ein Grund zum Weiterleben war. Ich wusste nicht, dass lebendig sein ein Grund zum Weiterleben war.

Doch so weit sollte es nie wieder kommen. Denn einen Monat später sprach ich mit meinem Bruder. Wir waren auf einer Familienfeier irgendwo im Mittleren Westen. Eine Bat-Mizwa vielleicht, in St. Louis. Wir betranken uns und redeten bis tief in die Nacht, und er brachte das alles zur Sprache und sagte, es habe ihn überrascht, davon zu hören, denn er halte mich für eine Überlebenskünstlerin und eher für eine Kämpferin. So sah er mich. Nicht als einen Menschen, der aufgibt. Er war nicht enttäuscht von mir, er war nur überrascht. Und in meinen schwächsten Momenten denke ich noch immer daran, was mein großer Bruder in mir sah. Und wenn er das sah, musste es stimmen. Ich musste nur kurz einen Fehler gemacht haben, an einem Abend in Baltimore.

Unter der Dusche in Hongkong dachte ich: Ich bin doch wirklich eher eine Kämpferin.

Am nächsten Tag stand ich auf – ein Wunder, so kam es mir damals vor. Es war die Zeit des Monsuns, aber ich hatte Glück, kein Regen. Ich besuchte den lebendigen taoistischen Pak-Tai-Tempel. Ich ging shoppen im PMQ, einem ehemaligen Wohnkomplex für Polizeibeamte, den man zu einer Mall mit stylischen Boutiquen und Galerien umgewandelt hatte, mit einer riesigen Installation von KAWS. Ich aß im Freien eine Nudelsuppe, in einer kleinen Gasse voller Restaurants. Ich tauschte unklugerweise Textnachrichten mit meinem Ex aus. Ich schrieb in mein Notizbuch. Ich las Roberto Bolaños erstes ins Englische übersetztes, fiebrig-hypnotisches Buch, *By Night in Chile*. Ich las *Heads of the Colored People*, den ersten Erzählungsband von Nafissa Thompson-Spires, sehr lustig und empathisch und provokant. Debüts waren immer eine Zuflucht für mich. Leute, die gerade loslegen im Leben und das Schreiben für ein würdiges Wagnis halten, die frische Ideen entwickeln und ihren jugendlichen Enthusiasmus dort einfließen lassen. Die ernsthafte Formulierung eines entstehenden Glaubenssystems gibt mir immer Hoffnung für die Zukunft. Danach lullte ich meinen Geist mit einem Reiseführer ein, den Sunil für mich gekauft hatte. Wieder ging ich früh schlafen. Aber ich schluchzte nicht in der Dusche.

An diesem Tag war ich auch in einer Ausstellung mit Werken von Louise Bourgeois in der Galerie Hauser & Wirth gelandet. Bourgeois ist zwar eher für ihre Skulpturen und Installationen bekannt, für diese ikonischen Spinnen, doch die Ausstellung dort zeigte Arbeiten auf Papier und Hologramme. Die Hologramme begeisterten mich besonders: Darstellungen zierlicher Stühle, in blutrotes Licht getaucht, schweben in einer ansonsten stockdunklen Umgebung. Fantasien, wie im Traum, aber auch schockierend. Die Hologramme hatte sie mit über achtzig gemacht. Ich dachte: Gut, jetzt kenne ich sie ein bisschen besser. Jetzt weiß ich ein bisschen mehr von ihrer Wahrheit. Kenne einen Winkel mehr von ihrem Geist, treibend in einem verdunkelten Raum.

In der Galerie war ein kurzes, aber schönes Heftchen mit einem Interview erhältlich, das Christiane Meyer-Thoss Ende der Achtziger über eine gewisse Zeit hinweg mit Bourgeois geführt hatte. Ich war beeindruckt von einigen Passagen:

»Kunst zu schaffen heißt, im Zustand eines Verlangens zu erwachen, eines Verlangens danach, seinen Ärger, seine Wut loszuwerden. Es ist kein lineares Voranschreiten: Es ist wie bei einer Uhr. Jeden Tag, zu einer ganz bestimmten

Stunde, stellt es sich wieder ein. Es ist ein bestimmter Rhythmus, der täglich wiederkehrt. Und es ist heilsam, Kunst zu machen. Wenn man unter Spannung steht, verschwindet diese auf dramatische Weise.«

»Der Künstler verfügt über eine Gabe. Dieses Wort stellt sich immer wieder ein. Es ist die Gabe, mit dem eigenen Unbewussten in Einklang zu stehen und ihm zu vertrauen, die Fähigkeit, das Bewusste unmittelbar kurzzuschließen und einen direkten Zugang zu den tieferen Wahrnehmungen des Unbewussten herzustellen. Das ist eine Gabe, denn eine solche Bewusstheit hilft, sich selbst zu erkennen, vor allem die eigenen Grenzen.«

»Meine Liebe zur Bildhauerei hört niemals auf, denn die Bildhauerei ist das Einzige, was mich herausfordert. Doch genügt das auch wiederum nicht. Denn wenn ich heute ausgedrückt habe, was ich darstellen wollte, gut, es ist eine Minute lang wahr und gültig, doch dann muss ich mich wieder beweisen. Also fange ich mit einer neuen Arbeit an.«

Ich las diese Worte und lachte: Wir sind verflucht! Bourgeois spricht von der Zwanghaftigkeit der Kunstproduktion. Wir stehen jeden Tag auf und tun diese Arbeit, weil das unser Job ist, aber auch, weil in uns ein ewiges Feuer lodert und uns dazu zwingt. Man kann diese Spannung nicht beliebig ausblenden; im Grunde *können* wir sie nicht ignorieren. Bei Bourgeois klingt der kreative Prozess nach einem schwierigen Unterfangen – und das ist er sicher auch oft. Aber wir müssen uns durchboxen durch die Schwierigkeiten, denn dann erwartet uns Erleichterung, und damit meine ich die Erleichterung unserer Herzen, wenn wir endlich wissen, dass wir mit unserer Arbeit fertig sind.

Schließlich kam Sunil aus China zurück und die Stadt begann sich mir zu öffnen. Ich staunte, dass Bäume in Hongkong wie aus dem Nichts an Steinwänden wachsen, als würde sich die Erde urbanem Fortschritt widersetzen. Wir fuhren mit dem Bus durch die Stadt, nachts, wenn die Straßen leerer waren und wir die erleuchtete Skyline betrachten konnten. Wir nahmen die Fähre nach Kowloon, um unter freiem Himmel auf die Märkte zu gehen und Streetfood zu essen. Er zog mit mir das krasse Touristenprogramm durch. Stundenlang gingen wir zu Fuß, und am Schluss konnte ich mich kaum noch bewegen. Später stellte er mich dann seiner neuen Freundin vor, einer klugen, wissbegierigen, nachdenklichen Frau, jünger als wir, deren Lachen und Neugier alles leichter machten. Zum ersten Mal akzeptierte ich den Menschen in seinem Leben. Obwohl es natürlich keine Rolle spielt, was ich denke – ich bin sehr weit weg von ihnen. Aber es gefiel mir, dass sie mir gefiel. Es gefiel mir, dass er sich festgelegt hatte.

Am letzten Abend aßen wir dann Pekingente und Rührei mit Garnelen und Muscheln mit schwarzen Bohnen darauf, und es war mein liebstes Essen auf der ganzen Reise. Ich war so dankbar für dieses Essen. Mehr wollte ich gar nicht, wurde mir klar. Nur mit meinem alten Freund Sunil zu Abend essen. Dass er zu viel für uns bestellt, nicht, um Völlerei zu betreiben, sondern damit wir verschiedene Dinge probieren. Dass wir dann ganz ernsthaft und voller Freude das Essen vor uns besprechen, und er dann merkt, wie ich strahle, wenn ich ein bestimmtes Gericht probiere, und er sich freut, weil er mir das gegeben hat, dieses Gesicht, diesen Ausdruck. Dass er Freude empfindet durch die Freude anderer. Er betrachtet das als Geschenk für sich. Mein lieber Freund.

Doch bevor ich mich mit ihm und seiner Freundin zum

Essen traf, hatte ich noch eines zu tun: Den Weg zu diesem ewig präsenten Vorschlag auf der Karte finden, zur Alten Nervenklinik und ihrer Fassade. Auch wenn ich nicht hinwollte – wer bin ich, ein Zeichen zu ignorieren?

Betsy war inzwischen seit ein paar Jahren wieder in einer Einrichtung. Nach einer Reihe körperlicher und geistiger Krisen im Erwachsenenalter war ihr schließlich nichts anderes übrig geblieben.

Ich frage mich oft, ob es überhaupt jemals eine Chance für sie gegeben hat. Wer konnte wissen, was sie wirklich durchgemacht hatte? Als Jugendliche, als Erwachsene. Es ist wohl niemand mehr da, der wirklich die Wahrheit über ihr Leben kennt. Ein paar Monate nach meiner Hongkongreise fragte ich meine Mutter nach ihr, wollte wissen, wie es ihr ging. Sie und mein Vater hatten sie einige Male besucht. Ich sagte: »Wie war es dort, wo sie ist?« Sie sagte: »Naja, das ist kein Ort, den man sich für ein Familienmitglied wünscht.«

Als COVID einschlug, traf es sie auch, und andere in ihrer Einrichtung. Sie starb allein auf einer Intensivstation, ohne den Ehemann an ihrer Seite, obwohl sie noch verheiratet waren. Ich sprach am Telefon mit meinem Vater darüber. Er sagte, sie habe ein schweres Leben gehabt, sei aber kein schlechter Mensch gewesen. Er habe versucht, ihr zu helfen, soweit er konnte. Er hoffe, dass es ihr nun besser gehe. Meine Mutter sagte später: »Das war doch kein Leben so.«

Die Fassade der Alten Nervenklinik wirkt anders als große Teile der Architektur in Hongkong. Sie wurde gegen Ende des neunzehnten Jahrhunderts fertiggestellt und ist offenbar italienisch beeinflusst, wie ein Gebäude aus der Renaissance, zwei Stockwerke hoch mit Gesimsen und Brüstungen und schmiedeeisernen Verzierungen und römischen Giebeln. Marmorböden und dramatischen Veranden. Wie ich erfuhr, wurde das Gebäude für gut vierzig Jahre als Krankenhaus genutzt, 1939 aber umgebaut zu Stationen speziell für Patientinnen einer nahe gelegenen psychiatrischen Einrichtung. Laut Internet weiß man, dass es dort spukt.

Nachdem ich die Fassade der Alten Nervenklinik abgeschritten hatte, setzte ich mich in einen nahegelegenen Park. Ich war ruhig und still. Ich dachte daran, dass man Frauen für verrückt erklärt, wenn wir einfach nur versuchen, unseren Platz zu behaupten in der Welt. Wie wir behandelt werden, behandelt worden sind, seit Ewigkeiten – wie Männer Wege finden, eine Frau sofort zum Schweigen zu bringen, wenn sie Fehlverhalten öffentlich kritisiert. Ich dachte an Frauen, die auf dem Scheiterhaufen verbrannt worden sind, und daran, was es bedeutet, Gehör zu finden, und was es bedeutet, ruhig und wahrhaftig zu sprechen, und was es bedeutet, zu heulen vor Schmerz.

Im Geiste steckte ich Tausend Gebetskerzen an für diese Frauen. Ich hoffte, dass sie es bis ans Meer geschafft hatten, bis in jenen Park. Dorthin, wo alle Gnadengöttinnen auf sie herabblicken konnten und sie befreien.

16
Besuch

Kristen kommt in die Stadt, um mich zu besuchen.

Wir hatten uns online kennengelernt, auf Twitter. Sie war lustig, alle sprachen ständig davon, wie lustig sie war, und dadurch wurde ich aufmerksam. Sie schrieb Kurzgeschichten und arbeitete auch an einem Roman. Sie mochte Wortspiele. Sie postete ein Bild von ihrem Hund im Regenmantel beim Warten auf den Hurrikan Irma. Jünger als ich, aus Florida, Bibliothekarin mit langem braunem Haar und Intellektuellenbrille. Irgendwie sah man ihr an, was gerade in ihr vorging, genau wie mir. Monate später begegneten wir uns in Austin, auf einer Party dort während des Festivals. Nun kannten wir uns, nun wurden wir Freundinnen.

Im darauffolgenden Sommer suchten wir einen Treffpunkt zwischen unseren Wohnorten aus und fuhren hin. Nach Pensacola, wo wir uns Zimmer nahmen im etwas abgeranzten, aber netten Paradise Inn. Morgens gingen wir mit den Hunden an den Strand und nachmittags schrieben wir in unseren feuchten, schummrigen Zimmern. Irgendwann klopfte ich bei ihr an, reichte ihr ein paar Seiten des Manuskripts, das ich gerade überarbeitete, und war befangen, weil sie es nun las – es fühlte sich noch so neu an, obwohl es fast fertig war. Abends aßen wir gekochte Garnelen und tranken viel, sprachen über Sex und Liebe und Familie. Nach dem Wochenende waren wir schon besser befreundet. Es kam mir komisch vor, dass sie noch nie in New Orleans gewesen war. Wie konnte jemand, der so gern so viel Spaß hatte, dort nie gewesen sein? Ich bestand darauf, dass sie kam und in meinem Gästezimmer wohnte.

Es ist Frühling, als sie kommt, gegen Ende des Karnevals, und ich führe sie in der Stadt herum. Eines Abends laufen wir vom Bywater-Viertel bis zum Central Business District, um uns dort auf einen Drink mit Anne und Brad zu treffen, die gerade den Mayor's Ball hinter sich haben. Wir machen Halt auf einer Party im Marigny-Viertel, wo eine Frau für die Gäste Tennessee-Landschinken in hauchdünne

Scheiben schneidet, dann geht es weiter zur Frenchman Street, wo alle besoffen und aufgekratzt sind, dann im Zickzack durch das French Quarter zur Canal Street, wo die Paraden enden, und die Straßen sind voller Leute, alle laufen herum und reden, rauchen, gestikulieren, und sie lacht sich kaputt über dieses Spektakel, ganz begeistert, es gibt so viel zu lachen, das Leben ist irre komisch. Da lernt man jemanden im Internet kennen und anschließend persönlich, dann trifft man sich in dieser oder jener Stadt, und irgendwann steht man zusammen an einer Straßenecke mit einem großen, dämlichen Drink in der Hand und reckt die Arme und versucht, ein Stofftier zu fangen, das ein Kostümierter vom doppelstöckigen Festzugswagen in die Menge wirft. Klar, dass wir hier zusammen sind! Klar, dass wir sein können, wo wir wollen!

Damals machte ich das noch ständig so. Leute kurz kennenlernen, Freundschaft schließen. Aber inzwischen habe ich ein Zimmer, das ich ihnen anbieten kann, statt zu fragen, ob ich bei ihnen übernachten darf. Inzwischen können sie einfach in meinem Haus erscheinen.

New Orleans gibt mir immer das Gefühl, dass ich dort noch ganz am Anfang stehe. Dass ich ewig brauchen werde, um all die Schichten zu verstehen. Doch so geht es mir auch mit meiner Arbeit. Und so geht es mir mit dem Leben. In dem Moment, wo ich glaube, dass ich alles weiß, liege ich komplett falsch.

Aber ich lebe lange genug in dieser Stadt, um Lieblingsplätze zu haben. Nicht nur heiß geliebte Restaurants oder Bars, auch wenn das in New Orleans ein großes Thema ist – es reicht ja schon, bloß den kleinen Markt an der Ecke zu schätzen, wo man das beste Po'Boy-Sandwich mit

Garnelen bekommt. Doch mittlerweile habe ich Lieblingsspazierwege, -straßenecken, -bäume im Park, -kreuzungen, Lieblingsstatuen und -skulpturen, -ampeln, -straßengeräusche, -straßenkatzen, -topfpflanzenarrangements vor irgendwelchen Türen. Kleine feine Stückchen Stadt, aber auch große, weitläufige Gebiete – allerdings außerhalb der belebten Touristenzonen. Orte, die mir Leute gezeigt haben, die sie schon liebten, oder auf die ich alleine gestoßen bin. Ich breite mich ein bisschen aus, mache es mir bequem, sorge dafür, dass ich mich angekommen fühle. Bin dann weniger eine Besucherin als eine Bewohnerin dieser Stadt, die ich Zuhause nenne. Lerne die Umgebung verstehen.

Ich zeige Kristen einen dieser Orte.

Der Lakefront Airport wurde 1934 eröffnet – er wird so genannt, weil er am Lake Pontchartrain liegt, hieß aber zur Zeit seiner Erbauung noch Shushan Airport. Er war der erste Flughafen in New Orleans, und alle Airlines nutzten ihn, bis 1946 der heute als Louis Armstrong International Airport bekannte Flughafen eingerichtet wurde. Meine Nachbarin Joan, die über achtzig ist, erinnert sich, dass sie als junge Frau ein erstes Date am Lakefront hatte, um von dort nach Baton Rouge zu fliegen und wieder zurück.

Die von der WPA finanzierte Gestaltung ist ein lupenreines Meisterwerk des Art déco, angelegt um ein luftiges, einladendes Atrium und ausgestattet mit spanischem Marmor, buntem Terrazzo, Walnusstäfelung, Kassettendecke und Skyscraper-Lüstern. Das Atrium öffnete sich nach oben zu einer Galerie mit einer Serie maßgefertigter Wandmalereien im Format drei mal drei Meter. Wenn man von dieser ersten Etage nach unten blickt, ist dort ein Messingkompass in den Terrazzoboden eingelassen, und jedes Wandgemälde entspricht einer von ihm angezeigten Richtung. Alles dort steht in Beziehung – präzise, elegant und ansprechend.

Die Wandgemälde stammen von Xavier Gonzales, einem Spanier, der mit Anfang zwanzig in die Vereinigten Staaten eingewandert war, um Kunst zu studieren, eine Zeit lang in Louisiana arbeitete und schließlich internationalen Ruhm erlangte, nachdem er nach New York City gezogen war. Die Gemälde stellen Szenen am Himmel über entlegenen Schauplätzen dar und wirken universell und weltläufig, wenn auch zugleich karg und bescheiden, was vielleicht mit der gedämpften Palette zusammenhängt, der Mischung von gegenständlicher Kunst mit einem gewissen kubistischen Einfluss. Auf allen schweben Doppeldecker über berühmten, historischen Stätten. Sie tragen Titel wie *Paris und die Lindbergh-Landung*, *Metropole New York*, *Admiral Richard Byrds Flug über den Südpol* oder schlicht *Mount Everest*. Eins der Wandgemälde ist verloren – ein großes Mysterium, was mit diesem gestohlenen Wandgemälde geschah –, doch es wurde an derselben Wand eine Reproduktion erstellt. Dieses Bild zeigt Bali, mit barbusigen Frauen beim Baden.

1964, infolge der Kubakrise, wandelte man das Flughafenterminal in einen Atomschutzbunker um. Die vielen Kunstwerke verschwanden hinter einem halben Meter Beton und zugemauerten Fenstern. Das einzig Rettende: Die mit der Ummantelung des Gebäudes beauftragten Architekten nutzten bestimmte Konservierungsmethoden, um Gestaltung und Inhalte zu schützen. Sie deckten die Wandgemälde mit Reispapier ab und brachten im ganzen Gebäude Metallbolzen und Gipspaneele an. Ein Flughafen – in Stein versiegelt und konserviert. Eine Hoffnung für die Zukunft, in der das Gebäude seine wahre Schönheit zurückerhalten würde.

So stand es ummantelt für vierzig Jahre da. 2005 wurde der Flughafen durch den Hurrikan Katrina beschädigt, durch Wind und Wasser. Es war die Rede davon, ihn ganz abzureißen, doch Denkmalschützer sprachen sich für die Rettung des Gebäudes aus. Inzwischen ist die Restaurierung fast abgeschlossen.

Mein Gästezimmer dient mir auch als Arbeitszimmer, aber es gibt reichlich Platz, sodass ein Freund oder eine Freundin bequem darin übernachten und sich zu Hause fühlen kann. Und es gibt eine Tür, die sich schließen lässt, Fenster, Tageslicht, einen Blick in den Garten und auf die Bäume in der Nachbarschaft: Papaya, Wollmispel, Zitrone, Limette, Kumquat, rosa Kreppmyrte, Ingwer. Dächer, Telefonmasten, blauer Himmel. Kolibris im Sommer. Wieder ein Bett, das nicht direkt auf dem Boden liegt. Ein Haus, das ich nicht mehr vermieten muss, um zu überleben. Jetzt wohne ich einfach irgendwo. Ich kann für immer jederzeit einfach nur hier sein.

Für mich das ultimative Privileg. Ein Haus, das ich für mich allein habe und anderen öffnen kann. Ein Zimmer, in dem Gäste wohnen können. Der Kampf ging nie um ein Zimmer für mich allein. Das hatte ich immer in meinem Kopf, komme, was wolle. Schreiben würde ich immer. Der Kampf ging um ein Zimmer für die anderen. Um mein Zuhause – und mich selbst – zu öffnen für andere.

Als wir zum Flughafen fuhren, dachte ich: Jetzt kann ich meiner Freundin etwas Besonderes, Ungewöhnliches zeigen. Den Flughafen, die Wandgemälde, diesen besonderen Atem der Geschichte, dass er so anders aussieht als große Teile der Stadt. Seit ich den Flughafen und die Wandgemälde zum ersten Mal gesehen hatte, formte sich schon eine Geschichte in meinem Kopf, nur dass sie noch ungeschrieben war.

Doch es ist nicht nur das Mysteriöse, das mir gefällt. Diese Wandgemälde – sie führen einen durch die ganze Welt, während man in Louisiana an diesem winzigen Flughafen steht. Die Dimensionen darauf sind total verschoben, und teilweise glänzen sie in einem unwirklichen Gold, Meisterschaftsgold, leuchtende Sonnenbräune. Eine Fantasie, die jemand vom Fliegen hatte. Warum auch nicht? Wir dürfen doch träumen von all den fernen Orten! Sie pompös ausformen im Kopf. Wir müssen uns schließlich nicht auf unsere eigene Vorstellung vom Horizont beschränken! Die Welt hört beim Sonnenuntergang nicht auf.

Und wenn ich dir jetzt sage, dass es mir nie um Bequemlichkeit, Entspannung und Sicherheit ging – dass ich all das aber so gottverdammt schätze, jetzt, wo ich es habe?

Noch etwas zur Geschichte des Flughafens: Dort legte Amelia Earhart auf ihrer schicksalhaften Reise um die Welt den zweiten Stopp ein. Der Besuch am 22. Mai 1937 hatte geheim bleiben sollen, doch ihre Fans bekamen es mit, weil sie gefunkt hatte, dass sie landen würde, und so wurde sie auf der Rollbahn von einer Menschenmenge begrüßt. Earhart und ihr Mann verbrachten die Nacht im Flughafenhotel. Am nächsten Tag sollte es weitergehen.

Am Tag unseres Besuchs stoßen Kristen und ich in der ersten Etage auf einen Schaukasten, der Earhart gewidmet ist, in einer Nische zwischen zwei Wandgemälden, und wir bleiben stehen, um ihn zu betrachten. Er enthält allerhand Zeitungsausschnitte, Bilder und Fakten über ihren Besuch. Amelia in ihrer Fliegerjacke. Amelia lächelnd. Amelia entschlossen. Amelia, die Geschichte schreibt.

Sie war auf die Titelseite der *Times-Picayune* vom nächsten Tag gelangt, einfach, weil sie ihr Flugzeug gelandet und

Hallo gesagt hatte. In dem Beitrag wird berichtet, dass eine Freundin von ihr aufgeregt über die Landebahn eilte, um sie zu treffen. Edna Gardner, eine der wenigen anderen Pilotinnen dieser Zeit, die eine Flugschule am Flughafen betrieb. Ich beschäftigte mich eine Weile damit. Ich stellte mir vor, wie eine Freundin weit ausschritt, um die andere Freundin zu treffen. Eine, die sie bewunderte. Amelia hat garantiert nie auf ihre Stellung gepocht. Beide waren garantiert begeistert, einander zu sehen. Eine Freundin, die von weit her geflogen kommt. Ich zeigte auf den Absatz. »Genau das ist die Story«, sagte ich zu Kristen. Genau danach suchte ich. Es war die Freundin, die herauskam zu ihr.

Edna hatte natürlich auch ihre Geschichte. Sie war nicht nur eine Freundin von Amelia Earhart. Zunächst war sie Krankenschwester bei der Navy gewesen, dann Pilotin mit sechzigjähriger Flugerfahrung und eigener erfolgreicher Flugschule. Sie bildete Piloten für den Zweiten Weltkrieg aus – insgesamt fast fünftausend in ihrer gesamten Karriere. Sie gewann nahezu hundert Luftfahrtpreise. Und sie erschloss und besaß ihren eigenen Flughafen – mit über siebzig.

Und sie war eine Klatschtante. Edna scheint Amelias Ehemann, George Putnam, nicht besonders gemocht zu haben. Laut Doris L. Richs Biografie *Amelia Earhart* bezeichnete Gardner ihn als »tyrannisch und sehr penetrant«. Eine Freundin, die darüber lästert, wie sie vom Ehemann der anderen behandelt wird. Das nenne ich Freundschaft.

Jaja, Amelia Earhart war die Story. Sie wollte hoch hinaus – bei ihr war es spannend. Aber sie war rätselhaft. Sie verschwand. Und es sind die kleineren Geschichten, die mich interessieren. Die Menschen, die Persönlichkeiten, die Schwächen. Die Freundschaften. Diese beiden Frauen, die flogen. Und Edna war auch eine Story und gleichzeitig diejenige, die sie erzählte. Später schrieb sie ein Buch über ihr eigenes Leben. Sie machte so gut wie alles selbst.

Am 2. Januar 2021 rief ich Kristen an, um sie nach unserem Tag an diesem Flughafen zu fragen. Vier Tage später wird es auf dem Capitol Hill einen Aufstand geben. Fünf Menschen werden sterben. Ein paar Tage lang kann ich kaum den Stift aufs Papier setzen. So ist das ganze Jahr gewesen. Länger. Ewig, für manche.

Die würden es super finden, wenn wir aufhören würden, unsere Arbeit zu tun und unsere Kunst zu machen, schreibe ich irgendwo auf Social Media an diesem Tag. Lasst euch von denen nicht aufhalten.

Aber noch ist das nicht passiert. Ich bin noch immer in diesem Nebel. Ich hatte Probleme gehabt, über unseren Tag am Flughafen zu schreiben, und ich begriff nicht, warum, bis mir klar wurde, dass ich die Vorstellung, einen Gast zu Hause zu haben und ihr die Stadt zu zeigen, einfach schwer aufrufen konnte. Es gab sie schon so lange nicht mehr, diese Lebensweise – ich konnte diese Spielart meiner selbst nicht mehr aufrufen. Die der Gastgeberin.

Doch Kristen weiß noch alles. Sie erinnert sich an die Fahrt zum Flughafen, wie sich Architektur und Landschaft während der Fahrt veränderten, dass die Häuser ausladender wurden und vorstädtischer, das Wohnen moderner. Man hatte den Eindruck, etwas Neues kennenzulernen. »Es war, als würden wir auf etwas Mysteriöses zufahren«, sagte sie, und dass ich gesagt hätte: »Ich will dir nicht zu viel erzählen, damit es eine Überraschung bleibt.« Und als wir den Leon C. Simon Drive erreichten, war da plötzlich der See. »Tauchte einfach auf, aus dem Nirgendwo«, erklärte sie. Über den Kanal, und schon waren wir am Flughafen, einem Gebäude, das beim Näherkommen ganz ruhig aussah, weil nur ein paar Autos auf dem Parkplatz standen. Aber drinnen, sagte sie: »Ein aufregendes kleines Juwel.« Wir versetzen uns zurück in die unbewegte Luft dort, die Makellosigkeit der Umgebung. »Ein Raum außerhalb der Zeit«, sagte sie. Sie ist eine Suchende, genau wie ich.

Ich denke oft an sie, an Edna Gardner, wie sie hinaus auf die Landebahn eilt. Wie sie wohl empfunden haben mag für ihre berühmtere Freundin. Ob sie sich wohl gewünscht hat, auch so weit und so hoch geflogen zu sein, oder ob sie einfach froh war über das Erreichte. Mit einem Seitenblick auf diesen Ehemann. Ich stelle mir ihren kraftvollen Schritt vor, einen ausgestreckten Arm, rosige Wangen, die Aufregung, ihre Freundin zu sehen, die von so weit her gekommen ist. Praktische Kurzhaarfrisur. Latzhosen und aufgekrempelte Ärmel. Es war das letzte Mal, dass sie sich sehen würden, doch das wusste sie nicht. Es ist nur dieser umwerfende Moment der Begeisterung, den ich weiterspinne, dieses freudige Prickeln. Da ist meine Freundin. Ach, wie habe ich sie vermisst. Jetzt werden wir stundenlang reden.

17
Der blaue Eimer

Zum letzten Mal bin ich im Sommer 2019 verreist. Es gab billige Direktflüge von New Orleans nach Frankfurt bei einer Airline, die inzwischen nicht mehr existiert. Der einzige direkte Weg nach Europa. Diese Strategie war am besten, um von A nach B zu gelangen: nach Deutschland fliegen und dann weiter mit dem Zug oder Flugzeug, wohin man eben wollte. Oder dort ein Auto mieten und einfach losfahren. Alle Grenzen waren offen, alle Möglichkeiten verfügbar, alle Amerikanerinnen willkommen. Ich klickte los – ich dachte gar nicht weiter nach. Ich würde fahren, wohin ich eben wollte. Und ich wollte nach Italien.

Ich wollte nach Italien fahren, um Viola zu sehen, denn sie war meine Freundin und sie fehlte mir. »Wir werden schwimmen gehen«, sagte sie. Und ich wollte nach Italien, weil ich traurig war, mein Herz war nämlich gebrochen und ich dachte, Italien würde mich wieder froh machen, dort würde ich nämlich nichts als Köstlichkeiten essen. Und ich wollte nach Italien, um Neapel zu sehen, ich hatte nämlich gehört, dass es dort ein grandioses Beinhaus gab, und ich wollte die vielen Knochen sehen.

Ich weiß nicht, warum ich nicht über ihn hinwegkam. Wahrscheinlich, weil ich nach wie vor durch die Straßen ging, durch die wir zusammen gegangen waren. Es war anders, als Kummer in New York zu haben. In New York war alles so dicht und voll, und man musste ständig dringend irgendwohin, und nach Hause konnte man auch auf einem anderen Weg gelangen. In New Orleans waren die Straßen leer und ich war immer schon so gut wie zu Hause und ich konnte mich nicht vor mir selbst verstecken. Auch deswegen war ich schließlich dort hingezogen. Um stärker mit mir selbst verbunden zu sein.

Es war mir ein großes Ärgernis, dass ich noch nicht über ihn hinweggekommen war. Ich war immer sehr schnell über Leute hinweggekommen. Darauf war ich stolz, auf meine Fähigkeit, weiterzuziehen.

Ich weiß noch, wie ich Cameron Crowes zweiten Film *Singles – Gemeinsam einsam* gesehen habe, 1992, mit zwanzig, im Park meines Colleges während des vierten Studienjahrs, und mich stark mit der von Bridget Fonda gespielten Figur der Janet identifizierte (und sie verinnerlichte). Sie war jung und single und arbeitete in einem Café und trug Vintage-Kleider und schwarze Strumpfhosen und Doc-Martens-Stiefel und sie traf sich mit blöden Typen aus Bands, die sie mies behandelten, und in drei Jahren sollte ich so sein wie sie und irgendwie wusste ich das noch nicht. (Als ich 1995 ohne wirklichen Grund nach Seattle zog, landete ich tatsächlich in einem winzigen Studio-Apartment um die Ecke von dem Wohnhaus, dessen Fassade für den Film genutzt worden war. Jedes Mal, wenn ich in den Supermarkt ging, hörte ich das Na-na-na-na aus dem Titelsong »Dyslexic Heart«, den Paul Westerberg von der in den Achtzigern wichtigen Indie-Band The Replacements geschrieben hatte. Ich konnte Janet nicht entrinnen.)

In dieser romantischen Komödie datet Janet ihren Nachbarn Cliff, den charismatischen, aber eher unbegabten Frontman einer Grunge-Band, der respektlos mit ihrer Zeit und ihrem Körper umgeht. Er behandelt sie, als wäre sie niedlich, ein kleines Mädchen, und nimmt sie nicht ernst. Sie überlegt, sich Brustimplantate machen zu lassen, um ihn zu beeindrucken. Schon früh im Film erzählt sie einer anderen Figur, dass sie einfach einen Mann im Leben sucht, der »Gesundheit« oder »Gott segne dich« sagt, wenn sie niest. Als sie etwa nach der Hälfte des Film schließlich mit Cliff den Niestest macht, fällt er durch. Er sagt nämlich stattdessen, dass sie ihn nicht anstecken soll (weil er am selben Wochenende ein Konzert spielen muss), und reicht ihr eine Schachtel Kleenex – und eine Erleuchtung zieht über ihr Gesicht. In Voiceover sagt sie: »Ein Moment mal, was mache ich bloß? Ich muss doch gar nicht hier sein. Ich könnte genauso gut einfach Schluss mit ihm machen.« Dann lächelt sie. Durch das Küchenfenster sieht man sie allein tanzen, im Bademantel, zufrieden. Noch ein Voice-over: »Das habe ich schon immer gekonnt. Mit jemandem Schluss machen und nie zurückblicken.« Dann liegt sie auf dem Dach ihres Apartmenthauses mit einem Stapel Musikmagazine in einem billigen Plastikliegestuhl, wieder mit diesem verstohlenen Lächeln. Rotes Paisley-Vintage-Kleid, schwarzer Gürtel, schwarze Strumpfhosen. Ein leerer Tupperware-Behälter mit einer Gabel darin. »Allein zu sein, das hat eine gewisse Würde«, sagt sie.

An diese drei Textpassagen erinnere ich mich am besten aus dem ganzen Film. Dass es leicht ist, weiterzugehen, und dass es okay ist, allein zu sein. Doch jetzt, als Frau Ende vierzig, sehe ich mir den Film noch einmal an, und siehe da? Neben Janet liegt ein Exemplar von *Der ewige Quell.* Und was steht daneben? Ihr Telefon, dessen Kabel unmöglich von ihrem Apartment über den Hof bis rauf aufs Dach reichen kann, wo sie gerade sitzt. Und immer noch darauf wartet, dass jemand anruft. Das hatte ich nur schwach in Erinnerung gehabt, ein kleiner Gag, damals, ein kleiner Lacher auf Kosten unserer Janet. Der Nicht-so-ganz-Feministin Janet. Doch als ich mir den Film noch einmal ansehe, hält die Kamera eindeutig auf das Telefon. Will Janet etwa alle verarschen?

Ich lief durch New Orleans und hörte traurige Musik und trug meine Sonnenbrille, damit niemand sah, dass ich weinte. Ich kam mir lächerlich vor, weil mir noch immer jener Mensch wichtig war, mit dem ich nicht einmal mehr telefonieren konnte, denn irgendwann schnauzten wir uns doch nur an. Ich hatte Angst, ihm zufällig zu begegnen – wir wohnten keine Meile voneinander entfernt –, doch das passierte nie, nicht mal in dem Supermarkt bei ihm in der Nähe, und wieso begegnete ich ihm eigentlich nie? Wieso?

Ob ich Lippenstift trug im Supermarkt? Ja! Still jetzt.
Will ich alle verarschen?
Ich kaufte ein Flugticket.

In Frankfurt übernachtete ich, also konnte ich meine Übersetzerin treffen, Barbara. Wir arbeiteten seit meiner ersten Veröffentlichung in Deutschland zusammen, 2015. Barbara ist wahrscheinlich meine akribischste Übersetzerin. Einmal fand sie eine historische Unstimmigkeit in meinem fünften Buch, *Saint Mazie*, die wohl einer Mischung aus Nachlässigkeit und dichterischer Freiheit meinerseits entsprossen war. Ich fand, dass es so in Ordnung war, thematisch gesehen, doch sie beharrte darauf, dass ich etwas unternahm – in Deutschland könne mir so etwas eine schlechte Kritik einbringen und dem Buch schaden. Ich fand das toll von ihr. Aber ich fand es auch toll, dass das Buch an unterschiedlichen Orten unterschiedliche Leben haben konnte, unterschiedliche Titel mit unterschiedlichen Bedeutungen, leicht unterschiedliche Perspektiven und Bilder. Es gibt so vieles, das ich bei fremdsprachigen Ausgaben nicht kontrollieren kann – selten bespreche ich mein Buch überhaupt mit denen, die es übersetzen, und ich weiß nie, ob eine Übersetzung geglückt ist oder nicht. Und selbst wenn der Wortlaut genauso war, wie ich ihn gemeint hatte, stellte ich doch immer wieder fest, dass ich nicht kontrollieren konnte, wie das Buch bei denen ankam, die es lasen.

Doch die besten Übersetzerinnen arbeiten mit der Autorin zusammen, um die ursprünglichen Intentionen zu erfassen. Und Barbara war in Hochform. Dass ich die Chance hatte, sie kennenzulernen, war die Übernachtung in einem Flughafenhotel in Frankfurt wert. Sie übersetzte mich schon seit fünf Jahren, vier Büchern. Barbara war etwas älter als ich, kultiviert, gelassen. Sie trug ein schlichtes weißes Hemd mit Kragen, silberne Ringe, eine silberne Uhr und silberne Creolen. Sie hatte das graue Haar zusammengebunden und trug eine elegante Brille mit dunklem Rahmen. Sie sprach in ruhigem Ton. Sie wirkte absolut sortiert. Werde ich auch mal sortiert sein?, dachte ich. Eigentlich war ich mir sicher.

Abgesehen von ihrer Arbeit als Übersetzerin war sie als Dramaturgin, Lektorin und Dozentin tätig gewesen. Während ich mit ihr sprach, dachte ich: Ihre gesamte Arbeit fügt sich irgendwie schön zusammen. Ich hatte Jetlag, und sie bemutterte mich ein bisschen. Wir saßen draußen im Restaurant Goldmund, das zu einer restaurierten Bibliothek aus dem neunzehnten Jahrhundert gehört, dem Literaturhaus Frankfurt, einem literarischen Veranstaltungsort. Wir tranken Prosecco zum Aperitif und teilten uns zum Abschluss eine Käseplatte. Nach dem Essen machten wir einen Spaziergang. Sie setzte mich am Bahnhof ab, wohlbehalten.

Doch vor dem Essen ging ich in die Räume meines Verlags und traf mich dort mit einer Lektorin. Wir sprachen darüber, woran ich als Nächstes arbeiten würde – vielleicht an diesem Buch –, und sie breitete vor mir auf dem Tisch alle Bücher aus, die der Verlag von mir veröffentlich hatte. Natürlich hatte ich sie schon gesehen, aber nie so nebeneinander. Umschläge mit Frauengesichtern, die direkt ins Publikum schauen – danach hatte ich mich so viele Jahre gesehnt, als die Frauen auf meinen Buchumschlägen immer nur wegschauten, über die Schulter, auf irgendetwas weit weg von den Leserinnen und Lesern. Doch nun, neun Jahre später, war ich in Frankfurt, und jede dieser Frauen auf den Umschlägen schaute mich offen an, als wollte sie sagen: Hier bin ich. Hier ist ein Buch.

Am nächsten Morgen flog ich nach Catania, um Viola in ihrem neuen Zuhause zu besuchen. Sie war jahrelang umhergezogen, hatte in London und Kioto gelebt, promoviert, ihre Romane geschrieben, als Übersetzerin aus dem Englischen und Japanischen gearbeitet, verschiedene Residenzen für Kunstschaffende auf der ganzen Welt innegehabt. Doch nun besaß sie eine Wohnung, eine, die sie von ihrem Großvater geerbt hatte, und hatte sie renoviert, ein Bad neu gemacht, die Wände frisch gestrichen. Alles in Lila und Schwarz und Weiß und sehr dramatisch. Es gab eine Messinglampe in Form eines Drachens mit zischender Zunge. In der Küche eine Rückwand aus Vulkangestein. Im Flur eine Puppe auf einem roten Wildledersessel, der Puppenkopf am Hals abgeknickt, auf dem Sessel ein Kinderbuch: *Bimbo and Topsy*. Ein ausgestopfter Fuchs mit einer Krähe im Maul. Tote Tiere, entweder präpariert oder nur ihre kunstvoll arrangierten Knochen.

Es war gruftig und stilvoll. Kein Zuhause, das ich mir so einrichten könnte – ich bin zu mittelalt, zu robust und leger und amerikanisch. Aber ich fand es toll, dort zu sein, und fühlte mich wohl in der Geschichte, die sie mit ihrer Inneneinrichtung erzählte. Die Straßen unten waren ruhig, und in einigen Zimmern ließ sie die Balkontüren offen, sodass ein angenehmer Luftzug entstand. Sie machte mir Frühstück und bemutterte mich auch etwas, so wie Barbara. Sie hatte eine gebrechliche Katze, die sie liebte und die hin und wieder durchs Zimmer tapste.

Wir setzten uns und tranken einen Kaffee und planten, was wir auf dieser Reise machen wollten. Eine jüngere Spielart von mir hätte sicher gern sämtliche Hotspots auf Sizilien mitgenommen, aber Viola trank nicht, und ich musste mit siebenundvierzig niemandem mehr etwas beweisen. Wir wollten vor allem herumlaufen und schwimmen und essen. Wir wollten ein paar Tagesausflüge machen. Wir wollten beide schreiben. Courtney hatte mir eine Fassung ihres neuen Romans geschickt, *Fremde Freundin*, und ich musste ihr Anmerkungen dazu schicken. Es gab eine Buchhandlung, die eröffnet werden sollte – noch ein Abend unterwegs. Außerdem plante ich, vollständig von meinem Liebeskummer geheilt zu sein, wenn die Reise vorüber war, das sagte ich aber nicht laut.

Wir machten alles, wozu wir Lust hatten. Wir spazierten durch die Stadt zum Wasser und setzten uns an einen felsigen Strand und tauchten in das kalte Ionische Meer. Wir aßen Pizza und Gelato und Arancini. Ich trank Wein. Wir besuchten die neue Buchhandlung, seinerzeit Libreria Prampolini genannt, die es seit dem späten neunzehnten Jahrhundert gab und die man nun behutsam zu einer modernen Buchhandlung umgestaltet hatte. Wir fuhren mit dem Bus nach Ortigia und sahen uns Tunnel an, die unter der Stadt verliefen – Viola und ich fühlten uns immer hingezogen zu dem, was unter der Oberfläche lag. An diesem Tag folgten wir durch diese Tunnel einer schönen Stimme, bis wir eine Frau fanden, die dort sang. Sie sei nur Studentin, erklärte sie uns. Die Tunnel hatten eine unglaubliche Akustik, also ging sie gern dorthin. Sie kam einfach zum Üben, um zu hören, wie ihre Stimme klang. Viola und ich hatten natürlich das Gefühl gehabt, einem Geist zu folgen. Waren wir vielleicht sogar etwas enttäuscht, auf einen lebendigen Menschen zu treffen?

Später standen wir am Rand des Castello Maniace über dem donnernden Mittelmeer, und wir lachten und fotografierten uns, Viola ganz in Schwarz, starker, an den Enden leicht verschmierter Eyeliner, ohne ein Lächeln, auch wenn ich wusste, sie hatte ihren Spaß. Auf Fotos sieht sie nun einmal so aus. Das korrekte Abbild meiner Freundin. An einem anderen Tag machte sie ein Foto von mir, abends, auf dem ich vor einem Brunnen stehe, auch in Schwarz, ein bauchfreies schwarzes Top, schwarze Leinenhosen, meine Haare sind lang, ich bin braun gebrannt, meine Haut ist glatt und rein. Wir kamen gerade vom Essen. Auch das wirkte wie ein korrektes Abbild. Ich begriff, wie ruhig und glücklich ich aussehe, und wie mich das Wissen erleichtert, dass mein Gesicht noch immer so aussehen kann. Das war ich: glücklich in Italien.

Gegen Ende meiner Zeit in Catania machten wir spätnachmittags einen Spaziergang in die Stadt, in die Touristengegend. Wieder ein netter Bummel, zwei Freundinnen, die zusammen spazieren und den späten Schatten suchen. (Viola, die ganz blasse Haut hat, sorgte immer dafür, dass wir im Schatten gingen, wobei sie das englische »shade« mit »shadow« verwechselte). Die Stadt war leer, wir schlenderten herum. Irgendwann planten wir unser Abendessen. Ich hatte die Idee, in eine bestimmte Bar zu gehen, auf einen Aperol Spritz, den ich seit meiner Ankunft täglich getrunken hatte. Als wir um eine Ecke bogen, türmte sich überall Müll, verdorbenes Obst und Gemüse, leere Pappkartons, Verpackungen, Papier, irgendwelcher Abfall. Ansonsten war die Stadt immer so sauber – der Anblick schockierte mich. Viola erklärte mir, dass dort der städtische Straßenmarkt stattfand, nur dass sich die Händler schon davongemacht hatten für den Tag, und das war eben übrig geblieben. Ich blendete zurück ins Jahr zuvor, als ich in Catania im Zentrum gewohnt hatte, in diesem unwahrscheinlichen Mietapartment mit den Fresken, und wie ich tagsüber über diesen Markt gelaufen war, wo es wimmelte von Leben und Essen und Leuten und Farben und allen möglichen Geräuschen und Gerüchen. Dieselbe Stelle, eine andere Perspektive. Es blieb nichts als Müll, der von der Hitze des Tages stank.

Ich sagte: »Sieht aus wie am Ende der Welt.« Ich erzählte ihr von meinem Ausflug in Portugal, ans Ende der Welt, dass ich mit meinem Ex-Freund gefahren war, bis das Land aufhörte, dass wir im Auto gestritten hatten, um schließlich an unser Ziel zu gelangen, wo wir aufhörten zu streiten, aus dem Auto stiegen und zum Wasser gingen, und ich stand da und blickte auf den blauen Himmel und den donnernden Ozean und die weite Landschaft um mich herum und fühlte mich leer und erfüllt zugleich.

Viola schüttelte den Kopf angesichts dieser Erinnerung. Sie erzählte mir von einem Ausflug mit dem Bus, den sie einmal in London gemacht hatte, mit einem Mann in ihrem Leben, einem, zu dem sie inzwischen keinen Kontakt mehr hatte. Als Fahrtziel hatte WORLD’S END auf dem Bus gestanden. Sie stritten in diesem Bus. Sie stritten während der ganzen Fahrt. Es war Jahre her, sie schloss dort gerade ihr Studium ab. Für mich war es schwer vorstellbar, dass meine viel jüngere Freundin schon so alte Erinnerungen hatte. Aber schließlich haben wir alle ein früheres Leben.

So standen wir beide auf dem dreckigen, leeren Marktplatz in Sizilien herum und dachten kurz an Streitereien mit Verflossenen zurück. Und dann ließen wir diesen Ort hinter uns und gingen weiter zum nächsten.

In der letzten Szene von *Singles – Gemeinsam einsam* stehen Janet und Cliff im Aufzug ihres Apartmenthauses. Sie hat ihm monatelang die höfliche, freundliche kalte Schulter gezeigt, bis er gemerkt hat, dass er sie nie hätte gehen lassen sollen. Er hat erfolglos versucht, sie zurückzugewinnen, doch Janet hat sich zusammengerissen, ein Architekturstudium begonnen und ist ohne ihn weitergezogen. Wir sind stolz auf Janet. Janet wird ohne Cliff klarkommen, den Blumenauslieferer, über dessen musikalische Darbietung das Stadtmagazin schreibt: »Zum wiederholten Mal fällt dem Mann, der die lokale Szene schon viel zu lange heimsucht, nichts anderes ein, als dich mit seinem Peniskomplex zu langweilen.« Janet, bleib auf Kurs, sage ich unwillkürlich, als ich mir das heute wieder anschaue. Bleib single. Oder such dir einen netten Architekten zum Heiraten, wenn du unbedingt heiraten musst. Janet niest im Aufzug und Cliff sagt »Gott segne dich«, und sie belohnt ihn mit einem zarten Kuss, und sie fangen an zu knutschen, und damals habe ich das sicher für eine achtbare Liebesgeschichte gehalten, aber heute bin ich irgendwie ein bisschen sauer, dass der große Preis dieses Films in einer Knutscherei besteht, mit einem Typen, der ernsthaft Kinnbärtchen trägt.

Zwei Tage später fliege ich nach Neapel. Während der Wartezeiten auf meiner Reise an Flughäfen und Busbahnhöfen schrieb ich mit Alex wegen eines Hauses, das er vielleicht kaufen wollte, als Zuhause für sich und Dustin, in Vermont. Er schreibt mir, wie heiß es ist in New York. Ich schrieb, ich würde in einer Woche dort sein. An einem Abend würde ich mit Maris und Josh und Jason und Emily und Isaac und Alice essen und mir am zweiten mit Marisa diese Solo-Show von Jacqueline Novak über Blowjobs ansehen – der Plan also, auf dem Heimweg von Italien nach New Orleans in der Stadt Station zu machen, Freundinnen und Freunden Hallo zu sagen und dann eine Frau zu sehen, die in einem abgedunkelten Theater steht und darüber redet, Leuten einen zu blasen. Waren wir jemals so frei? Echt? –

Alex schrieb, ich solle in Neapel zur Bucht hinuntergehen, also tat ich das am ersten Abend. Vor Sonnenuntergang ging ich hinunter zum Wasser und ich setzte mich an einen kleinen Tisch am Golf von Neapel, und draußen in der Ferne lag der Vesuv, und ich trank einen Aperol Spritz, und mein Blut bestand an diesem Punkt meiner Reise schon zu gut dreißig Prozent aus Aperol Spritz, aber mir war, als würde ich irgendwie einen Frevel begehen, wenn ich nicht noch einen einzigen Aperol Spritz trank. Salznüsse hatte ich auch. Es war ein Wochentag und nicht besonders viel los, die Leute trudelten im letzten Moment zum Sonnenuntergang am Wasser ein. Und es war heiß, und es war Sommer, und ich war allein, und ich war an einem neuen Ort, und ich fühlte mich gut.

Ich muss jetzt mal ankommen, dachte ich. Ich muss das schaffen.

Ich rede mit einer weiteren neuen Therapeutin, im Dezember 2020. Diesmal ist sie in meinem Alter, und das fühlt sich genau richtig an. Zum ersten Mal in Person, alle beide mit Maske. Ich sage ihr: »Wenn ich an mein Inneres denke, dann sehe ich, alles wird irgendwie zusammengehalten von, naja, einer Büroklammer und einem Stück Kaugummi und einem Pflaster und einem Stückchen Tesafilm. So ist das Leben, so was hält uns zusammen, Klebstoffe, die wir uns selbst aussuchen und herstellen. Aber bei mir ist das inzwischen etwas robuster. Es ist in der Erde verankert. Und es ist praktisch. Aber es ist immer noch fragil.« Ihr Kopf bewegt sich nicht. Ich weiß nicht, ob sie lächelt oder ernst ist. Ich muss unbedingt wieder zu Zoom-Meetings übergehen, denke ich. »Jedenfalls, das liebe ich an Menschen. Ich weiß liebend gern, was sie zusammenhält, wie es aussieht da drin. Die ganzen Schwächen. Das liebe ich.«

Am nächsten Tag ging ich durch kleine Gassen in den Quartieri Spagnoli, wo die Wäscheleinen quer über den Straßen hingen. Ich sprach mit niemandem. Ich war die ganze Zeit sehr in mich versunken. Es beschwingte mich, dort zu sein, aber ich war versunken. Ich ging Meile um Meile, ich konnte gar nicht aufhören, mich zu bewegen. Ich versuchte, ihn durch Gehen loszuwerden, und außerdem die Spielart meiner selbst, die ihn nicht loslassen konnte. Diese Form von mir, die an jemandem hängen blieb. Ich wollte die andere Spielart von mir. Diejenige, die so etwas immer gekonnt hatte. Mit jemandem Schluss machen und nie zurückblicken. Wenn ich nur lange genug ging, würde ich diesen Menschen hinter mir lassen. Ich trank Spritz, ich aß Nüsse, ich aß Pizza, ich aß Streetfood. Ich spazierte eine Straße voller Buchhandlungen entlang und fühlte mich getröstet wie immer, wenn ich von Büchern umgeben bin, von Menschen, die Bücher lieben, Menschen, die es wagen und ihr Leben damit verbringen, sie zu verkaufen, für sie zu werben, die sie sanft auf einem Regal platzieren, damit andere sie bewundern können. Ich dachte an Ferrantes Bücher – wie konnte man anders in Neapel! –, und daran, dass sie es gewagt hatte, eine Stadt darin so klar und genau zu beschreiben. Ich war in eine Stadt gezogen und lernte gerade erst, über sie zu sprechen, New Orleans ein ganz klein wenig für mich in Besitz zu nehmen, auch wenn die Geschichte dieser Stadt so reich und tief und kompliziert war, dass ich fürchtete, ich könnte sie nicht einmal ansatzweise im Inneren spüren. Ich besaß Land, ein Haus, einen schmalen Garten. Konnte ich behaupten, dass ich das besaß? Ferrante zuckte nicht mit der Wimper. Sie knurrte. Diese Stadt gehörte ihr. Ich spürte die Anwesenheit ihrer Bücher ganz deutlich, während ich darin umherlief.

An meinem vorletzten Abend in Neapel streifte ich durch die Gassen auf der Suche nach einem Restaurant, das ich nicht fand. Stattdessen überkam mich eine Erinnerung daran, wie ich im Herbst zuvor mit meinem Ex durch Lissabon gelaufen war. Es hing mit den engen, gepflasterten

Straßen zusammen und der Nachtluft, dem Summen einer Sprache, die ich nicht verstand, und dem Gefühl, verloren zu sein an einem fremden Ort – nicht in Gefahr, aber dennoch verloren. Ich wurde es nicht los. Beide Momente existierten gleichzeitig. Ich war sowohl hier als auch dort. Ein linear verlaufender Pfad ist Illusion. Etwas, das man in einem bestimmten Moment begreift, kann jahrelang wie eine Bombe im Herzen sitzen oder im Geist, bis es explodiert.

Ich fand eine Bank und setzte mich hin und schrieb ihm eine Mail. Ich sagte ihm dies und das. Zum Beispiel entschuldigte ich mich für mein Verhalten an einem bestimmten Abend in Portugal. Ich hörte nichts mehr von ihm. Ich hatte es auch nicht erwartet.

Manchmal schicken wir Nachrichten hinaus in die Welt und hoffen, dass man sie mit der Intention empfängt, mit der sie abgeschickt wurden, aber auf die Geisteshaltung oder die Großzügigkeit der anderen Seite können wir nicht immer zählen. Nachrichten, die elektronisch vermittelt werden, brauchen einen gewissen Vertrauensvorschuss. Wir können keinen Gesichtsausdruck sehen, keine Stimme hören. Wir sind vielleicht nicht in der Gemütslage, die Leerstellen auszufüllen. Wir haben vielleicht nicht die Kapazitäten. Und: Einen Vertrauensvorschuss haben wir vielleicht nicht immer verdient.

Ich hatte angenommen, inzwischen würde ich glücklich sein. Zeitweise bin ich das auch. Ich weiß nicht, warum ich glaube, dass ich es verdiene, glücklich zu sein. Ich habe schließlich viel falsch gemacht in meinem Leben. Ich habe gelogen, um mich zu schützen oder weil es zu meinem Vorteil war. Ich bin gemein gewesen, habe gemeine Sachen gesagt, die Gefühle von Menschen verletzt und mich im Recht gewähnt, wenn ich fand, dass sie mich zuerst verletzt hatten. Ich bin egoistisch gewesen, emotional wie physisch. Ich habe mir genommen, was ich wollte, ohne darum zu bitten. Ich bin raffgierig gewesen. Ich habe mir den letzten Bissen genommen. Ich habe Verbrechen begangen, geringfügige, und wahrscheinlich kommt es darauf an, wie man zu den Gesetzen einer Gesellschaft steht, aber wie dem auch sei, ich habe diese Dinge getan, wissentlich. Dinge gestohlen, Dinge zerstört, verwüstet. Illegale Substanzen sowohl regelmäßig als auch unregelmäßig konsumiert, von etwa 1990 bis 2004, und dann noch manchmal während des Karnevals. Ich habe geweint, um mich einer Situation zu entziehen. Ich bin griesgrämig gewesen. Ich habe Leute angebrüllt, die Fassung verloren. Ich bin unfair gewesen. Ich hatte schlechte Tage und habe das an anderen ausgelassen, an Fremden und an meinen Lieben. Eins ist nicht schlimmer als das andere. Niemand hat den schlechten Tag anderer verdient. Ich habe Leute im Stillen und lauthals verurteilt. Ich habe Dinge bewusst falsch verstanden. Ich bin neidisch gewesen. Ich habe vieles davon auf Drogen und Alkohol geschoben, aber das ist keine Entschuldigung. Ich muss mich zu meinen Fehlern bekennen.

Wieso habe ich überhaupt etwas Gutes verdient? Sollte ich diese Frage überhaupt stellen? Wieso habe ich Glück verdient? Das habe ich nicht – jedenfalls nicht mehr als andere auch.

Und trotzdem will ich es haben.

Ich bin inzwischen ein besserer Mensch. Ich bin erwachsen geworden, ich bin weiser geworden, reifer. Es wird Zeit, dass ich mich gut benehme. Ich muss mit meiner Schuld trotzdem leben, für den Rest meines Lebens, aber der Rest meines Lebens ist eine lange Zeit, und was davon noch bleibt, kann ich klug nutzen. Es ist mir wichtig, meiner Gemeinschaft, so gut ich kann, zu dienen.

Das heißt nicht, dass ich jetzt perfekt bin. Ich werde nie perfekt sein. Das heißt nicht, dass ich nichts mehr falsch verstehen werde. Ich habe zu viele Narben davongetragen, um wieder ganz heil zu werden. Ich habe viele schlechte Angewohnheiten durchbrochen, aber nicht alle. Selbst ein Buch zu schreiben heißt nur, einen Fehler nach dem anderen zu machen und irgendwann damit aufzuhören. Jeden Tag, wenn wir uns an die Arbeit machen, schwimmen wir in einem Meer dessen, was wir versauen. Am Ufer steht ein einziger guter Satz.

Aber das heißt, dass ich es versuche, dass ich es jeden geschlagenen Tag versuchen muss. Meine Überzeugungen und die Lektionen, die ich gelernt habe, sind mir Verpflichtung, aufzuwachen und immer wieder zu versuchen, ein guter Mensch zu sein. Und wenn es mir nicht angeboren ist, spielt das keine Rolle. Ich kann es trotzdem versuchen. Und es gibt keine Garantie, dass daraus Glück entsteht. Das habe ich nicht unter Kontrolle. Ich habe nur unter Kontrolle, was für ein Mensch ich sein kann in dieser Welt.

Ein Dreivierteljahr später, als er und ich wieder miteinander reden, erwähne ich die Mail, die ich ihm an jenem Abend in Neapel geschrieben habe. »Du hast doch wohl nicht gedacht, dass ich darauf antworte«, und das klang ungewöhnlich finster und aggressiv. Er hatte recht. Für so was entschuldigt man sich nicht einfach aus heiterem Himmel. Man schickt keine Mail, wenn man im Urlaub ist und glaubt, dass alles schon wieder werden wird. So funktioniert das nicht.

Wir hatten begonnen, wieder miteinander zur reden, weil wir uns beim Karneval nach einer Parade zufällig begegnet waren, am frühen Abend, an einer Straßenecke.

Gemeinsam gingen wir weg aus dem Gedränge. Ich trug einen knallroten Overall aus Seide und Glitzer im Gesicht und ich hatte mein Fahrrad dabei, das gelbe Schwinn mit dem Korb, das ich schon seit einer Ewigkeit hatte, und während wir durch die Straßen gingen, stieß ich immer wieder ungeschickt mit dem Bein daran, und wäre es eine andere Zeit unseres Lebens gewesen, hätte ich ihn gebeten, es für mich zu schieben, doch diese Privilegien hatte ich verloren. Wir waren nicht befreundet, aber wir waren auch nicht verfeindet – oder? Manchmal ließ sich das schwer sagen. An jeder zweiten Ecke blieben wir stehen und stritten. Ich hätte ihm einfach Lebewohl sagen können. Ich hätte auch einfach sofort auf mein Fahrrad springen können, als das Gehacke begann. Wir hätten auch einfach für immer sauer aufeinander bleiben können.

Es kommt immer noch vor, dass ich aufs Fahrrad springen und davonradeln will. Aber im Moment fühlt es sich an, als würde ich immer zurückradeln zu ihm.

An meinem letzten Tag in Neapel gehe ich zu Fuß zum Beinhaus, zum Cimitero delle Fontanelle. Auf dem früheren Armenfriedhof aus dem siebzehnten Jahrhundert exhumierte man 1872 die achtlos begrabenen Skelettüberreste und ließ sie einfach herumliegen, in Kisten, Grüften und auf Regalen. Sehr rasch entwickelte sich eine Sekte um diese Überreste. Die Mitglieder nahmen sich der Schädel an, kümmerten sich um sie, reinigten sie, brachten ihnen Geschenke, baten sie um Gefallen und gaben ihnen sogar Namen, die ihnen im Traum erschienen waren. Die ansässige Kirche hatte die Sekte schließlich satt, befahl 1969 die Schließung des Ortes und öffnete ihn dann wieder als jene historische Stätte, zu der ich an diesem heißen Sommertag wanderte.

Ein langer Fußweg über gewundene Straßen, steile Hügel hinauf. Ich ging frühmorgens los, um die kühleren Temperaturen zu nutzen, was aber nichts brachte: Die Sonne leckte an mir wie eine Katze bei der Fellpflege, unablässig und intensiv. Doch in dem höhlenartigen Beinhaus mit seinen Wänden aus *tufo*-Stein und Ziegeln war es düster und kühl; das meiste Licht fiel gedämpft und natürlich durch einige ausgemeißelte Fenster. An den Rändern der Räume liegen zur Schau gestellte Knochen und Schädel, ohne erkennbares Muster, obwohl es wie ein Ganzes wirkt. Zahllose Haufen aus Knochen und Schädeln. Grüfte im Boden, in die man durch Plexiglas schauen kann. Knochen über Knochen. Die Räume sind sauber, Knochen und Schädel sind umzäunt und geschützt, aber beiläufig, als wären sie irgendwie aus der Erde gesprossen und nicht dort angeordnet worden. Ein paar auf Gestellen ruhende Betonplatten hinter Glas, die wohl einmal ganze Skelette enthalten haben. Überall Geschenke, kleine Altäre, die aus all den vielen Gefühlen erwachsen. Religiöse Figuren, Rosenkränze, Münzen und Scheine, Plastikrosen, katholische Andachtsbilder, Muscheln, Kerzen. In einem Raum tropfte es unablässig von der Decke in einen blauen Plastikeimer. Als ich hindurchging, dachte ich: Ich komme von so weit her zu dir. Hallo, hallo. Das Beinhaus fühlte sich geerdet an, organisch und lebendig.

Und dann leerte sich das Beinhaus, die anderen Reisenden gingen und ich stand eine Weile allein da. Wer wollte auch in dieser Hitze einen Haufen alter Knochen sehen? Es wurde still. Ab und zu summte draußen ein Motorroller vorbei. Stetig tropfte Wasser in den blauen Eimer. Aber keine Stimmen. Die unruhig flackernden Kerzen. Das gedämpfte, natürliche Licht der Fenster. Nur ich und meine Gedanken. Zum ersten Mal war ich an so einem Ort ohne andere Touristen.

Ein paar geschenkte Minuten. Ich war allein, aber nicht einsam. Umgeben von Tausenden. Wenn man die Geister denn sehen kann. Ich schloss die Augen, um zu sehen, was ich sehen konnte. Hier war die Endstation für all die Knochen. Umgeben von den Schwingungen endloser Gebete der Fremden. Und dem Ping des Wassers.

Diese Schädel, diese Knochen, diese Geister, sie gaben mir so viel. Aber sie dienten auch als Gefäß für meine Gefühle und Emotionen. Ich nahm sie mir als meine Metaphern. So etwas macht man, wenn man schreibt, wir nehmen uns alles, was uns umgibt: den Wind, die Erde, die Art, wie sich eine Welle im Ozean bricht, wie Salz in einer Wunde brennt. Wir nehmen es uns und definieren es um und machen etwas Neues daraus. Die Knochen konnten sein, was immer ich wollte, was immer ich brauchte. Sie konnten jedes Leben sein, das ich wollte.

Ich schaffte Klarheit in meinem Kopf. Ich bin hier, ich höre zu. Ich suchte nach einer Antwort auf das Problem meiner selbst.

Aber ich sah nichts. Nur einen Kreis aus Dunkelheit hinter den Augen. Ich schlug sie auf.

Ein Haufen Knochen, unaufhörliches Tropfen, ein blauer Eimer.

Okay, jetzt ist es genug, dachte ich. Versuch's mal so: Wie wär's damit, dass ich einfach froh bin, am Leben zu sein? Dass ich jetzt einfach rausspazieren kann an die frische Luft mit dem blauen Himmel und der großen, brennenden italienischen Sonne da oben, und die Knochen lasse ich hinter mir? Wie wär's, wenn ich einfach diese Beine strecke und mich von ihnen tragen lasse, wohin ich auch will?

Nach Hause nämlich. Zum Haus und zum Garten und zu den Bücherstapeln. Genug jetzt, sage ich zum Hund und tätschele seine weichen Ohren. Genug von mir.

Danksagung

Teile dieses Buchs wurden vorab veröffentlicht in der *New York Times*, dem *New York Times Magazine*, *The Atlantic*, dem *Wall Street Journal*, der *Sunday Times*, *Away*, *Longreads*, *Lenny Letter*, *The Rumpus* und *Curbed*.

Der großartigen Morgan Parker und Tin House Books bin ich dankbar für die Erlaubnis, ausgewählte Zeilen aus *There Are More Beautiful Things Than Beyoncé* zu benutzen.

Danke an Pater Carlos A. Martins für die Erlaubnis, seine Übersetzung des Gedichts an der Capela dos Ossos zu benutzen.

Claire Cameron hat großzügigerweise die erste und chaotischste Fassung gelesen und mir gesagt, dass ein Buch drinsteckt. Danke, meine Freundin.

Großer Dank auch an meine anderen brillanten und unterstützenden Leserinnen: Courtney Sullivan, Kristen Arnett, Laura van den Berg, Priyanka Mattoo, Viola di Grado, Lauren Groff und Patricia Lockwood. Euretwegen bin ich jeden Tag eine bessere Autorin.

Meine Gespräche über das Schreiben von Memoirs mit Roxane Gay, Cheryl Strayed, Alexander Chee, Samantha Irby, Anne Gisleson und Melissa Febos waren hilfreich für die Entwicklung dieses Buchs. Ich schätze euch alle so sehr.

Grüße an den Gruppen-Chat: Maris Kreizman, Jason Diamond, Emily Goldsher-Diamond, Josh Gondelman und Isaac Fitzgerald. Ohne euch hätte ich dieses Jahr nicht überstanden.

Danke, New Orleans: Alison Fensterstock, Caro Clark, Katy Simpson Smith, Brooke Pickett, Brad Benischek, Tamika Jackson, Tia Clark, Ann Glaviano, Zach und Sarah Lazar, Rebecca Diaz, Chrissie Roux, Christopher Dunn und Ladee Hubbard.

Danke, New York: Emily Gould, Emily Flake, Alison Dell, Marisa Meltzer, Mary H. K. Choi, Jason Kim, Megan Lynch, Sally J. Kim, Sonya Cheuse, Maria Bell, Szilvia Molnar, Nadxieli Nieto, Laia Garcia-Furtado, Rosie Schaap, Vannesa Shanks, Johnny McCormick und Stefan Block.

Danke, Westküste: Esme Wang, Maria Semple, Jasmine Guillory, Amanda Bullock, Drew Zandonella-Stannard, Jade Chang, Cynthia D'Aprix Sweeney, Pat Healy und Jason Richman.

Unendlich dankbar bin ich der gesamten #1000words-ofsummer-Community für eure Unterstützung und Herzensgüte.

Alles Liebe an die Buchhandlungen: Loyalty Bookstores, Books Are Magic, Blue Cypress Books, WORD Bookstores, Octavia Books, Garden District Book Shop, The Book Cellar, Women & Children First, The Booksmith und an all die vielen anderen wunderbaren freien Buchhandlungen.

Dank an alle bei Ecco Books für den sorgfältigen Umgang mit meiner Arbeit. Und Dank an Hannah Westland und Serpent's Tail für ihre unablässige Unterstützung in Großbritannien.

Danke an meine Agentin Katherine Fausset für ihre Freundlichkeit und Weisheit.

Und an meine Lektorin Helen Atsma ungeheure Dankbarkeit für ihren klaren Verstand, ihr Mitgefühl und ihren Glauben an meine Kunst. Unsere zehnjährige Freundschaft hat mir alles bedeutet.

Wie immer, in Liebe für meine Familie.

Nachweise

S. 39
The Doors, »The End«. Text: Jim Morrison © The Doors, Elektra/Warner Music Group 1967.

S. 60
Woody Guthrie, »California Stars«. Text: Woody Guthrie, © Copyright Woody Guthrie Publications, Inc.

S. 69
Zitiert nach der deutschen Synchronfassung: *Happy-Go-Lucky*, Mike Leigh, © Universum Film GmbH. A Unit of RTL Group, 2009.

S. 134
Viola di Grado, *Cuore Cavo*. Edizione E/O 2013.

S. 138
Aus den Gedichten: »We Don't Know When We Were Opened (Or, the Origin of the Universe)«, »THE PRESIDENT'S WIFE« und »Welcome to the Jungle« von Morgan Parker in: *There Are More Beautiful Things Than Beyoncé*. Tin House Books 2017.

S. 182
Aus den Gedichten: »VII« und »XXX« von Dulce María Loynaz in: *Absolute Solitude. Collected Poems.* Aus dem

Spanischen von James O'Connor. Archipelago Books 2016.

S. 183
Maggie Nelson, *Bluets*. Aus dem Englischen von Jan Wilm. Hanser Berlin 2018.

S. 233 f.
Christiane Meyer-Thoss: *Louise Bourgeois. Konstruktionen für den freien Fall/Designing for Free Fall.* Ink Press 2016.

S. 248 f. und 256
Zitiert nach der deutschen Synchrinfassung: *Singles – Gemeinsam einsam*, Cameron Crowe, © 1992 Warner Home Video GmbH, an AOL Time Warner Company.

Jami Attenberg, geboren 1971 in Illinois, hat in New York unter anderem als Buchhändlerin gearbeitet und lebt heute in New Orleans. Sie hat Erzählungen und Romane über eigenwillige Charaktere veröffentlicht. *Die Middlesteins* und *Nicht mein Ding* standen auf der New York Times-Bestsellerliste und wurden vielfach ausgezeichnet. An ihrem jährlichen Schreibworkshop *1000 Words of Summer* nehmen Schreibende aus aller Welt teil.

Barbara Christ studierte Literatur- und Theaterwissenschaften und arbeitete als Dramaturgin und Verlagslektorin. Seit 1997 übersetzt sie aus dem Englischen Theaterstücke und Prosa, u. a. von Jami Attenberg, David Greig, Noah Haidle, Anthony Neilson, Jen Silverman und Simon Stephens. Seit 2012 leitet sie Seminare für Übersetzer:innen im Rahmen verschiedener Werkstätten.